Gerhard • *Oevel* • *Postel* • *Wehmeier*
Introduction à MuPAD

Springer
Berlin
Heidelberg
New York
Barcelone
Hong Kong
Londres
Milan
Paris
Singapour
Tokyo

J. Gerhard · W. Oevel · F. Postel · S. Wehmeier

Introduction
à MuPAD

Édition française
Une introduction indépendante de la version
et de la plate-forme

Traduit par André Jaccomard

 Springer

Jürgen Gerhard
Walter Oevel
SciFace Software GmbH & Co. KG
Technologiepark 11
33100 Paderborn, Allemagne

Frank Postel
Stefan Wehmeier
Universität–GH Paderborn
FB17 Mathematik/Informatik
Warburger Str. 100
33098 Paderborn, Allemagne

Die Deutsche Bibliothek - CIP-Einheitsaufnahme

Introduction a MuPAD : une introduction independante de la version et de la plateforme / par
J. Gerhard .... - Berlin; Heidelberg; New York; Barcelona; Hongkong; London; Mailand; Paris; Singapur;
Tokio: Springer, 2001
ISBN 3-540-41453-3

Mathematics Subject Classification (2000): 68Q40

ISBN 978-3-540-41453-7 Springer-Verlag Berlin Heidelberg New York

Springer-Verlag Berlin Heidelberg New York
est membre du groupe BertelsmannSpringer Science+Business Media GmbH

http://www.springer.de

© Springer-Verlag Berlin Heidelberg 2001
Composé sous TeX par les auteurs
Mise-en-page : macros Springer-Tex
Maquette de couverture : *design & production GmbH*, Heidelberg
Imprimé en Allemagne

Imprimé sur papier non acide   SPIN 10724452   40/3142ck-5 4 3 2 1 0

Préface

Ce livre explique l'utilisation de base du progiciel nommé MuPAD et donne un aperçu de la puissance du système. MuPAD est dit « système de calcul algébrique », il est développé principalement à l'Université de Paderborn en Allemagne.

Cette introduction s'adresse aux mathématiciens, aux ingénieurs, aux chercheurs en informatique et en sciences de la nature, et plus généralement à tous ceux ayant besoin de calculs mathématiques pour leurs recherches ou leur profession. Plus généralement, ce livre s'adresse à tous ceux qui veulent utiliser la puissance d'un progiciel de calcul algébrique moderne.

Il y a deux façons d'utiliser un système de calcul algébrique. Vous pouvez d'une part utiliser les connaissances mathématiques qu'il incorpore en appelant interactivement les fonctions du système. Par exemple, vous pouvez calculer des intégrales symboliques, ou créer et inverser des matrices, en appelant les fonctions appropriées. Elles contiennent l'intelligence mathématique du système et peuvent implanter des algorithmes sophistiqués. Les chapitres 2 à 15 présentent cette façon d'utiliser MuPAD.

D'autre part, avec l'aide du langage de programmation de MuPAD vous pouvez facilement ajouter des fonctionnalités au système en implantant vos propres algorithmes en tant que procédures MuPAD. Ceci est utile pour des applications spéciales si aucune fonction système appropriée n'existe. Les chapitres 16 à 18 sont une introduction à la programmation sous MuPAD.

Vous pouvez lire ce livre de façon « linéaire » standard : de la première à la dernière page. Cependant, il existe des raisons pour procéder différemment. Ce peut être le cas, par exemple, si vous êtes intéressé par un problème particulier, ou si vous avez déjà quelque connaissance de MuPAD.

Pour les débutants sous MuPAD, nous recommandons de commencer la lecture par le chapitre 2, qui donne un premier apperçu de MuPAD. La description du système d'aide en ligne de la sect. 2.1 p. 9 est probablement la partie la plus importante de ce livre. Le système d'aide propose des informations détaillées sur les fonctions système, leur syntaxe, les paramètres de l'appel, etc., et elle est disponible en ligne pendant une session MuPAD. Au début, appeler une page d'aide sera probablement votre requête au système la plus fréquente. Dès que vous serez devenu familier avec le système d'aide, vous pourrez commencer à expérimenter avec MuPAD. Le chapitre 2 montre quelques unes des plus importantes fonctions système « au travail ». Vous trouverez d'autres détails concernant ces fonctions dans les parties suivantes de ce livre ou dans les pages d'aide. Pour une compréhension plus profonde des structures de données impliquées, vous pouvez consulter les sections correspondantes du chapitre 4.

Le chapitre 3 présente les bibliothèques de MuPAD et leur utilisation. Elles contiennent beaucoup de fonctions et d'algorithmes pour des thèmes mathématiques particuliers.

Les types de données de base et les fonctions système les plus importantes pour leur traitement sont introduites dans le chapitre 4. Il n'est pas nécessaire de les étudier tous en profondeur. Selon vos applications prévues, vous pouvez lire sélectivement seulement les passages appropriés.

Le chapitre 5 explique comment MuPAD évalue les objets ; nous recommandons fortement la lecture de ce chapitre.

Les chapitres 6 à 11 discutent de l'utilisation de certaines fonctions système particulièrement importantes : substitution, différentiation, intégration symbolique, résolution d'équation, génération de nombres aléatoires, et commandes graphiques.

Plusieurs particularités utiles telles que le mécanisme de l'historique, les routines d'entrée/sortie, ou la définition des préférences de l'utilisateur sont décrites dans les chapitres 12 à 14. Les préférences peuvent être utilisées pour personnaliser le comportement interactif du système selon les goûts de l'utilisateur, jusqu'à un certain point.

Les chapitres 16 à 18 introduisent les concepts de base du langage de programmation de MuPAD.

MuPAD propose des algorithmes pouvant traiter une grande classe d'objets mathématiques et des tâches de calcul s'y rapportant. Il est possible que vous rencontriez dans cette introduction des notions mathématiques inconnues telles que les anneaux ou les corps. Cette introduction n'est pas destinée à expliquer le fondement mathématique de tels objets. Une connaissance mathématique de base est utile mais pas indispensable pour comprendre le texte. Vous pouvez vous demander quelquefois quel algorithme utilise MuPAD pour résoudre un problème particulier. Le mode opératoire interne des procédures de MuPAD n'est pas abordé ici : nous n'avons pas l'intention de donner une introduction générale au calcul algébrique et à ses algorithmes. Le lecteur intéressé peut consulter des livres tels que, par exemple, [GCL 92] ou [GG 99].

Ce livre est une introduction *élémentaire* à MuPAD. Quelques objets mathématiques plus abstraits tels que, par exemple, les extensions de corps, sont faciles à décrire et à traiter dans MuPAD. Cependant, de tels aspects avancés du système ne sont pas discutés ici. Les applications mathématiques mentionnées dans le texte sont intentionnellement gardées à un niveau plutôt élémentaire, afin que le texte reste clair pour les lecteurs avec peu de base mathématique et pour le rendre accessible à l'enseignement.

Nous ne pouvons expliquer toutes les fonctionnalités de MuPAD dans cette introduction. Certaines parties du système ne sont mentionnées que brièvement. Il est hors de portée de ce didacticiel de rentrer dans les détails de la pleine puissance du langage de programmation de MuPAD. Vous les trouverez dans le manuel d'utilisation de MuPAD [MuP 96] et dans le système d'aide de MuPAD. Ces deux références sont disponibles en ligne durant une session MuPAD.

Ce didacticiel se réfère aux versions 1.4 et suivantes de MuPAD. Comme le développement du système progresse continuellement, certains détails décrits ici peuvent changer sporadiquement dans le futur. En définitive, les versions futures procureront des fonctionnalités additionnelles à travers de nouvelles fonctions système et des progiciels d'applications. Pendant la transition à la version actuellement développée, le noyau de MuPAD est soumis à des modifications extensives. Celles-ci à leur tour impliquent des changements dans l'utilisation du langage de programmation. Dans ce didacticiel, nous présentons principalement les outils de base et leur utilisation, qui restent essentiellement inchangés. Nous essayons de présenter toutes les instructions de telle sorte qu'elles restent valables pour les versions futures de MuPAD.

Nous aimerions remercier Tony Scott pour sa relecture de la traduction anglaise, et Olivier Jaccomard pour la traduction française.

Paderborn, juin 2000
Rennes, juin–septembre 2000 pour la traduction

Table des matières

1. Introduction

Pour expliquer la notion de calcul algébrique, nous comparons les calculs algébrique et numérique. Tous deux sont exécutables sur un ordinateur, mais il existe des différences fondamentales, qui sont discutées dans ce qui suit.

1.1 Le calcul numérique

Un problème mathématique peut être résolu de façon approchée par des calculs numériques. Les phases du calcul opèrent sur des *nombres*, qui sont stockés en interne en *représentation en virgule flottante*. Cette représentation a comme inconvénient que ni les calculs ni les solutions ne sont exactes, ce qui provient en particulier des erreurs d'arrondi. En général, les algorithmes numériques trouvent des solutions approchées aussi vite que possible. Souvent de telles solutions sont la seule façon de traiter par calculs un problème mathématique, en particulier s'il n'y a pas de solution « fermée » connue . De plus, des solutions approchées sont utiles si des résultats exacts ne sont pas nécessaires (par exemple, en visualisation).

1.2 Le calcul algébrique

Contrairement aux calculs numériques, les calculs algébriques sont *symboliques*. [Hec 93] les définit comme étant « *des calculs sur des symboles représentant des objets mathématiques* », un *objet* peut être un nombre, mais aussi un polynôme, une équation, une expression ou une formule, une fonction, un groupe, un anneau, ou tout autre objet mathématique. Les calculs symboliques sur des nombres sont effectués *exactement*. En interne, les nombres sont représentés comme quotients d'entiers de longueur arbitraire (limitée évidemment par la capacité de stockage disponible). Ces sortes de calculs sont dits *symboliques* ou *algébriques*. [Hec 93] donne les définitions suivantes :

1. « *symbolique* » insiste sur le fait que dans bien des cas le but ultime de la résolution des problèmes mathématiques est d'exprimer la réponse dans une formule « fermée », ou de trouver une approximation symbolique.

2. « *algébrique* » signifie que les calculs sont exécutés exactement, selon les règles de l'algèbre, au lieu d'utiliser l'arithmétique approchée en virgule flottante.

Quelquefois les « traitements symboliques » ou les « manipulations de formules » sont utilisés comme synonymes de calcul algébrique, car celui-ci porte sur des symboles et des formules. Des exemples en sont l'intégration ou la différentiation symboliques comme

$$\int x\,dx = \frac{x^2}{2}, \quad \int_1^4 x\,dx = \frac{15}{2}, \quad \frac{d}{dx}\ln\ln x = \frac{1}{x\ln x}$$

ou encore la solution symbolique d'équations. Par exemple, considérons l'équation en x $x^4 + p\,x^2 + 1 = 0$ ayant un paramètre p. L'ensemble de ses solutions est

$$\left\{ \pm\frac{\sqrt{2}\,\sqrt{-p - \sqrt{p^2 - 4}}}{2}, \ \pm\frac{\sqrt{2}\,\sqrt{-p + \sqrt{p^2 - 4}}}{2} \right\}.$$

Le calcul symbolique d'une solution exacte requiert en général plus de temps de calcul et plus de mémoire que le calcul numérique d'une solution approchée. Cependant, une solution symbolique est exacte, plus générale, et procure souvent plus d'information sur le problème et sa solution. La formule ci-dessus exprime les solutions de l'équation en termes du paramètre p. Elle montre comment les solutions dépendent fonctionnellement de p. Cette information peut être utilisée, par exemple pour examiner la sensibilité des solutions aux modifications du paramètre.

La combinaison des méthodes symbolique et numérique est utilisée pour des applications spéciales. Par exemple, certains algorithmes en calcul algébrique bénéficieront d'une arithmétique efficace en virgule flottante matérielle[1]. D'autre part, il peut être utile de simplifier symboliquement un problème d'analyse numérique avant de lui appliquer l'algorithme réel d'approximation.

1.3 Caractéristiques des systèmes de calcul algébrique

La plupart des systèmes actuels de calcul algébrique peuvent être utilisés interactivement. L'utilisateur entre quelques formules et commandes, et le système les *évalue*. Puis il renvoie une réponse, qui peut ensuite si nécessaire être manipulée.

En plus des calculs symboliques exacts, la plupart des progiciels de calcul algébrique peuvent aussi donner des solutions numériques approchées. L'utilisateur peut fixer la précision au nombre de chiffres désirés, ce qui se fait dans MuPAD avec la variable globale DIGITS.

Par exemple, si vous entrez la simple commande DIGITS:=100, alors MuPAD exécute tous les calculs en virgule flottante avec une précision de 100 chiffres décimaux. Bien sûr, de tels calculs demandent plus de temps et de mémoire de stockage que l'utilisation du co-processeur arithmétique.

De plus, les systèmes modernes de calcul algébrique proposent un puissant language de programmation[2] et des outils pour la visualisation et l'animation des données mathématiques. Beaucoup de systèmes peuvent aussi produire des documents à mise en page particulière (tels que *bloc-notes* (« notebook ») ou des *feuilles de travail* (« worksheets »). MuPAD possède un tel concept de bloc-notes, mais nous ne le mentionnons pas dans ce didacticiel. Le but de ce livre est de donner une introduction à la puissance mathématique de MuPAD.

1.4 Systèmes existants

Il existe beaucoup de différents systèmes de calcul algébrique. Certains sont distribués commercialement, alors que d'autres peuvent être obtenus librement.

---

[1] N.D.T. : par co-processeur arithmétique
[2] Le langage de programmation de MuPAD est structuré comme le Pascal. Il existe aussi un concept de programmation orientée objet.

Les systèmes à *but spécial* peuvent traiter des problèmes mathématiques particuliers. Par exemple, le système *Schoonship* est prévu pour les problèmes de physique en haute énergie, *DELiA* pour les équations différencielles, *PARI* pour les applications en théorie des nombres[3], et *GAP* pour les problèmes en théorie des groupes.

Sont aussi proposés des systèmes de calcul algébrique *à but général.* *Derive* a été développé depuis 1980 et est conçu spécialement pour les miniordinateurs.

MathView (auparavant *Theorist*), développé depuis 1990, a une interface utilisateur élaborée, mais en comparaison peu de connaissance mathématique. Les systèmes *Macsyma* et *Reduce* sont tous deux apparus en 1965 et sont programmés en LISP. Les systèmes modernes tels que *Mathematica* et *Maple*, développés depuis le début des années 80, sont programmés en C. *Mathematica* a été le premier système ayant une interface utilisateur conviviale. Contrairement aux systèmes ci-dessus, *Axiom* a un langage entièrement typé, et les calculs prennent place dans des contextes mathématiques spécifiques. MuPAD est le plus jeune des systèmes à usage général. Il a été développé à l'Université de Paderborn depuis 1990, et il essaie de combiner les mérites de ses prédécesseurs avec des concepts modernes personnels.

1.5 MuPAD

En plus des propriétés des systèmes de calcul algébrique que nous avons mentionnées, MuPAD possède les particularités suivantes :

- MuPAD propose un concept de programmation orientée objet. Vous pouvez définir vos propres types de donnée. Presque tous les opérateurs et fonctions existants peuvent être surchargés.

- MuPAD offre un débogueur de code source interactif.

- Des programmes écrits en C ou C++ peuvent être ajoutés au noyau grâce au concept de module dynamique de MuPAD.

Le cœur de MuPAD est son *noyau,* qui est implanté en C et partiellement en C++. Il contient les principaux composants suivants :

---

[3]   MuPAD utilise en interne des éléments de ce progiciel.

– L'*analyseur* lit l'entrée fournie au système et exécute un contrôle de syntaxe. Si aucune erreur n'est trouvée, il convertit l'entrée en un type de donnée MuPAD.

– L'*évaluateur* traite et simplifie l'entrée. Son mode opératoire est présenté plus loin.

– Le *gestionnaire de la mémoire* est responsable du stockage efficace des objets MuPAD.

– Certains algorithmes utilisés fréquemment (telles que par exemple les fonctions arithmétiques) sont implantés comme fonctions du noyau en C.

De plus, le langage de programmation de MuPAD est défini dans le noyau. Les bibliothèques de MuPAD, qui contiennent la plus grande partie des connaissances mathématiques du système, sont écrites dans ce langage.

Enfin, MuPAD offre des interfaces utilisateur confortables pour générer *bloc-notes* ou graphiques, ou pour déboguer des programmes écrits dans le langage de MuPAD. Son système d'aide fonctionne en hypertexte. Vous pouvez naviguer dans les documents et exécuter les exemples sur un clic de souris. La figure 1.1 p. 6 montre les principaux composants du système MuPAD.

interfaces utilisateur de **MuPAD**

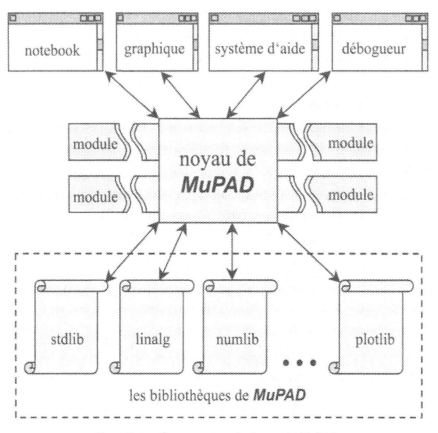

FIG. 1.1. *Composants principaux de MuPAD*

2. Premiers pas sous MuPAD

Les systèmes de calcul algébrique tel que MuPAD sont souvent utilisés interactivement. Par exemple, vous pouvez entrer une instruction pour multiplier deux nombres entre eux puis attendre que MuPAD calcule le résultat et l'affiche à l'écran [1].

Après votre appel au programme MuPAD, une *session* est lancée. Vous trouverez l'information sur le démarrage du programme MuPAD dans les instructions d'installation de MuPAD. Celui-ci propose un système d'aide que vous pouvez consulter pendant une session pour trouver les détails concernant les fonctions du système, leur syntaxe, leurs paramètres, etc. La section suivante présente une introduction au système d'aide de MuPAD. Appeler une page d'aide est probablement la commande la plus fréquemment utilisée par un débutant. La section suivante concerne l'utilisation de MuPAD en tant que « calculette intelligente » : le calcul avec des nombres. C'est la partie de ce didacticiel la plus facile et la plus intuitive. Après cela nous introduirons certaines fonctions du système de calcul symbolique. La section correspondante est écrite de façon informelle et donne un premier aperçu des propriétés symboliques du système.

Après lancement du programme, vous pouvez entrer des commandes en langage MuPAD. Le système attend votre entrée lorsque l'invite Mu-PAD apparaît à l'écran. Sur systèmes Windows ou Macintosh, l'invite est le signe •, alors qu'il est » sur plateforme UNIX. Nous utiliserons l'invite UNIX dans tous les exemples de ce livre.

Presser la touche <ENTRÉE> sous UNIX termine votre entrée et MuPAD évalue la commande que vous avez entrée. Sur un système Windows, vous devez presser la combinaison de touches <MAJ> et <ENTRÉE> pour exécuter une commande ; presser seulement <ENTRÉE>

---

[1] Il n'est pas possible d'entrer d'autres commandes pendant l'exécution du calcul, mais l'utilisateur peut stopper ce calcul à tout moment.

provoque un saut de ligne et laisse encore **MuPAD** en mode d'entrée[2]. Sur Macintosh, <Maj>+<Enter> ou <Entrée> exécute une commande et <Entrée> seule provoque un saut de ligne. Jusqu'à la version 1.4 de **MuPAD**, toute commande devait se terminer par un point-virgule ou un deux-points avant que vous puissiez l'envoyer au noyau en pressant <Maj>+<Entrée> (<Return> ou <Enter> sur systèmes UNIX ou Macintosh, respectivement). Une telle terminaison est redondante dans les versions suivantes.

Si vous entrez :

```
>> sin(3.141);
```

puis pressez <Maj>+<Entrée> (<Return> ou <Enter>, respectivement)[3], le résultat :

```
0.0005926535551
```

est affiché sur votre écran. Le système évalue la fonction usuelle sinus au point 3.141 et retourne une approximation en virgule flottante de la valeur, semblable à la sortie d'une calculette.

Si vous terminez votre commande par un deux-points au lieu d'un point-virgule, **MuPAD** exécute la commande sans afficher son résultat à l'écran. Ceci vous permet de supprimer la sortie de résultats intermédiaires sans intérêt. Vous pouvez entrer plus d'une seule commande d'affilée. Deux commandes consécutives doivent être séparées par un point-virgule ou un deux-points :

```
>> diff(sin(x^2), x); int(last(1), x);

          2
  2 x cos(x )


      2
  sin(x )
```

Ici x^2 indique le carré de x, et les fonctions **MuPAD** diff et int exécutent les opérations « différentier » et « intégrer » (chapitre 7). La

---

[2] Vous pouvez échanger les rôles de <Entrée> et de <Maj>+<Entrée> en choisissant **Options** du menu **View** puis en cliquant sur *Enter only* (Entrée seulement). Dans les versions **MuPAD** postérieures à la 1.4, *Enter only* est le défaut.

[3] Jusqu'à la version 1.4 de **MuPAD**, toute commande devait se terminer par un point-virgule ou un deux-points avant que vous puissiez l'envoyer au noyau en tapant <Maj>+<Entrée> ou (<Entrée> sur un système UNIX ou Macintosh, respectivement). Une telle terminaison est redondante dans les versions suivantes.

commande `last(1)` retourne l'expression précédente (dans cet exemple, c'est la dérivée de $\sin(x^2)$). Le concept sous-jacent `last` est discuté dans le chapitre 12.

Dans l'exemple suivant, la sortie de la première commande est supprimée par le deux-points, et seul le résultat de la seconde commande apparaît à l'écran :

```
>> equations := {x + y = 1, x - y = 1}:
>> solve(equations);

   {{x = 1, y = 0}}
```

Dans cet exemple, un ensemble de deux équations est affecté à l'identificateur `equations`. La commande `solve(equations)` calcule la solution. Le chapitre 8 présente cette résolution plus en détail.

Vous pouvez terminer la session MuPAD actuelle en entrant le mot-clé `quit` :

```
>> quit
```

Sur un système Windows, ceci arrête seulement le noyau de Mu-PAD, et vous pouvez quitter l'interface utilisateur depuis le menu de la fenêtre MuPAD.

Dans la version Motif de MuPAD, la commande `quit` envoie un avertissement vous demandant d'utiliser l'entrée du menu File/Exit pour quitter votre session MuPAD.

2.1 Explications et aide

Si vous ne connaissez pas la syntaxe correcte d'une commande Mu-PAD, vous pouvez obtenir cette information directement par le système d'aide en ligne. Pour beaucoup de routines MuPAD, la fonction `info` renvoie une brève explication :

```
>> info(solve);

   solve -- solve equations and inequations [try ?solve \
   for options]
```
```
>> info(ln);

   ln -- natural logarithm
```

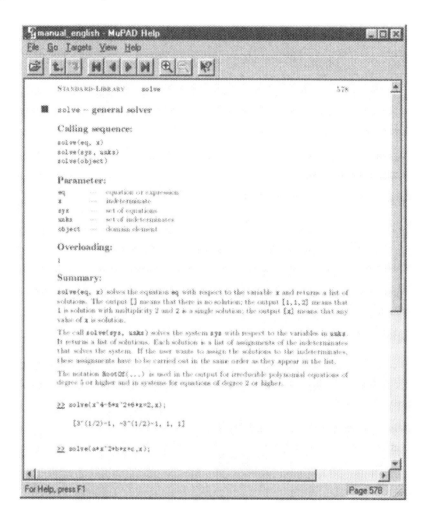

FIG. 2.1. *La fenêtre d'aide de MuPAD Pro*

La *page d'aide* de la fonction correspondante propose des informations plus détaillées. Vous pouvez l'appeler en entrant help("nom"), où nom est celui de la fonction. La fonction help attend une chaîne comme argument, qui est créée par des guillemets doubles " dans MuPAD (sect. 4.11 p. 90). L'opérateur ? est un raccourci pour help. Il peut être utilisé sans parenthèse ni guillemet :

```
>> ?solve
```

Dans la version 1.4, requérir de l'aide par ? est l'une des quelques commandes exceptionnelles qui n'ont pas besoin de se terminer par un point-virgule ou un deux-points[4]. La présentation des pages d'aide dépend de la version de MuPAD. Dans l'exemple suivant, vous pouvez voir une page d'aide au format ASCII, comme elle est renvoyée par la dernière version de MuPAD en réponse à ?solve :

```
solve -- solve equations and inequalities

Introduction

  solve(eq, x) returns the set of all complex solutions of an equation
  or inequality eq with respect to x.

  solve(system, vars) solves a system of equations for the variables
  vars.

  solve(eq, vars) is equivalent to solve([eq], vars).

  solve(system, x) is equivalent to solve(system, [x]).

  solve(eq) without second argument is equivalent to solve(eq, S) where
  S is the set of all indeterminates in eq.
  The same holds for solve(system).


Call(s)

  solve(eq, x <, options>)
  solve(system, vars <, options>)
  solve(eq, vars <, options>)
  solve(system, x <, options>)
  solve(eq <, options>)
  solve(system <, options>)
  solve(ODE)
  solve(REC)


  ...
```

Nous omettons la suite de la sortie pour économiser de l'espace. La figure 2.1 montre une partie du document hypertexte correspondant qui apparaît si vous avez une interface utilisateur graphique. En cliquant avec la souris dans cette fenêtre d'aide, vous accédez à la liste des fonctions disponibles, à l'index, ou à la table du contenu du manuel. Le système d'aide est un système hypertexte. Les touches actives sont soulignées ou entourées. Si vous cliquez sur elles, vous obtenez d'autres in-

---

[4] D'autres exceptions sont les commandes quit, qui fait sortir de MuPAD, et !, qui est utilisée pour appeler le système d'exploitation dans une session MuPAD ; voir la sect. 14.4 p. 237.

formations concernant la notion correspondante. Chaque page contient certains liens généraux pour aller à la page précédente ou suivante, au début du chapitre suivant, ou à l'index.

Sur les plateformes Windows ou Macintosh, vous trouverez ces possibilités de navigation dans le menu `targets` ou `help`, respectivement. Les exemples des pages d'aide peuvent être transférés dans la fenêtre d'entrée de MuPAD en cliquant sur les invites correspondantes soulignées ou entourées.

Exercice 2.1 : Trouver comment utiliser le différentiateur `diff` de MuPAD, et calculer la dérivée cinquième de $\sin(x^2)$.

2.2 Calculer avec des nombres

Pour calculer avec des nombres, vous pouvez utiliser MuPAD comme une calculette. Le résultat de l'entrée suivante est un nombre rationnel :

```
>> 1 + 5/2;
```

    7/2

Vous voyez que MuPAD retourne des résultats exacts (et non arrondis en nombres en virgule flottante) lorsqu'il calcule sur des nombres entiers et rationnels :

```
>> (1 + (5/2*3))/(1/7 + 7/9)^2;
```

    67473/6728

Le symbole ^ représente l'exponentiation. MuPAD peut faire des calculs sur de grands nombres. La longueur du nombre que vous pouvez calculer est limitée seulement par la possibilité de mémorisation disponible. Par exemple, la 123e puissance de 1234

```
>> 1234^123;
```

est un entier assez grand[5] :

---

[5] Dans cet affichage, la barre inverse \ à la fin d'une ligne indique que le résultat se poursuit sur la ligne suivante.

```
1705158062127270428750597276206262826543023131110682 9\
0470529619322183913834868007471366306717060598572641 5\
9231455434590057058967067149970908610253990484651479 3\
1356173055636699939501046220356820273557577550700832 3\
8444147778396026387067042685700404003287042480639680 6\
9686558786501669938388338883198045915994284537241460 1\
8094297177261076285952434068010144185297662798380672 0\
3562799104
```

En dehors des fonctions arithmétiques de base, MuPAD propose une
grande diversité de fonctions opérant sur des nombres. Un exemple
simple est la factorielle $n! = 1 \cdot 2 \cdot \ldots \cdot n$ d'un entier non négatif, qui
peut être entrée en notation mathématique :

```
>> 100!;
```

```
9332621544394415268169923885626670049071596826438162 1\
4685929638952175999932299156089414639761565182862536 9\
7920827223758251185210916864000000000000000000000000 0
```

La fonction isprime vérifie si un entier positif est premier. Elle retourne
soit TRUE (« vrai ») soit FALSE (« faux »). Avec ifactor, vous pouvez
obtenir la factorisation en nombres premiers :

```
>> isprime(123456789);
```

```
FALSE
```

```
>> ifactor(123456789);
```

```
[1, 3, 2, 3607, 1, 3803, 1]
```

Dans les versions de MuPAD antérieures à la 2.0, la fonction ifactor
retourne un format de sortie moins lisible (voir la note de la page 38).
UN coup d'œil à la page d'aide vous montre comment interpréter la
liste retournée : ?ifactor. Le nouveau format peut être obtenu avec
factor.

Supposons maintenant que nous voulions « calculer » le nombre
$\sqrt{56}$. Le problème est que la valeur de ce nombre irrationnel ne peut
être exprimée exactement comme un quotient numérateur/dénomina-
teur de deux entiers. Ainsi *calculer* ne peut que signifier « trouver une
représentation exacte qui soit *aussi simple que possible* ».

2.2.1 Calculs exacts

Nous essayons d'illustrer le problème précédent d'exacte représentation par quelques exemples. Lorsque vous entrez $\sqrt{56}$ via `sqrt`, alors MuPAD retourne ce qui suit :

```
>> sqrt(56);

      1/2
  2 14
```

Le résultat de la simplification de $\sqrt{56}$ est la valeur exact $2 \cdot 14^{1/2}$. Ici, $14^{1/2}$ représente dans MuPAD la solution positive de l'équation $x^2 = 14$. En fait, c'est probablement la représentation la plus simple du résultat. Nous insistons sur le fait que $14^{1/2}$ est un véritable objet MuPAD ayant certaines propriétés (à savoir que son carré peut être simplifié en 14). Le système les applique automatiquement lorsqu'il calcule avec de tels objets. Par exemple :

```
>> sqrt(14)^4;

  196
```

Comme autre exemple d'un calcul exact, déterminons la limite

$$e = \lim_{n \to \infty} \left(1 + \frac{1}{n}\right)^n.$$

Nous utilisons la fonction `limit` et l'identificateur `infinity` :

```
>> limit((1 + 1/n)^n, n = infinity);

  exp(1)
```

L'identificateur `exp` représente la fonction exponentielle. Le nombre d'Euler e est représenté exactement par le symbole[6] `exp(1)`, et MuPAD connait les règles exactes de manipulation de cet objet. Par exemple, en utilisant le logarithme naturel `ln` nous trouvons :

```
>> ln(1/exp(1));

  -1
```

Nous retrouverons des calculs exacts plus loin dans ce didacticiel.

---

[6] L'identificateur E représente le même objet dans MuPAD, c'est-à-dire la base des logarithmes naturels ($e = \exp(1) = 2.71828..$).

2.2.2 Approximations numériques

En plus de calculs exacts, MuPAD peut aussi effectuer des approximations numériques. Par exemple, vous pouvez utiliser la fonction MuPAD float pour trouver une approximation décimale de $\sqrt{56}$. Cette fonction calcule la valeur de son argument en *représentation en virgule flottante* :

```
>> float(sqrt(56));
```

```
   7.483314773
```

La précision de l'approximation dépend de la valeur de la variable globale DIGITS, qui détermine le nombre de chiffres décimaux en calcul numérique. Sa valeur par défaut est 10 :

```
>> DIGITS; float(67473/6728);
```

```
   10
```

```
   10.02868608
```

Les variables globales telle que DIGITS affectent le comportement de MuPAD ; elles sont aussi appelées *variables d'environnement*[7]. Vous trouverez une liste complète de toutes les variables d'environnement en sect. « Variables d'environnement » de la Quick Reference [Oev 98] (*Référence rapide*) de MuPAD. La variable DIGITS peut prendre toute valeur entière entre 1 et $2^{32} - 1$:

```
>> DIGITS := 100: float(67473/6728); DIGITS := 10:
```

```
   10.028686087990487514863258026159334126040428061831 15\
   33888228299964328180737217598097502972651 60523186
```

Nous avons redéfini la valeur de DIGITS à 10 pour les calculs suivants. Ce peut aussi être obtenu avec la commande **unassign(DIGITS)**[8]. Pour

---

[7] Vous devrez être particulièrement attentif lorsque le même calcul est exécuté avec différentes valeurs de DIGITS. Certains des algorithmes numériques les plus complexes de MuPAD emploient l'option *remember*. Ceci implique qu'ils conservent les valeurs calculées précédemment afin de les réutiliser (sect. 18.9 p. 274), ce qui peut amener des résultats numériques imprécis si les valeurs rappelées ont été calculées avec une précision inférieure. Soyez prudent, et relancez alors la session MuPAD en utilisant **reset()** avant d'augmenter la valeur de DIGITS. Cette commande efface la mémoire de MuPAD et réinitialise toutes les variables d'environnement à leur valeur par défaut (sect. 14.3 p. 237).

[8] Le mot-clé **delete** remplace la fonction **unassign** dans les versions de MuPAD postérieures à la 1.4.

les opérations arithmétiques avec des nombres, MuPAD utilise automatiquement le calcul approché dès *qu'au moins un* des nombres impliqués est une valeur en virgule flottante :

```
>> (1.0 + (5/2*3))/(1/7 + 7/9)^2;

   10.02868608
```

Notez qu'aucun des deux appels suivants

```
>> 2/3*sin(2), 0.6666666666*sin(2);
```

ne donne un calcul approché de sin(2), puisque techniquement `sin(2)` est une expression représentant la valeur (exacte) de sin(2) et *non* un nombre :

```
   2 sin(2)
   --------, 0.6666666666 sin(2)
      3
```

La séparation par une virgule des deux valeurs crée un type de donnée spécial, c'est-à-dire une *suite*, qui est décrite en sect. 4.5 p. 67. Vous devez utiliser la fonction `float` pour calculer une représentation en virgule flottante des expressions ci-dessus[9] :

```
>> float(2/3*sin(2)), 0.6666666666*float(sin(2));

   0.6061982845, 0.6061982844
```

La plupart des fonctions arithmétiques de MuPAD, telles que `sqrt`, les fonctions trigonométriques trigonometric, la fonction exponentielle exponential, ou la fonction logarithmique logarithm, renvoient automatiquement des valeurs approchées lorsque leur argument est un nombre en virgule flottante :

```
>> sqrt(56.0), sin(3.14);

   7.483314773, 0.001592652916
```

Les constantes π et e sont représentées respectivement par `PI` et `E` = `exp(1)`. MuPAD peut effectuer des calculs exacts avec elles :

---

[9] Regardez les derniers chiffres. La seconde commande donne un résultat légèrement moins précis car 0.666... est déjà une approximation de 2/3 et l'erreur d'arrondi est propagée sur le résultat final.

```
>> cos(PI), ln(E);
```

   -1, 1

Si vous le désirez, vous pouvez obtenir des approximations numériques de ces constantes avec float :

```
>> DIGITS := 100: float(PI); float(E); unassign(DIGITS):
```

   3.141592653589793238462643383279502884197169399375105\
   8209749445923078164062862089986280348253421170680

   2.718281828459045235360287471352662497757247093699959\
   5749669676277240766303535475945713821785251664270

Exercice 2.2 : Calculez $\sqrt{27} - 2\sqrt{3}$ et $\cos(\pi/8)$ exactement. Déterminez des approximations numériques avec une précision de 5 chiffres.

2.2.3 Nombres complexes

L'unité imaginaire $\sqrt{-1}$ est représentée dans MuPAD par le symbole I :

```
>> sqrt(-1), I^2;
```

   I, -1

Vous pouvez entrer des nombres complexes dans MuPAD selon la notation mathématique usuelle $x + y\,I$. La partie réelle x et la partie imaginaire y peuvent toutes deux être des entiers, des nombres rationnels, ou en virgule flottante :

```
>> (1 + 2*I)*(4 + I), (1/2 + I)*(0.1 + I/2)^3;
```

   2 + 9 I, 0.073 - 0.129 I

Si vous utilisez des expressions symboliques telle que par exemple sqrt(2), alors MuPAD peut ne pas retourner le résultat d'un calcul en coordonnées cartésiennes :

```
>> 1/(sqrt(2) + I);
```

```
       1
    --------
     1/2
    2    + I
```

La fonction `rectform` (raccourci pour : forme rectangulaire) garantit que le résultat est scindé entre ses parties réelle et imaginaire :

```
>> rectform(1/(sqrt(2) + I));

   1/2
  2
  ---- + (-1/3) I
   3
```

Les fonctions `Re` et `Im` retournent respectivement la partie réelle x et la partie imaginaire y d'un nombre complexe $x + y\,I$. Les fonctions MuPAD `conjugate` et `abs` calculent la conjuguée complexe $x - y\,I$ et la valeur absolue $|x + y\,I| = \sqrt{x^2 + y^2}$, respectivement :

```
>> Re(1/(sqrt(2) + I)), Im(1/(sqrt(2) + I)),
   abs(1/(sqrt(2) + I)), conjugate(1/(sqrt(2) + I)),
   rectform(conjugate(1/(sqrt(2) + I)));

   1/2          1/2              1/2
  2            3        1       2
  ----, -1/3, ----, --------, ---- + 1/3 I
   3            3     1/2       3
                     2    - I
```

2.3 Le calcul symbolique

Cette section contient quelques exemples de sessions MuPAD qui illustrent une petite sélection de la puissance de manipulation symbolique du système. La connaissance mathématique est contenue principalement dans les fonctions de MuPAD pour la différentiation, l'intégration, la simplification des expressions, etc. Cette démonstration ne procède pas d'une manière systématique particulière : nous appliquons les fonctions du système aux objets de divers types, tels que les suites, les ensembles, les listes, les expressions, etc. Celles-ci sont expliquées au chapitre 4 une par une et en détail.

2.3.1 Exemples introductifs

Une expression symbolique de MuPAD peut contenir des quantités indéterminées (les identificateurs). L'expression suivante contient deux inconnues x et y :

```
>> f := y^2 + 4*x + 6*x^2 + 4*x^3 + x^4;

          2       3     2     4
  4 x + 6 x  + 4 x  + y  + x
```

En utilisant l'opérateur d'affectation:=, nous avons assigné (affecté) l'expression à un identificateur f, qui peut maintenant être utilisé comme abréviation de l'expression. Nous disons que cette dernière est la *valeur* de l'identificateur f. Nous remarquons que MuPAD a changé l'ordre des termes[10].

MuPAD propose la fonction système diff pour la différentiation des expressions :

```
>> diff(f, x), diff(f, y);

           2      3
  12 x + 12 x  + 4 x  + 4, 2 y
```

Ici, nous avons calculé les deux dérivées par rapport à x et à y. Vous pouvez obtenir des dérivées d'ordre supérieur soit en imbriquant des appels à diff, soit par un seul appel :

```
>> diff(diff(diff(f, x), x), x), diff(f, x, x, x);

  24 x + 24, 24 x + 24
```

Ou bien, vous pouvez utiliser l'opérateur différentiel « ' », qui renvoie la fonction dérivée[11] :

---

[10] En interne, les sommes symboliques sont ordonnées selon certaines règles qui permettent au système d'accéder plus rapidement aux termes. Évidemment, un tel réarrangement de l'entrée n'intervient que pour les opérations commutatives telles que l'addition ou la multiplication, où changer l'ordre des opérandes donne un objet mathématiquement équivalent.

[11] MuPAD utilise une notation mathématiquement stricte pour l'opérateur différentiel : D différentie des fonctions, alors que diff différentie des expressions. Dans l'exemple, D renvoie le (nom de la) fonction dérivée du (nom de la) fonction représentant la dérivée. Vous trouverez souvent une notation négligée telle que $(x + x^2)'$ pour la dérivée de la fonction $F : x \mapsto x + x^2$. Cette notation confond l'application F et le point image $f = F(x)$ au point x. MuPAD fait une distinction stricte entre la *fonction* F et l'*expression* $f = F(x)$, qui sont bien comprises comme étant des types de donnée différents. L'application correspondant à f peut être définie par

```
>> F := x ->(x + x^2) :
```

alors

```
>> diff(f,x) = F'(x) ;

  2 x + 1 = 2 x + 1
```

sont des façons équivalentes d'obtenir les dérivées comme expressions. L'appel f := x+x^2 ; f' ; n'a aucun sens pour MuPAD.

```
>> sin', sin'(x);

   cos, cos(x)
```

Le symbole ' pour la dérivation est une forme raccourcie de l'opérateur différentiel D. L'appel D(fonction) retourne la dérivée :

```
>> D(sin), D(sin)(x);

   cos, cos(x)
```

Vous pouvez calculer des intégrales avec int. La commande suivante calcule une intégrale définie sur l'intervalle réel entre 0 et 1 :

```
>> int(f, x = 0..1);

    2
   y   + 26/5
```

La commande suivante détermine une intégrale non définie et retourne une expression contenant la variable d'intégration x et un paramètre symbolique y :

```
>> int(f, x);

                        5
      2       3     4  x       2
   2 x   + 2 x  + x  + -- + x y
                        5
```

Si vous essayez de calculer une intégrale non définie d'une expression et qu'elle ne puisse être représentée par des fonctions élémentaires, alors int retourne l'appel non évalué :

```
>> integral := int(1/(exp(x^2) + 1), x);

      /     1       \
   int| ----------, x |
      |      2        |
      \ exp(x ) + 1   /
```

Néanmoins, cet objet a des propriétés mathématiques. Le différentiateur reconnaît que sa dérivée est l'intégrande :

```
>> diff(integral, x);

       1
   -----------
       2
   exp(x ) + 1
```

Les intégrales définies peuvent aussi être retournées non évaluées par int :

```
>> int(1/(exp(x^2) + 1), x = 0..1);

    /      1              \
  int| -----------, x = 0..1 |
    |      2              |
    \ exp(x ) + 1         /
```

L'objet mathématique correspondant est un nombre réel, et la sortie est une représentation exacte de ce nombre que MuPAD a été incapable de simplifier davantage. Comme d'habitude, vous pouvez obtenir une approximation en virgule flottante en appliquant float :

```
>> float(%);

   0.41946648
```

Le symbole % (qui est équivalent à last(1)) est une abréviation pour l'expression précédemment calculée (chapitre 12).

MuPAD connaît les fonctions mathématiques les plus importantes telles que la racine carrée sqrt, la fonction exponentielle exp, les fonctions trigonométriques sin, cos, tan, les fonctions hyperboliques sinh, cosh, tanh, les fonctions inverses correspondantes ln, asin, acos, atan, asinh, acosh, atanh[12], ainsi qu'une quantité d'autres fonctions spéciales telles que la fonction gamma, la fonction d'erreur erf, les fonctions de Bessel, etc. (la section Special Mathematical Fonctions de la Quick Reference [Oev 98] de MuPAD en donne une vue d'ensemble). En particulier, MuPAD connaît les règles de manipulation de ces fonctions (par exemple, les théorèmes d'addition des fonctions trigonométriques) et les applique. Il peut calculer des approximations en virgule flottante tel que float(exp(1))=2.718.., et connaît les valeurs spéciales (par exemple, sin(PI)=0). Si vous appelez ces fonctions, elles se

---

[12] Dans les versions de MuPAD au-delà de la 1.4, ces fonctions inverses sont renommées arcsin, arccos, arctan, arcsinh, arccosh, arctanh.

retournerons souvent elles-mêmes non évaluées puisque c'est la représentation exacte la plus simple de la valeur correspondante :

```
>> sqrt(2), exp(1), sin(x + y);

   1/2
  2    , exp(1), sin(x + y)
```

La propriété principale du système est de simplifier ou transformer de telles expressions en utilisant les règles pour le calcul. Par exemple, la fonction système **expand** « développe » les fonctions telles que **exp**, **sin**, etc. au moyen des théorèmes d'addition si leur argument est une somme symbolique :

```
>> expand(exp(x + y)), expand(sin(x + y)),
   expand(tan(x + 3*PI/2));

                                              cos(x)
  exp(x) exp(y), cos(x) sin(y) + cos(y) sin(x), - ------
                                              sin(x)
```

De façon générale, l'une des tâches principales d'un système de calcul algébrique est de manipuler et de simplifier les expressions. D'ailleurs MuPAD procure les fonctions **expand**, **collect**, **combine**, **normal**, **partfrac**, **radsimp**, **rewrite**, et **simplify** pour la manipulation. Elles sont présentées en détail au chapitre 9. Nous mentionnons brièvement certaines d'entre elles dans ce qui suit.

La fonction **normal** trouve un dénominateur commun aux expressions rationnelles :

```
>> f := x/(1 + x) - 2/(1 - x): g := normal(f);

       2
  x + x  + 2
  ----------
      2
     x  - 1
```

De plus, **normal** annule automatiquement les facteurs communs du numérateur et du dénominateur :

```
>> normal(x^2/(x + y) - y^2/(x + y));

  x - y
```

Inversement, `partfrac` (une abréviation pour *fraction partielle*), décompose une expression rationnelle en une somme de termes rationnels aux dénominateurs simples :

```
>> partfrac(g, x);
```

```
    2       1
  ----- - ----- + 1
  x - 1   x + 1
```

La fonction `simplify` est un simplificateur universel et elle tente de trouver une représentation aussi simple que possible :

```
>> simplify((exp(x) - 1)/(exp(x/2) + 1));
```

```
    / x \
  exp| - | - 1
    \ 2 /
```

Vous pouvez contrôler la simplification en donnant des arguments additionnels à `simplify` (voir `?simplify`).

La fonction `radsimp` simplifie les expressions arithmétiques contenant des radicaux (des racines) :

```
>> f := sqrt(4 + 2*sqrt(3)): f = radsimp(f);
```

```
   1/2   1/2      1/2     1/2
  2    (3    + 2)    = 3    + 1
```

Ici, nous avons créé une équation, qui est un authentique objet Mu-PAD. Une autre fonction importante est `Factor`[13], qui décompose une expression en un produit d'expressions plus simples :

```
>> factor(x^3 + 3*x^2 + 3*x + 1),
   factor(2*x*y - 2*x - 2*y + x^2 + y^2),
   factor(x^2/(x + y) - z^2/(x + y));
```

```
         3                       (x + z) (x - z)
  (x + 1) , (x + y) (x + y - 2), ---------------
                                      x + y
```

---

[13] Dans les versions de MuPAD aantérieures à la 2.0, `factor` retournait une sortie difficile à lire, mais convenant aux manipulations ultérieures. Pour obtenir une sortie lisible sous les versions antérieures, utilisez `Factor` à la place ; voir la note en bas de page 132.

La fonction `limit` fait ce que suggère son nom. Par exemple, la fonction $\sin(x)/x$ est indéterminée en $x = 0$. Sa limite pour $x \to 0$ est 1 :

```
>> limit(sin(x)/x, x = 0);
```

```
   1
```

Lors d'une session MuPAD, vous pouvez définir vos propres fonctions de plusieurs façons. Une méthode simple et intuitive est d'utiliser l'opérateur **flèche** `->` (le symbole *moins* suivi du symbole *plus grand que*) :

```
>> F := x -> (x^2):  F(x), F(y), F(a + b), F'(x);
```

```
    2   2           2
   x , y , (a + b) , 2 x
```

Au chapitre 18, nous discutons de la programmation sous MuPAD et décrivons comment implanter des algorithmes plus complexes que les procédures de MuPAD. Dans les versions « à fenêtre » de MuPAD, vous pouvez utiliser les possibilités graphiques pour visualiser immédiatement les objets mathématiques. Les fonctions appropriées de MuPAD pour créer des graphiques sont `plotfunc`[14], `plot2d`, `plot3d`, et les routines de la bibliothèque graphique `plotlib`. Vous pouvez laisser MuPAD tracer les courbes des fonctions à un ou deux arguments en utilisant `plotfunc` :

```
>> plotfunc(sin(x^2), x = -2..5);
```

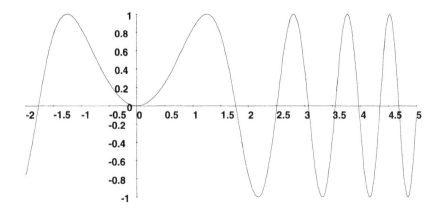

---

[14] La fonction `plotfunc` est remplacée par `plotfunc2d` et `plotfunc3d` dans les versions de MuPAD postérieures à la 1.4.

```
>> plotfunc(sin(x^2 + y^2), x = 0..PI, y = 0..PI);
```

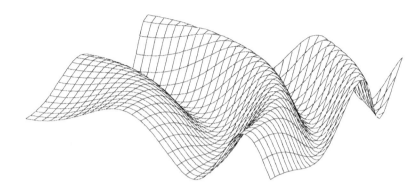

Selon votre version de MuPAD, ou bien le module graphique ouvre une fenêtre séparée, ou bien le tracé apparaît dans le bloc-note sous l'appel de la commande de graphique. Vous pouvez manipuler interactivement les graphiques. Ou encore, vous pouvez donner à plot2d ou à plot3d directement les arguments voulus. Vous trouverez une description des particularités graphiques dans le chapitre 11.

Résoudre des équations ou des systèmes d'équations est certainement une tâche importante pour un système de calcul algébrique. Ceci se fait avec **solve** dans MuPAD :

```
>> equations:={x+y=a, x-a*y=b}: unknowns:={x, y}:
>> solve(equations, unknowns);
     { {            2           } }
     { {      b + a       a - b } }
     { { x = ------, y = ----- } }
     { {      a + 1       a + 1 } }
```

Ici nous avons créé un ensemble de deux équations et un ensemble d'inconnues que nous voudrions résoudre. MuPAD retourne le résultat en termes d'équations simplifiées, à partir desquelles vous pouvez examiner la solution. Dans l'exemple ci-dessus, il y a deux paramètres symboliques supplémentaires, *a* et *b*. C'est pourquoi nous avons dit à **solve** lesquels de ces symboles il devra exprimer en fonction des autres. Dans l'exemple qui suit, nous avons une seule équation à une inconnue. MuPAD reconnaît automatiquement cette inconnue et résoud par rapport à elle :

```
>> solve(x^2 - 2*x + 2 = 0);

  {[x = 1 - I], [x = 1 + I]}
```

Si nous donnons une unique inconnue (et pas dans une liste ou un ensemble), le format de la sortie est modifié :

```
>> solve(x^2 - 2*x + 2 = 0, x)

              {1 - I, 1 + I}
```

Le résultat est un ensemble contenant les deux solutions (complexes) de l'équation quadratique. Vous trouverez une description détaillée de **solve** au chapitre 8.

Les fonctions **sum** et **product** traitent les sommes et les produits symboliques. Par exemple, la somme bien connue $1 + 2 + \cdots + n$ est :

```
>> sum(i, i = 1..n); factor(%);

        2
   n   n
   - + --
   2   2


   1/2 n (n + 1)
```

Le produit $1 \cdot 2 \cdot \ldots \cdot n$ est mieux connu comme la factorielle $n!$ et peut être calculé par la fonction **fact** de MuPAD. Plus généralement, MuPAD utilise la fonction gamma, qui est définie pour des arguments non entiers ou même complexes. Si n est un entier non négatif, alors nous avons **gamma(n+1)** $= n! = $ **fact(n)** :

```
>> product(i^3, i = 1..n), rewrite(%, fact);

              3           3
   gamma(n + 1) , fact(n)
```

La commande **rewrite(expression,fact)** remplace toutes les occurrences symboliques de la fonction **gamma** par des appels symboliques à la factorielle **fact** (sect. 9.1 p. 178).

Il existe plusieurs structures de donnée pour les vecteurs et les matrices dans MuPAD. En principe, vous pouvez utiliser des tableaux (sect. 4.9 p. 86) pour représenter de tels objets, mais il est bien plus intuitif de travailler avec le type de donnée `matrix`. Vous pouvez créer des matrices avec la fonction système[15] `Dom::Matrix()`. Pour une utilisation plus facile, MuPAD possède la forme courte prédéfinie `matrix` équivalente à `Dom::Matrix()`[16]. Vous pouvez maintenant créer une matrice comme ceci :

```
>> A := matrix([[1, 2], [a, 4]]);

    +-      -+
    |  1, 2  |
    |        |
    |  a, 4  |
    +-      -+
```

Ainsi les objets construits ont la propriété bien pratique que les opérations arithmétiques de base +, *, etc. sont redéfinies (« surchargées ») selon le contexte mathématique approprié. Par exemple, vous pouvez utiliser + ou * pour, respectivement, additionner ou multiplier des matrices (si les dimensions correspondent) :

```
>> B := matrix([[y, 3], [z, 5]]):
>> A, B, A + B, A*B;

    +-      -+ +-      -+ +-          -+
    |  1, 2  | |  y, 3  | |  y + 1, 5  |
    |        |,|        |,|            |,
    |  a, 4  | |  z, 5  | |  a + z, 9  |
    +-      -+ +-      -+ +-          -+


       +-                -+
       |   y + 2 z,    13  |
       |                   |
       |  4 z + a y, 3 a + 20  |
       +-                -+
```

---

[15] `Dom::Matrix` est elle-même une fonction, qui peut recevoir le type des entrées de la matrice comme argument optionnel. De cette façon, vous pouvez définir des matrices dont les entrées doivent être des entiers, des nombres rationnels, ou en virgule flottante, des polynômes, etc. (sect. 4.15 p. 105). Si l'argument optionnel n'est pas donné, comme dans cet exemple, alors les matrices créées pourront avoir en entrée des expressions MuPAD essentiellement arbitraires.

[16] Dans les versions antérieures à la 2.0, vous obtenez le même effet avec la déclaration `matrix := Dom::Matrix() ;`.

La puissance `A^(-1)` représente l'inverse de la matrice `A` :

```
>> A^(-1);
```

```
  +-                             -+
  |      2 a                2      |
  |   ---------- + 1, - ----------  |
  |    - 2 a + 4          - 2 a + 4 |
. |                               |
  |        a                1      |
  |   - ----------,   ----------    |
  |      - 2 a + 4      - 2 a + 4   |
  +-                             -+
```

La fonction `linalg::det`, de la bibliothèque `linalg` de MuPAD pour
l'algèbre linéaire (sect. 4.15.4 p. 117), calcule le déterminant :

```
>> linalg::det(A);
```

```
  4 - 2 a
```

Les vecteurs colonne de dimension n peuvent être interprétés comme
des matrices $n \times 1$:

```
>> b := matrix([1, x]);
```

```
  +-   -+
  | 1  |
  |    |
  | x  |
  +-   -+
```

Vous pouvez confortablement déterminer la solution $A^{-1}\mathbf{b}$ du système
d'équations linéaires $A\mathbf{x} = \mathbf{b}$, avec la matrice `A` de coefficients ci-dessus
et celle précédemment définie `b` en partie droite :

```
>> solutionVector := A^(-1)*b;
```

```
+-                             -+
|     2 a           2 x         |
|   ---------- - ---------- + 1 |
|   - 2 a + 4    - 2 a + 4      |
|                               |
|        a            x         |
|   - ---------- + ----------   |
|     - 2 a + 4    - 2 a + 4    |
+-                             -+
```

Vous pouvez maintenant appliquer la fonction **normal** à chacun des composants du vecteur au moyen de la fonction système **map**, en simplifiant ainsi la représentation :

```
>> map(%, normal);
```

```
+-          -+
|   x - 2    |
|   -----    |
|   a - 2    |
|            |
|   a - x    |
|   -------  |
|   2 a - 4  |
+-          -+
```

Pour vérifier le calcul de MuPAD, vous pouvez multiplier la matrice **A** par le vecteur solution :

```
>> A*%;
```

```
+-                         -+
|    x - 2    2 (a - x)     |
|    ----- + ---------      |
|    a - 2    2 a - 4       |
|                           |
|   a (x - 2)    4 (a - x)  |
|   --------- + ---------   |
|     a - 2      2 a - 4    |
+-                         -+
```

Après simplification, vous pouvez vérifier que le résultat est égal à b :

```
>> map(%, normal);

   +-    -+
   |  1  |
   |     |
   |  x  |
   +-    -+
```

La sect. 4.15 p. 105 donne d'autres informations sur le traitement des matrices et des vecteurs.

Exercice 2.3 : Calculer une forme développée de l'expression $(x^2+y)^5$.

Exercice 2.4 : Utilisez MuPAD pour vérifier que $\dfrac{x^2 - 1}{x + 1} = x - 1$ est vraie.

Exercice 2.5 : Tracez la courbe de la fonction $f(x) = 1/\sin(x)$ pour $1 \leq x \leq 10$.

Exercice 2.6 : Obtenez des informations détaillées sur la fonction `limit`. Utilisez MuPAD pour vérifier les limites suivantes :

$$\lim_{x\to 0} \frac{\sin(x)}{x} = 1 \ , \quad \lim_{x\to 0} \frac{1 - \cos(x)}{x} = 0 \ , \quad \lim_{x\to 0+} \ln(x) = -\infty \ ,$$

$$\lim_{x\to 0} x^{\sin(x)} = 1 \ , \quad \lim_{x\to\infty} \left(1 + \frac{1}{x}\right)^x = e \ , \quad \lim_{x\to\infty} \frac{\ln(x)}{e^x} = 0 \ ,$$

$$\lim_{x\to 0} x^{\ln(x)} = \infty \ , \quad \lim_{x\to 0} \left(1 + \frac{\pi}{x}\right)^x = e^\pi \ , \quad \lim_{x\to 0-} \frac{2}{1 + e^{-1/x}} = 0 \ .$$

La limite $\lim\limits_{x\to 0} \sin(x)^{1/x}$ n'existe pas. Comment réagit MuPAD ?

Exercice 2.7 : Obtenez des informations détaillées sur la fonction `sum`.

L'appel `sum(f(k),k=a..b)` calcule, si possible, une *forme fermée* d'une somme finie ou infinie. Utilisez MuPAD pour vérifier l'identité suivante :

$$\sum_{k=1}^{n}(k^2 + k + 1) = \frac{n\,(n^2 + 3\,n + 5)}{3} \ .$$

Déterminez les valeurs des séries suivantes :

$$\sum_{k=0}^{\infty} \frac{2\,k-3}{(k+1)\,(k+2)\,(k+3)} \ , \quad \sum_{k=2}^{\infty} \frac{k}{(k-1)^2\,(k+1)^2} \ .$$

Exercice 2.8 : Calculez $2 \cdot (A + B)$, $A \cdot B$, et $(A - B)^{-1}$ pour les matrices suivantes :

$$A = \begin{pmatrix} 1\,2\,3 \\ 4\,5\,6 \\ 7\,8\,0 \end{pmatrix} \ , \quad B = \begin{pmatrix} 1\,1\,0 \\ 0\,0\,1 \\ 0\,1\,0 \end{pmatrix} \ .$$

2.3.2 Tracé de courbe

Dans l'exemple de session qui suit, nous allons utiliser certaines des fonctions système de la section précédente pour tracer et discuter la courbe donnée par la fonction rationnelle :

$$f : \ x \ \mapsto \ \frac{(x-1)^2}{x-2} + a$$

avec le paramètre a. Nous déterminons d'abord quelques caractéristiques de cette fonction.

```
>> f := x -> ((x - 1)^2/(x - 2) + a):
>> singularities := discont(f(x), x);

    {2}
```

La fonction `discont` détermine les discontinuités de la fonction f par rapport à la variable x. Elle renvoie un ensemble de tels points. Ainsi la fonction ci-dessus f est définie et continue pour tout $x \neq 2$. Il est clair que $x = 2$ est un pôle. En fait, MuPAD trouve la limite $\pm\infty$ lorsque vous approchez de ce point depuis la gauche ou la droite, respectivement :

```
>> limit(f(x), x = 2, Left), limit(f(x), x = 2, Right);

    -infinity, infinity
```

Vous trouvez les racines de f en résolvant l'équation $f = 0$:

```
>> roots := solve(f(x) = 0, x);
```

```
{                      2 1/2          2 1/2            }
{       a   (4 a + a )      (4 a + a )         a       }
{ 1 - - - -------------, ------------- - - + 1 }
{       2           2               2          2       }
```

Selon la valeur de a, les deux racines sont réelles, ou aucune ne l'est. Nous voulons maintenant trouver les extrémas locaux de f. Pour cela, nous déterminons les racines de la première dérivée f' :

```
>> f'(x);
```

```
                          2
  2 x - 2   (x - 1)
  ------- - --------
   x - 2         2
            (x - 2)
```

```
>> extrema := solve(f'(x) = 0, x);
```

```
  {1, 3}
```

Ce sont les candidats pour les extrémas locaux. Cependant, certains d'entre eux pourraient être des « points en selle ». Si la dérivé seconde f'' ne disparaît pas en ces points, alors les deux sont vraiment des extrémas. Nous vérifions :

```
>> f''(1), f''(3);
```

```
  -2, 2
```

Nos résultats impliquent que f a les propriétés suivantes : pour tout choix du paramètre a, il existe un maximum local en $x = 1$, un pôle en $x = 2$, et un minimum local en $x = 3$. Les valeurs correspondantes de f en ces points sont

```
>> maxvaleur := f(1); minvaleur := f(3);
```

```
  a
```

```
  a + 4
```

f tend vers $\mp\infty$ pour $x \to \mp\infty$:

```
>> limit(f(x), x = -infinity), limit(f(x), x = infinity);
```

```
  -infinity, infinity
```

Nous pouvons spécifier le comportement de f plus précisément pour de grandes valeurs de x. Elle approche asymptotiquement la fonction linéaire $x \mapsto x + a$:

```
>> series(f(x), x = infinity);
            1   2    4    / 1 \
  x + a + - + -- + -- + O| -- |
          x   2    3    | 4 |
              x    x    \ x /
```

Nous avons employé ici la fonction **series** pour calculer un développement asymptotique de f (sect. 4.13 p. 97). Nous pouvons vérifier facilement nos résultats visuellement en traçant la courbe de f pour plusieurs valeurs de a :

```
>> F := subs(f(x), a = -4): G := subs(f(x), a = 0):
   H := subs(f(x), a = 4): F, G, H;

          2                  2         2
   (x - 1)           (x - 1)   (x - 1)
   -------- - 4,    --------, -------- + 4
    x - 2            x - 2     x - 2
```

La fonction **subs** (chapitre 6) remplace les sous-expressions : dans l'exemple, nous avons substitué les valeurs concrètes -4, 0, et 4, respectivement, pour a. Nous pouvons maintenant tracer les courbes des trois fonctions sur la même figure[17] :

---

[17] Dans les versions de MuPAD antérieures à la 2.0, utilisez `plotfunc` au lieu de `plotfunc2d`.

```
>> plotfunc2d(F, G, H, x = -1..4);
```

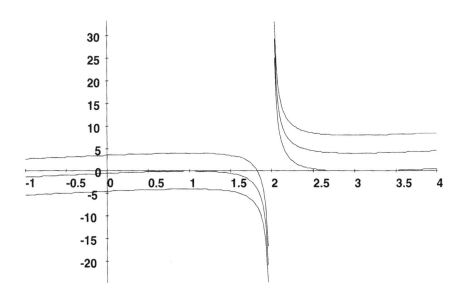

2.3.3 Théorie élémentaire des nombres

MuPAD propose un grand nombre de fonctions concernant la théorie élémentaire des nombres, par exemple :

- `isprime(n)` teste si $n \in \mathbb{N}$ est un nombre premier,
- `ithprime(n)` retourne le n-ième nombre premier,
- `nextprime(n)` trouve le plus petit nombre premier $\geq n$,
- `ifactor(n)` calcule la factorisation en nombres premiers de n.

Ces routines sont assez rapides. Cependant, comme elles emploient des tests de primalité probabilistes, elles peuvent retourner de faux résultats, avec toutefois une très faible probabilité[18]. Au lieu de `isprime`, vous pouvez utiliser la fonction (plus lente) `numlib::proveprime` comme test de primalité sans erreur.

---

[18] En pratique, vous ne devez pas vous en inquiéter car les chances d'une fausse réponse sont négligeables : la probabilité d'une panne mécanique est bien plus élevée que celle où le test aléatoire donnerait la mauvaise réponse sur un matériel fonctionnant correctement.

Créons une liste de tous les premiers jusqu'à 10 000. Voici l'une des nombreuses façons de le faire :

```
>> primes := select([$ 1..10000], isprime);

   [2, 3, 5, 7, 11, 13, 17, ... , 9949, 9967, 9973]
```

Le résultat n'est pas affiché en totalité pour des considérations de place. Nous avons créé en premier la suite de tous les entiers positifs jusqu'à 10000 au moyen du générateur de suite $ (sect. 4.5 p. 67). Les crochets [ ] la convertissent en liste MuPAD. Puis select (sect. 4.6 p. 71) élimine les éléments de cette liste pour lesquels la fonction isprime, donnée comme second argument, retourne FALSE. Le nombre de ces premiers égale le nombre des éléments de la liste, que nous obtenons par nops (sect. 4.1 p. 47) :

```
>> nops(primes);

   1229
```

Alternativement, nous pouvons créer la même liste de premiers par

```
>> primes := [ithprime(i) $ i = 1..1229]:
```

Ici nous avons utilisé le fait que nous savons déjà le nombre de premiers jusqu'à 10000. Une autre possibilité est de créer une grande liste de premiers et d'éliminer ceux plus grands que 10000 :

```
>> primes := select([ithprime(i) $ i=1..5000],
               x -> (x<=10000)):
```

Ici, l'objet x -> (x<=10000) représente la fonction qui applique chaque x à l'inégalité x<=10000. La commande select conserve alors seulement ceux des éléments de la liste pour lesquels l'inégalité est TRUE (« vraie »).

Dans l'exemple suivant, nous utilisons une boucle repeat (chapitre 16) pour créer la liste des premiers. À l'aide de l'opérateur de concaténation . (sect. 4.6 p. 71), nous ajoutons successivement des premiers i à la liste jusqu'à ce que nextprime(i+1), le premier suivant plus grand que i, soit supérieur à 10000. Nous commençons par la liste vide et le premier $i = 2$:

```
>> primes := [ ]: i := 2:
```

```
>> repeat
     primes := primes . [i];
     i := nextprime(i + 1)
   until i > 10000 end_repeat:
```

Considérons maintenant la fameuse conjecture de Goldbach :

« Tout entier plus grand que 2 est la somme de deux premiers. »

Nous voulons vérifier cette conjecture pour tous les nombres pairs jusqu'à 10000. Nous créons d'abord la liste des entiers [4,6,...,10000]. Pour réutiliser la variable i dans les versions de MuPAD antérieures à la 2.0, sa valeur prise dans la boucle précédente doit être supprimée, car l'opérateur de séquence $ requiert un identificateur sans valeur. delete n'existe pas dans ces versions, vous devrez assigner NIL à i avec i:=NIL. Cette restriction a disparue avec MuPAD 2.0.

```
>> unassign(i): list := [2*i $ i = 2..5000]:
>> nops(list);

     4999
```

Nous sélectionnons maintenant les nombres de la liste qui ne peuvent s'écrire sous la forme « premier + 2 ». Ce qui s'obtient en testant pour chaque i de la liste si $i - 2$ est un premier :

```
>> list := select(list, i -> (not isprime(i - 2))):
>> nops(list);

     4998
```

Le seul entier qui a été éliminé est 4 (car pour tous les autres entiers positifs pairs $i-2$ est pair et plus grand que 2, et donc non premier). Maintenant nous écartons tous les nombres de la forme « premier + 3 » :

```
>> list := select(list, i -> (not isprime(i - 3))):
>> nops(list);

     3770
```

Les 3770 entiers restants ne sont ni de la forme « premier + 2 » ni de la forme « premier + 3 ». Nous poursuivons maintenant cette procédure au moyen de la boucle while (chapitre 16). Dans cette boucle, j visite successivement tous les premiers > 3, et les nombres de la forme « premier + j » sont éliminés. Une commande print (sect. 13.1.1

p. 223) affiche le nombre d'entiers restants à chaque pas. La boucle se termine dès que la liste est vide :

```
>> j := 3:
>> while list <> [] do
      j := nextprime(j + 1):
      list := select(list, i -> (not isprime(i - j))):
      print(j, nops(list)):
   end_while:
     5, 2747

     7, 1926

     . . .

   167, 1

   173, 0
```

Ainsi nous avons confirmé que la conjecture de Goldbach est vraie pour tous les entiers positifs jusqu'à 10000. Nous avons même montré que tous ces nombres peuvent être écrits comme la somme d'un premier inférieur ou égal à 173 et d'un autre premier.

Dans l'exemple suivant, nous créons une liste des distances entre deux premiers successifs jusqu'à 500 :

```
>> primes := select([$ 1..500], isprime):
>> distances := [primes[i] - primes[i - 1]
                  $ i = 2..nops(primes)];

   [1, 2, 2, 4, 2, 4, 2, 4, 6, 2, 6, 4, 2, 4, 6, 6, 2, 6,

      4, 2, 6, 4, 6, 8, 4, 2, 4, 2, 4, 14, 4, 6, 2, 10, 2

      , 6, 6, 4, 6, 6, 2, 10, 2, 4, 2, 12, 12, 4, 2, 4, 6

      , 2, 10, 6, 6, 6, 2, 6, 4, 2, 10, 14, 4, 2, 4, 14,

      6, 10, 2, 4, 6, 8, 6, 6, 4, 6, 8, 4, 8, 10, 2, 10,

      2, 6, 4, 6, 8, 4, 2, 4, 12, 8, 4, 8]
```

L'appel indexé `primes[i]` retourne le i-ième élément de la liste. La fonction `zip` (sect. 4.6 p. 71) propose une méthode alternative. L'appel `zip(a,b,f)` combine deux listes $a = [a_1, a_2, \ldots]$ et $b = [b_1, b_2, \ldots]$ composant par composant au moyen de la fonction f : la liste résultante est

$$[f(a_1, b_1), f(a_2, b_2), \ldots]$$

et elle a autant d'éléments que la plus courte des deux listes. Dans notre exemple, nous appliquons ceci à la liste des premiers $a = [a_1, \ldots, a_n]$, la liste « décalée » $b = [a_2, \ldots, a_n]$, et la fonction $(x, y) \mapsto y - x$. Nous créons tout d'abord une copie décalée de la liste des premiers en éliminant le premier élément, en raccourcissant ainsi la liste :

```
>> b := primes: unassign(b[1]):
```

La commande suivante retourne le même résultat que ci-dessus :

```
>> distances := zip(primes, b, (x, y) -> (y - x)):
```

Nous avons présenté une autre fonction utile en sect. 2.2 p. 12, la routine `ifactor` pour la factorisation d'un entier en premiers. L'appel `ifactor(n)` retourne un objet du même type que `factor` renvoie, à savoir `Factored` pour les versions 2.0 et ultérieures et une liste pour la 1.4 et antérieures. Le nouveau type `Factored` est affiché à l'écran sous une forme plus lisible que la simple liste utilisée dans les versions antérieures. En interne cependant les facteurs premiers et les exposants sont encore sous forme d'une liste, et vous pouvez y accéder comme sous MuPAD 1.4, avec `op` ou un accès indexé. Consultez les pages d'aide `?ifactor` et `?Factored` pour les détails.

Le format de la liste interne est

$$[s, p_1, e_1, \ldots, p_k, e_k]$$

avec les premiers $p_1, \ldots, p_k$, leurs exposants $e_1, \ldots, e_k$, et le signe $s = \pm 1$, tel que $n = s \cdot p_1^{e_1} \cdot p_2^{e_2} \cdots p_k^{e_k}$. Nous employons maintenant cette fonction pour trouver combien d'entiers entre 2 et 10000 sont divisibles par exactement deux nombres premiers distincts. Nous notons que la liste retournée par `ifactor(n)` a $2m + 1$ éléments, où m est le nombre de premiers distincts diviseurs de n. Ainsi l'appel

```
>> m := (nops@ifactor - 1)/2:
```

retourne[19] le nombre de facteurs premiers distincts. Le symbole @ génère la composition (sect. 4.12 p. 93) des deux fonctions ifactor et nops. Ainsi l'appel m(k) retourne m(k)=(nops(ifactor(k))-1)/2. Nous construisons la liste des valeurs $m(k)$ pour $k = 2, \ldots, 10000$:

```
>> list := [m(k) $ k = 2..10000]:
```

La boucle for suivante (sect. 16 p. 245) affiche avec précision le nombre d'entiers ayant $i = 1, 2, \ldots, 6$ diviseurs premiers distincts :

```
>> for i from 1 to 6 do
       print(i, nops(select(list, x -> (x = i))))
   end_for:
```

```
1, 1280
```

```
2, 4097
```

```
3, 3695
```

```
4, 894
```

```
5, 33
```

```
6, 0
```

Ainsi il y a 1280 entiers avec exactement un diviseur premier dans l'intervalle étudié[20], 4097 entiers avec précisément deux facteurs premiers distincts, et ainsi de suite. Il est facile de voir que l'intervalle ne contient pas d'entier ayant six diviseurs premiers : le plus petit d'un tel nombre $2 \cdot 3 \cdot 5 \cdot 7 \cdot 11 \cdot 13 = 30030$ est supérieur à 10000.

La bibliothèque numlib contient diverses fonctions sur la théorie des nombres, entre autres, la routine numlib::numprimedivisors, équivalente à m ci-dessus, pour calculer le nombre de diviseurs premiers. Voyez le chapitre 3 pour une description des bibliothèques de MuPAD.

---

[19] En réalité, il retourne m(k)=(nops(ifactor(k))-1(k))/2(k), et 1(k) et 2(k) s'évaluent respectivement en 1 et 2.
[20] Nous avons déjà vu que l'intervalle contient 1229 nombres premiers. Pouvez-vous expliquer la différence ?

Exercice 2.9 : On a toujours porté un intérêt particulier aux premiers de la forme $2^n \pm 1$.

a) Les premiers de la forme $2^p - 1$, où p est un premier, sont dits *premiers de Mersenne*. Trouvez tous les premiers de Mersenne pour $1 < p \leq 1000$.

b) Pour un entier positif n, le *n-ième nombre de Fermat* est $2^{(2^n)} + 1$. Réfutez la conjecture de Fermat affirmant que tous ces nombres sont premiers.

3. Les bibliothèques MuPAD

Les connaissances mathématiques de MuPAD sont en grande partie contenues dans des bibliothèques. Une telle bibliothèque contient une collection de fonctions pour résoudre des problèmes d'un domaine particulier, tel que l'algèbre linéaire, la théorie des nombres, l'analyse numérique, etc. Les fonctions des bibliothèques sont écrites dans le langage de programmation de MuPAD. Vous pouvez les utiliser de la même façon que les fonctions du noyau, sans rien connaître du langage de programmation.

La sect. « Les bibliothèques » de la Quick Reference [Oev 98] de MuPAD contient un survol de toutes les bibliothèques. Elles sont enrichies en permanence, et les futures versions de MuPAD proposeront des fonctionnalités additionnelles. Dans ce chapitre nous ne parlerons pas de la fonction mathématique des bibliothèques mais exposerons plutôt leur utilisation générale.

3.1 Information sur une bibliothèque particulière

Vous pouvez obtenir des informations et de l'aide sur les bibliothèques en appelant les fonctions `info` et `help`. La fonction `info` donne la liste de toutes les fonctions installées dans la bibliothèque. La bibliothèque `numlib` est une collection de fonctions sur la théorie des nombres :

```
>> info(numlib);
   Library 'numlib':        elementary number theory
   Interface:
   numlib::Lambda,          numlib::Omega,
   numlib::decimal,         numlib::divisors,
   numlib::ecm,             numlib::fibonacci,
   ...
```

Les commandes `help` ou `?` donnent une description plus détaillée de la bibliothèque :

```
>> ?numlib

   numlib -- Number theory

   Description:

   This documentation describes the routines of the
   library numlib. This library contains the following
   routines:

   decimal
        infinite representation of rational numbers
   divisors
        divisors of an integer
   fibonacci
        Fibonacci numbers
   ...
```

Si vous avez une interface utilisateur graphique, cette commande ouvre une fenêtre d'aide séparée, et vous pouvez alors naviguer vers la page d'aide de l'une des fonctions de la liste en cliquant sur son nom avec la souris. Dans les versions de MuPAD jusqu'à la 1.4, vous pouvez obtenir une liste de toutes les bibliothèques disponibles en choisissant l'entrée « Helpindex » du menu (qui se trouve dans le menu « Targets » d'une plateforme Windows) puis en cliquant sur « Library Packages ». Dans les versions MuPAD ultérieures, la commande `info()` affiche aussi une telle liste.

La fonction `numlib::decimal` de la bibliothèque `numlib` calcule le développement décimal d'un nombre rationnel[1] :

```
>> numlib::decimal(123/7);

   17, [5, 7, 1, 4, 2, 8]
```

Quant aux autres fonctions système, vous pouvez demander des informations sur les fonctions des bibliothèques au moyen de `help` ou `?` :

```
>> ?numlib::decimal
```

---

[1] Le résultat suivant doit être interprété comme suit : $123/7 = 17.\overline{571428} = 17.571428\,571428\dots$

Vous pouvez examiner l'implantation d'une fonction de bibliothèque
avec **expose** :

```
>> expose(numlib::fibonacci);

   proc(n)
     name numlib::fibonacci;
     local x, y, z, a, b, c, Z, C;
   begin
     if testargs() then
           ...
   end_proc
```

3.2 Exportation des bibliothèques

Vous avez vu dans la section précédente que la syntaxe de l'appel
pour une fonction de bibliothèque est **bibliothèque::fonction**, où
bibliothèque et **fonction** sont les noms de la bibliothèque et de la
fonction, respectivement. Par exemple, la bibliothèque **numeric** pour
les calculs numériques contient la fonction **numeric::fsolve**[2]. Elle implante la méthode bien connue de Newton pour la recherche de racines
numériques. Dans l'exemple suivant, nous trouvons une approximation
de la racine de la fonction sinus dans l'intervalle $[2, 4]$:

```
>> numeric::fsolve(sin(x), x = 2..4);

   3.141592653
```

La fonction **export** rend les fonctions d'une bibliothèque « connues
globalement », vous pouvez ainsi les utiliser sans spécifier le nom de la
bibliothèque :

```
>> export(numeric, fsolve): fsolve(sin(x), x = 2..4);

   [x = 3.141592653]
```

Si vous avez déjà assigné une valeur à **fsolve**, alors **export** retourne
un message d'erreur :

---

[2] La fonction **numeric::fsolve** est équivalente à **numeric::newton** dans les versions de MuPAD avant la 2.0

```
>> fsolve := 1: export(numeric, fsolve);

   Error: global name must be identifier [export]
```

Vous pouvez exporter plusieurs fonctions d'un seul coup :

```
>> export(numeric, realtoots, quadrature):
```

Vous pouvez maintenant utiliser **realroots**[3] (pour trouver *toutes* les racines réelles d'un polynôme) et **quadrature** (pour l'intégration numérique) directement. Voyez les pages d'aide correspondantes pour le sens des paramètres en entrée et de la sortie renvoyée.

```
>> realroots(x^4 + x^3 - 6*x^2 + 11*x - 6,
             x=-10..10, 0.001)

   [[-3.623046875, -3.62109375],

      [0.8217773438, 0.822265625]]
>> quadrature(exp(x) + 1, x = 0..1)

                2.718281829
```

Si vous appelez **export** avec un seul argument, à savoir le nom de la bibliothèque, alors toutes les fonctions de cette bibliothèque sont exportées. S'il y a des conflits de noms avec des identificateurs existants, alors **export** envoie des avertissements :

```
>> eigenvalues := 1: export(numeric);

   Warning: 'newton' already is exported
   Warning: 'eigenvalues' already has a value, not expor\
   ted
   Warning: 'quadrature' already is exported
   Warning: 'fsolve' already is exported
```

Après suppression de l'identificateur, la fonction de la bibliothèque ayant le même nom peut être exportée sans problème :

```
>> unassign(eigenvalues): export(numeric, eigenvalues):
```

---

[3] La fonction `numeric::realroots` dans MuPAD 2.0 correspond à `numeric::solve` des versions précédentes de MuPAD.

3.3 La bibliothèque standard

La bibliothèque MuPAD la plus importante est la bibliothèque standard stdlib. Elle contient les fonctions les plus fréquemment utilisées telles que diff, simplify, etc. Toutes les fonctions de stdlib sont automatiquement exportées au démarrage. De ce point de vue, il n'y a pas de différence notable entre les fonctions du noyau de MuPAD, qui sont écrites en C, et celles de la bibliothèque standard, qui sont implantées dans le langage de programmation de MuPAD.

Si vous exécutez MuPAD sur une interface graphique utilisateur, vous pouvez alors obtenir davantage d'informations sur les fonctions disponibles de la bibliothèque standard en choisissant « Helpindex » (qui se trouve dans le menu « Targets » des plates-formes Windows) dans la fenêtre d'aide puis en cliquant sur « Standard Library ». La MuPAD Quick Reference [Oev 98] donne la liste de toutes les fonctions du noyau et de la bibliothèque standard dans MuPAD version 1.4.

Beaucoup de ces fonctions sont implantées comme des environnements de fonctions (sect. 18.12 p. 282). Vous pouvez voir le code source avec expose(nom) :

```
>> expose(exp);

   proc(x)
     name exp;
     local y;
   begin
     if x::exp <> FAIL then
       return(x::exp(args()))
     end_if;
     ...
   end_proc
```

4. Les objets MuPAD

Dans le chapitre 2, nous avons introduit les objets MuPAD tels que les nombres, les expressions symboliques, les matrices. Nous présenterons ici ces objets plus systématiquement.

Les objets envoyés au noyau pour évaluation peuvent être de différentes formes : simples expressions arithmétiques sur des nombres telle que `1+(1+I)/3`, des expressions arithmétiques sur des objets symboliques telle que `x+(y+I)/3`, des listes, des ensembles, des équations, des inégalités, des graphiques, des tableaux, des objets mathématiques abstraits, et d'autres encore. Tout objet MuPAD appartient à un certain type de donnée, appelé *type du domaine*. Il correspond à une certaine représentation interne de l'objet. (Voyez la table 4.1 sur les types de domaines fondamentaux.)

De plus, vous pouvez définir vos propres types de donnée, mais nous ne discuterons pas de cela ici La fonction système `domtype` retourne le type de domaine d'un objet MuPAD.

Dans la section suivante, nous présentons d'abord l'importante fonction sur opérande `op`, qui vous permet de décomposer un objet MuPAD en ses blocs constitutifs. Les sections qui suivent discuteront des types de donnée ci-dessus et de certaines des principales fonctions système qui les traitent.

4.1 Opérandes : les fonctions op et nops

Il est souvent nécessaire de décomposer un objet MuPAD en ses composants afin de les traiter individuellement. Les blocs constitutifs d'un objet sont appelés *opérandes*. Les fonctions système pour y accéder sont `op` et `nops` (abréviation pour : nombre d'opérandes) :

Type de domaine	Signification
DOM_INT	entiers, p.ex. -3, 10^5
DOM_RAT	nombres rationnel, p.ex. 7/11
DOM_FLOAT	nombres en virgule flottante, p.ex. 0.123
DOM_COMPLEX	nombres complexes, p.ex. 0.1 + 2/3*I
DOM_IDENT	identificateurs symboliques, p.ex. x, y, f
DOM_EXPR	expressions symboliques, p.ex. x + y
Puiseux	développements en série symboliques, p.ex. 1 + x + x^2 + O(x^3)
DOM_LIST	listes, p.ex. [1, 2, 3]
DOM_SET	ensembles, p.ex. {1,2,3}
DOM_ARRAY	tableaux
DOM_TABLE	tables
DOM_BOOL	valeurs booléennes : TRUE, FALSE, UNKNOWN
DOM_STRING	chaînes, p.ex. "Je suis une chaîne"
Dom::Matrix(..)	matrices et vecteurs
DOM_POLY	polynômes, p.ex. poly(x^2 + x + 1, [x])
DOM_PROC	fonctions et procédures

TAB. 4.1. *Types de domaines fondamentaux*

```
nops(objet)      : le nombre d'opérandes,
op(objet,i)      : le i^ème opérande, 0 ≤ i ≤ nops(objet)
op(objet,i..j)   : la séquence des opérandes i à j,
                   où 0 ≤ i ≤ j ≤ nops(objet),
op(objet)        : la séquence op(.,1),op(.,2),.. de tous
                   les opérandes.
```

La signification d'un opérande dépend du type de donnée de l'objet. Nous discuterons de ceci pour chaque type de donnée en détail dans les sections suivantes. Par exemple, les opérandes d'un nombre rationnel sont le numérateur et le dénominateur, ceux d'une liste ou d'un ensemble sont les éléments, et les opérandes d'un appel de fonction sont les arguments. Cependant, il y a aussi des objets dont la décomposition en opérandes est moins intuitive, tels que les développements en série générés par les fonctions système **taylor** ou **series** (sect. 4.13 p. 97). Voici l'exemple d'une liste (sect. 4.6 p. 71) :

```
>> list := [a, b, c, d, sin(x)]: nops(list);

   5

>> op(list, 2);

   b

>> op(list, 3..5);

   c, d, sin(x)

>> op(list);

   a, b, c, d, sin(x)
```

Par répétition de l'appel à la fonction op, vous pouvez décomposer des expressions MuPAD arbitraires sous forme « atomique ». Dans ce contexte, un atome MuPAD est une expression qui ne peut plus être décomposée par op, de telle sorte que op(atom)=atom soit vraie[1]. C'est essentiellement le cas pour les entiers, les nombres en virgule flottante, les identificateurs auxquels aucune valeur n'a été affectée, et les chaînes :

```
>> op(-2), op(0.1234), op(a), op("I am a text");

   -2, 0.1234, a, "I am a text"
```

Dans l'exemple suivant, une liste imbriquée est décomposée complètement en ses atomes a11,a12,a21,x,2 :

```
>> list := [[a11, a12], [a21, x^2]];
```

Les opérandes et sous-opérandes sont :

op(list, 1)	: [a11, a12]
op(list, 2)	: [a21, x^2]
op(op(list, 1), 1)	: a11
op(op(list, 1), 2)	: a12
op(op(list, 2), 1)	: a21
op(op(list, 2), 2)	: x^2
op(op(op(list, 2), 2), 1)	: x
op(op(op(list, 2), 2), 2)	: 2

---

[1] Ce modèle est une bonne approximation du mode d'opération interne de MuPAD, mais il y a des exceptions. Par exemple, vous pouvez décomposer les nombres rationnels avec op, mais le noyau les considère comme des atomes. D'autre part, bien que les chaînes soient indécomposables par rapport à op, il est encore possible d'accéder aux caractères d'une chaîne individuellement (sect. 4.11 p. 90).

Au lieu d'ennuyeux appels imbriqués à op, vous pouvez aussi utiliser la forme raccourcie suivante pour avoir accès aux sous-expressions :

```
op(list, [1])        :   [a11, a12]
op(list, [2])        :   [a21, x^2]
op(list, [1, 1])     :   a11
op(list, [1, 2])     :   a12
op(list, [2, 1])     :   a21
op(list, [2, 2])     :   x^2
op(list, [2, 2, 1]) :   x
op(list, [2, 2, 2]) :   2
```

Exercice 4.1 : Déterminer les opérandes de la puissance a^b, de l'équation a=b, et de l'appel symbolique de fonction f(a,b).

Exercice 4.2 : L'appel suivant de solve (chapitre 8) retourne un ensemble :

```
>> set := solve({x + sin(3)*y = exp(a),
                 y - sin(3)*y = exp(-a)}, {x,y});

   { {                sin(3) exp(-a)        exp(-a)   } }
   { { x = exp(a) - --------------, y = ---------- } }
   { {                  1 - sin(3)          1 - sin(3) } }
```

Extraire la valeur de la solution pour y et l'assigner à l'identificateur y.

4.2 Nombres

Nous avons démontré dans la sect. 2.2 p. 12 comment travailler avec des nombres. Il y a divers types de donnée pour les nombres :

```
>> domtype(-10), domtype(2/3),
   domtype(0.1234), domtype(0.1 + 2*I);

   DOM_INT, DOM_RAT, DOM_FLOAT, DOM_COMPLEX
```

Un nombre rationnel est un objet composé : les blocs constitutifs sont le numérateur et le dénominateur. De même, un nombre complexe est fait d'une partie réelle et d'une partie imaginaire. Vous pouvez utiliser la fonction opérande op de la section précédente pour accéder à ces composants :

```
>> op(111/223, 1), op(111/223, 2);
   111, 223
>> op(100 + 200*I, 1), op(100 + 200*I, 2);
   100, 200
```

Alternativement, vous pouvez utiliser les fonctions système numer, denom, Re, et Im :

```
>> numer(111/223), denom(111/223),
   Re(100 + 200*I), Im(100 + 200*I);

   111, 223, 100, 200
```

En plus des opérations arithmétiques communes +, -, *, et /, vous disposez des opérateurs arithmétiques div et mod, modpour la division d'un entier x par un entier non nul p avec reste. Si $x = k\,p + r$ est vraie pour les entiers k et $0 \le r < |p|$, alors x div p retourne le « quotient entier » k et x mod p retourne le « reste » r :

```
>> 25 div 4, 25 mod 4;

   6, 1
```

+, -, *, /, ^	:	arithmétique de base
abs	:	valeur absolue
ceil	:	arrondi « par le haut »
div	:	quotient « modulo »
fact	:	factorielle
float	:	approximation par des nombres en virgule flottante
floor	:	arrondi « par le bas »
frac	:	partie fractionnelle
ifactor, Factor	:	factorisation en nombres premiers
isprime	:	test de primalité
mod	:	reste « modulo »
round	:	arrondi
sign	:	signe
sqrt	:	racine carrée
trunc	:	partie entière

TAB. 4.2. *Fonctions et opérateurs de MuPAD pour les nombres.*

La table 4.2 contient une compilation des fonctions et des opérateurs principaux de MuPAD pour le traitement des nombres. Voyez le système d'aide (c.-à-d. ?abs, ?ceil, etc.) pour une description détaillée de ces fonctions. Nous insistons sur le fait qu'alors que des expressions telle que $\sqrt{2}$ représentent mathématiquement des nombres, MuPAD les traite en tant qu'expressions symboliques (sect. 4.4 p. 57) :

```
>> domtype(sqrt(2));

   DOM_EXPR
```

Exercice 4.3 : Quelle est la différence entre $1/3 + 1/3 + 1/3$ et $1.0/3 + 1/3 + 1/3$ dans MuPAD ?

Exercice 4.4 : Calculer le développement décimal de $\pi^{(\pi^\pi)}$ et $e^{\frac{1}{3}\,\pi\,\sqrt{163}}$ avec une précision de 10 et 100 chiffres, respectivement. Quel est le $234^{\text{ème}}$ chiffre après la virgule de π ?

Exercice 4.5 : Après avoir exécuté `x:=10^50/3.0`, seuls les premiers `DIGITS` chiffres décimaux de `x` sont garantis être corrects.

a) Tronquer la partie fractionnelle avec `trunc` est alors discutable. Qu'a fait MuPAD ?

b) Que vaut `x` après augmentation de `DIGITS` ?

4.3 Identificateurs

Les *identificateurs* sont des noms, tels que `x` ou `f`, pouvant représenter des variables et des inconnues.

Ils peuvent être des combinaisons arbitraires de lettres, de chiffres, et du souligné « _ », avec la seule condition que le premier symbole ne doit pas être un chiffre. MuPAD fait la distinction entre lettres majuscules et minuscules. Des exemples d'identificateurs admissibles sont `x`, `_x23`, et `the_MuPAD_system`, alors que MuPAD n'acceptera pas comme identificateurs `12x`, `p-2`, et `x>y`. À partir de la version 2.0, MuPAD accepte aussi comme identificateur toute séquence de caractères commençant et se terminant par un « accent grave » `, ainsi `x>y` est, en fait, un identificateur. Nous n'utiliserons pas cette notation d'identificateurs dans la suite de ce didacticiel.

Les identificateurs auquels aucune valeur n'a été affectée ont leur nom comme évaluation. Dans MuPAD, ils représentent des objets symboliques telles que les inconnues d'une équation. Leur type de domaine est `DOM_IDENT` :

```
>> domtype(x);
```

```
DOM_IDENT
```

Vous pouvez affecter un objet arbitraire à un identificateur au moyen de l'*opérateur d'affectation* `:=`. Par la suite, cet objet est la *valeur* de l'identificateur. Par exemple, après la commande

```
>> x := 1 + I:
```

l'identificateur `x` a la valeur `1+I`, qui est un nombre complexe du type de domaine `DOM_COMPLEX`. Vous devriez soigneusement distinguer entre un identificateur, sa valeur, et son évaluation. Référez-vous à l'important chapitre 5, où la stratégie d'évaluation de MuPAD est décrite.

Si une valeur a déjà été affectée à un identificateur, alors une autre affectation écrase la précédente valeur. La déclaration `y:=x` n'affecte pas l'identificateur `x` à l'identificateur `y`, mais la valeur actuelle (l'évaluation) de `x` :

```
>> x := 1: y := x: x, y;
```

```
1, 1
```

Si la valeur de `x` est changée par la suite, cela n'affectera pas `y` :

```
>> x := 2: x, y;
```

```
2, 1
```

Cependant, si `x` est un identificateur symbolique, qui s'évalue à lui-même, alors le nouvel identificateur `y` se réfère à ce symbole :

```
>> unassign(x): y := x: x, y; x := 2: x, y;
```

```
x, x
```

```
2, 2
```

Nous avons ici supprimé la valeur de l'identificateur x au moyen de la fonction unassign[2], et x est devenu à nouveau identificateur symbolique sans une valeur.

L'opérateur d'affectation := est une forme raccourcie de la fonction système _assign, qui peut aussi être appelée directement :

```
>> _assign(x, valeur): x;
```

```
    valeur
```

Cette fonction retourne son second argument, à savoir le côté droit d'une affectation. Ceci explique la sortie sur écran après une affectation :

```
>> y := 2*x;
```

```
    2 valeur
```

Vous pouvez travailler immédiatement avec la valeur retournée. Par exemple, la construction suivante est permise (l'affectation doit être mise entre parenthèses) :

```
>> y := cos( (x := 0) ): x, y;
```

```
    0, 1
```

Ici la valeur 0 est affectée à l'identificateur x. La valeur retournée de l'affectation, c.-à-d. 0, est donnée directement comme argument à la fonction cosinus, et le résultat $\cos(0) = 1$ est affecté à y. Ainsi nous avons assigné simultanément des valeurs à la fois à x et à y.

Une autre fonction d'affectation de MuPAD est assign. Ses entrées sont des ensembles ou des listes d'équations, qui sont transformés en affectations :

```
>> unassign(x, y): assign({x = 0, y = 1}): x, y;
```

```
    0, 1
```

Cette fonction est particulièrement utile en association avec solve (sect. 8 p. 161), qui retourne les solutions sous la forme d'un ensemble de listes[3] d'équations de la forme identificateur=valeur, sans affecter ces valeurs.

---

[2] Le mot-clé delete remplace la fonction unassign dans les versions de MuPAD postérieures à la 1.4.
[3] Dans les versions avant la 2.0, solve retourne un ensemble d'ensembles.

Il existe beaucoup d'identificateurs dans MuPAD avec des valeurs prédéfinies. Ils représentent des fonctions mathématiques (telles que sin, exp, ou sqrt), des constantes mathématiques (telles que PI), ou des algorithmes de MuPAD (tels que diff, int, ou limit). Si vous essayez de changer la valeur d'un tel identificateur prédéfini, alors MuPAD envoie un message d'avertissement ou d'erreur :

```
>> sin := 1;

   Error: Identifier 'sin' is protected [_assign]
```

Vous pouvez protéger vos propres identificateurs de l'écrasement avec la commande
protect(identificateur). La protection en écriture à la fois de vos propres identificateurs et de ceux du système peut être supprimée avec unprotect(identificateur). Cependant, nous recommandons fortement de ne pas écraser des identificateurs prédéfinis car ils sont utilisés par beaucoup de fonctions système qui renverront des résultats imprévisibles après une redéfinition. La commande[4] anames(3) donne la liste de tous les identificateurs prédéfinis.

Vous pouvez utiliser l'opérateur de concaténation « . » pour créer dynamiquement des noms d'identificateurs. Si x et i sont des identificateurs, alors x.i génère un nouvel identificateur par concaténation des *évaluations* (voir le chapitre 5) de x et i :

```
>> x := z: i := 2:   x.i;

   z2

>> x.i := valeur: z2;

   valeur
```

Dans l'exemple suivant, nous utilisons une boucle for (chapitre 16) pour affecter des valeurs aux identificateurs x1,..,x1000 :

```
>> unassign(x):
   for i from 1 to 1000 do x.i := i^2 end_for:
```

À cause d'effets de bord possibles ou de conflits avec des identificateurs déjà existants, nous recommandons fortement d'utiliser ce concept seulement interactivement et non à l'intérieur de procédures MuPAD.

---

[4] La commande correspondante des versions postérieures à la 1.4 est anames(All).

La fonction **genident** génère un nouvel identificateur qui n'a pas encore été utilisé dans une session MuPAD :

```
>> X3 := (X2 := (X1 := 0)): genident();

   X4
```

Vous pouvez utiliser des chaînes entre guillemets " (sect. 4.11 p. 90) pour créer dynamiquement des identificateurs :

```
>> a := email: b := "4you": a.b;

   email4you
```

Cependant, il y a quelques restrictions, car le nom résultant doit être un identificateur MuPAD valable. En particulier, la chaîne ne doit pas contenir de blancs ou des symboles arithmétiques dans les versions avant la 2.0. Dans les versions 2.0 et suivantes, MuPAD utilise la notation avec l'accent grave comme mentionné ci-dessus pour construire des identificateurs valables pour la concaténation de chaînes contenant des espaces, des opérateurs ou autres :

```
>> a := email: b := "4you + x": a.b;

   Error: Illegal argument [_concat]
```

Les chaînes ne sont pas des identificateurs et ne peuvent recevoir une valeur :

```
>> "string" := 1;

   Error: Invalid left-hand side in assignment [col 10]
```

Exercice 4.6 : Lesquels parmi les noms suivants x, x2, 2x, x_t, diff, exp, caution!-!, x-y, Jack&Jill, a_valid_identifier sont des identificateurs valables dans MuPAD ? Auxquels peuvent être affectées des valeurs ?

Exercice 4.7 : Lisez la page d'aide de **solve**. Résoudre le système d'équations

$$x_1 + x_2 = 1 \ , \ x_2 + x_3 = 1 \ , \ \ldots \ , \ x_{19} + x_{20} = 1 \ , \ x_{20} = \pi$$

aux inconnues $x_1, x_2, \ldots, x_{20}$. Lisez la page d'aide de **assign** et affectez les valeurs de la solution aux inconnues.

4.4 Expressions symboliques

Nous disons qu'un objet contenant des termes symboliques, telle que l'équation

$$0.3 + \sin(3) + \frac{f(x,y)}{5} = 0$$

,est une *expression*. Les expressions de type de domaine DOM_EXPR sont probablement le type de donnée le plus général dans MuPAD. Les expressions sont faites de composants atomiques, comme tous les objets MuPAD, et sont construites au moyen d'*opérateurs*. Ceux-ci comprennent les opérateurs binaires, tels que les opérations de base de l'arithmétique +, -, *, /, ^, et les appels de fonction tels que sin(..), f(..), etc.

4.4.1 Opérateurs

MuPAD utilise partout des fonctions pour combiner ou manipuler des objets[5]. Ce serait peu intuitif, cependant, d'utiliser partout des appels de fonction, disons, _plus(a,b) pour l'addition $a + b$. Pour cette raison, une quantité d'opérations importantes sont implantées de sorte que vous pouvez utiliser la notation mathématique familière (« notation par opérateur ») en entrée. La sortie aussi est donnée sous cette même forme. Dans ce qui suit, nous donnons la liste des opérateurs permettant de construire des expressions MuPAD complexes à partir d'atomes.

Les opérateurs +, -, *, / pour les opérations arithmétiques de base et ^ pour l'exponentiation sont valables aussi pour les expressions symboliques :

```
>> a + b + c, a - b, a*b*c, a/b, a^b;
```

$$a + b + c, \ a - b, \ a\,b\,c, \ \frac{a}{b}, \ a^b$$

Vous pouvez entrer ces opérateurs de la façon mathématique familière, mais en interne ce sont des appels de fonction :

---

[5] Il est remarquable que le noyau de MuPAD traite non seulement de véritables appels de fonction, tel que sin(0.2), des affectations, ou des opérations arithmétiques de façon fonctionnelle, mais aussi des boucles (chapitre 16) et des distinctions de cas (chapitre 17).

```
>> _plus(a,b,c), _subtract(a,b), _mult(a,b,c),
   _divide(a,b), _power(a,b);
```

$$a + b + c, \ a - b, \ a \ b \ c, \ \frac{a}{b}, \ a^b$$

C'est encore vrai pour la factorielle d'un entier non négatif. Vous pouvez l'entrer en notation mathématique n!. En interne elle est convertie en l'appel de la fonction `fact` :

```
>> n!, fact(10);
```

```
   fact(n), 3628800
```

Les opérateurs arithmétiques `div` et `mod`[6] ont été présentés dans la sect. 4.2 p. 50. Ils peuvent aussi être utilisés dans un contexte symbolique, mais ils ne retournent alors que des résultats symboliques :

```
>> x div 4, 25 mod p;
```

```
   x div 4, 25 mod p
```

Plusieurs objets MuPAD séparés par des virgules forment une séquence :

```
>> sequence := a, b, c + d;
```

```
   a, b, c + d
```

L'opérateur $ est un outil important pour générer de telles séquences :

```
>> i^2 $ i = 2..7 ;   x^i $ i = 1..5;
```

```
   4, 9, 16, 25, 36, 49
```

$$x, \ x^2, \ x^3, \ x^4, \ x^5$$

Équations et inégalités sont des objets MuPAD valables. Ils sont créés par le signe d'égalité = et par <>, respectivement :

---

[6] L'objet x mod p est en interne converti en l'appel de fonction `_mod(x,p)`. La fonction `_mod` peut être redéfinie, p.ex. `_mod := modp` ou `_mod := mods`. Le comportement de `modp` et de `mods` est documenté dans les pages d'aide correspondantes. Une redéfinition de `_mod` redéfinit aussi l'opérateur `mod`.

```
>> equation := x + y = 2; inequality := x <> y;

   x + y = 2


   x <> y
```

Les opérateurs <, <=, >, et >= comparent les grandeurs de leurs arguments. Les expressions correspondantes représentent des conditions :

```
>> condition := i <= 2;

   i <= 2
```

Dans un contexte concret, ils peuvent en général être évalués en l'une des valeurs de vérité (« booléennes ») TRUE (vrai) ou FALSE (faux). Typiquement, ils sont utilisés dans des déclarations if ou comme condition terminale des boucles.

Vous pouvez combiner les expressions booléennes grâce aux opérateurs logiques **and** (et) **or** (ou), ou leur négation avec **not** (non) :

```
>> condition3 := condition1 and (not condition2);

   condition1 and not condition2
```

Vous pouvez définir des applications (fonctions) de plusieurs façons dans MuPAD. La méthode la plus simple est d'utiliser l'*opérateur flèche* -> (le symbole moins suivi du symbole « plus grand que ») :

```
>> f := x -> (x^2);

        2
   x -> x
```

Dans les versions de MuPAD antérieures à la 2.0, la partie droite de l'opérateur -> doit être mise entre parenthèses. Après avoir défini une fonction de cette façon, vous pouvez l'appeler comme toute autre fonction système :

```
>> f(4), f(x + 1), f(y);

            2    2
   16, (x + 1) , y
```

La composition de fonctions est définie au moyen de l'*opérateur de composition* @ :

```
>> c := a@b: c(x);

   a(b(x))
```

L'*opérateur d'itération* @@ réalise la composition itérée d'une fonction avec elle-même :

```
>> f := g@@4: f(x);

   g(g(g(g(x))))
```

Certaines fonctions système, tels que l'intégration définie par int ou l'opérateur $, requièrent une *plage de valeurs*. Vous créez cette plage au moyen de l'opérateur .. :

```
>> range := 0..1;  int(x, x = range);

   0..1


   1/2
```

MuPAD traite toute expression de la forme identificateur(argument) comme un appel de fonction :

```
>> unassign(f):
   expression := sin(x) + f(x, y) + int(g(x), x = 0..1);

   sin(x) + f(x, y) + int(g(x), x = 0..1)
```

La table 4.3 p. 61 donne la liste de tous les opérateurs présentés ci-dessus, avec leur forme fonctionnelle équivalente. Vous pouvez utiliser l'une ou l'autre pour entrer des expressions[7] :

```
>> 2/14 = _divide(2, 14),
   [i $ i = 3..5] = [_seqgen(i, i = 3..5)];

   1/7 = 1/7, [3, 4, 5] = [3, 4, 5]
```

```
>> a < b = _less(a, b), (f@g)(x) = _fconcat(f, g)(x);

   (a < b) = (a < b), f(g(x)) = f(g(x))
```

---

[7] Dans les versions de MuPAD postérieures à la 1.4, la syntaxe de la fonction _seqgen a changé ; voir la note de la page 68.

Opérateur	fonction système	Signification	Exemple
+	_plus	addition	SUM:= a+b
-	_subtract	soustraction	Difference:= a-b
*	_mult	multiplication	Product:= a*b
/	_divide	division	Quotient:= a/b
^	_power	exponentiation	Power:= a^b
div	_div	quotient modulo p	Quotient:= a div p
mod	_mod	reste modulo p	Remainder:= a mod p
!	fact	factorielle	n!
$	_seqgen	génération de séquence	Sequence:= i^2 $ i=3..5
,	_exprseq	concaténation de séquences	Seq:= Seq1,Seq2
union	_union	union (ensemble)	S:= Set1 union Set2
intersect	_intersect	intersection (ensemble)	S:= Set1 intersect Set2
minus	_minus	différence (ensemble)	S:= Set1 minus Set2
=	_equal	équation	equation:= x+y=2
<>	_unequal	inégalité	Condition:= x<>y
<	_less	comparaison	Condition:= a<b
>		comparaison	Condition:= a>b
<=	_leequal	comparaison	Condition:= a<=b
>=		comparaison	Condition:= a>=b
not	_not	négation	Cond2:= not Cond1
and	_and	'et' logique	Condition:= a<b and b<c
or	_or	'ou' logique	Condition:= a<b or b<c
->		application	Square:= x -> (x^2)
'	D	différentielle opérateur	f'(x)
@	_fconcat	composition	h:= f@g
@@	repcom	itération	g:= f@@3
..	_range	plage de valeurs	Range:= a..b
.	_concat	concaténation	NewName:= Name1.Name2
identificateur()		appel de fonction	sin(1), f(x), reset()

TAB. 4.3. *Les principaux opérateurs de création d'expressions de MuPAD*

Nous remarquons que certaines fonctions système, telles que _plus, _mult, _union, ou _concat, acceptent un nombre quelconque d'arguments, alors que les opérateurs correspondants sont seulement binaires :

```
>> _plus(a, b, u, v), _concat(a, b, u, v), _union();
   a + b + u + v, abuv, {}
```

Il est souvent utile de connaître et d'utiliser la forme fonctionnelle des opérateurs. Par exemple, il est très efficace de former des sommes plus longues en appliquant _plus à beaucoup d'arguments. Vous pouvez créer rapidement une séquence d'arguments au moyen du générateur de séquence $:

```
>> _plus(1/i! $ i = 0..100): float(%);

   2.718281828
```

La fonction **map** est très utile. Elle applique une fonction à tous les opérandes d'un objet MuPAD. Par exemple, l'appel

```
>> map([x1, x2, x3], function, y, z);
```

retourne la liste (sect. 4.6 p. 71) :

```
   [function(x1, y, z), function(x2, y, z),

      function(x3, y, z)]
```

Si vous voulez appliquer des opérateurs via **map**, utilisez leurs équivalents fonctionnels[8] :

```
>> map([x1, x2, x3], _power, 5), map([f, g], repcom, 5);

      5    5    5
   [x1 , x2 , x3 ], [f@f@f@f@f, g@g@g@g@g]
```

Certaines opérations ne sont pas valables si elles n'ont aucun sens en mathématique :

```
>> 3 and x;

   Error: Illegal operand [_and]
```

La fonction système **_and** reconnaît que l'argument 3 ne peut représenter une valeur booléenne, et envoie un message d'erreur. Cependant, MuPAD accepte une expression symbolique telle que a **and** b, avec des identificateurs symboliques a,b. Dès que a et b acquièrent des valeurs booléennes, l'expression peut aussi être évaluée en tant que valeur booléenne :

```
>> c := a and b: a := TRUE: b := TRUE: c;

   TRUE
```

---

[8] L'équivalent fonctionnel **repcom** (un raccourci pour : composition répétée) de l'opérateur d'itération @@ est dénoté par **_fnest** dans les versions de MuPAD postérieures à la 1.4.

Les opérateurs ont différentes *précédences*, par exemple :

> a.fact(3)   signifie a.(fact(3)) et retourne a6,
> a.6^2   signifie (a.6)^2 et retourne a6^2,
> a*b^c   signifie a*(b^c),
> a + b*c   signifie a + (b*c),
> a + b mod c   signifie (a + b) mod c,
> a = b mod c   signifie a = (b mod c),
> a, b $ 3   signifie a, (b $ 3) et retourne a, b, b, b.

Si nous dénotons la relation « a une précédence inférieure à » par ≺, alors nous avons :

, ≺ $ ≺ = ≺ mod ≺ + ≺ * ≺ ^ ≺ . ≺ appel de fonction.

Vous trouverez une liste complète des opérateurs et de leur précédence dans la section « Opérateurs » de la Quick Reference [Oev 98] de Mu-PAD. Les parenthèses peuvent toujours être utilisées pour assurer la priorité :

```
>> 1 + 1 mod 2 ,   1 + (1 mod 2);

   0, 2
>> i := 2: x.i^2, x.(i^2);

    2
   x2 , x4
>> u, v $ 3 ;   (u, v) $ 3;

   u, v, v, v


   u, v, u, v, u, v
```

4.4.2 Arbres d'expressions

Une expression MuPAD se représente facilement par un *arbre*. Il en reflète la représentation interne. Les opérateurs ou leurs fonctions correspondantes, respectivement, sont les nœuds, et les arguments les sous-arbres. L'opérateur de plus faible précédence est à la racine. Voici quelques exemples :

`a + b*c + d*e*sin(f)^g`

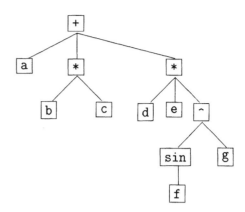

`int(exp(x^4), x = 0..1)`

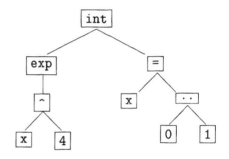

La différence **a-b** est représentée en interne par **a+b*(-1)** :

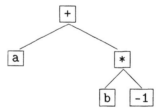

De même, un quotient **a/b** a pour représentation interne **a*b^(-1)** :

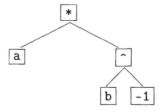

Les feuilles de l'arbre sont les atomes de MuPAD.

Exercice 4.8 : Dessiner l'arbre des expressions de `a^b-sin(a/b)`.

Exercice 4.9 : Déterminez les opérandes de `2/3`, `x/3`, `1+2*I`, et `x+2*I`.
Expliquez les différences que vous observez.

4.4.3 Opérandes

Vous pouvez décomposer systématiquement les expressions au moyen
des fonctions opérandes **op** et **nops**, que nous avons déjà présentées
en sect. 4.1 p. 47. Les opérandes d'une expression correspondent aux
sous-arbres de la racine dans l'arbre des expressions.

```
>> expression := a + b + c + sin(x): nops(expression);

   4

>> op(expression);

   a, b, c, sin(x)
```

De plus, les expressions de type de domaine **DOM_EXPR** ont un « 0^e
opérande », qui est accessible par `op(..,0)`. Il correspond à la racine
de l'arbre des expressions et vous apprend quelle fonction système est
utilisée pour construire l'expression :

```
>> op(a + b*c, 0), op(a*b^c, 0), op(a^(b*c), 0);

   _plus, _mult, _power

>> sequence := a, b, c:  op(sequence, 0);

   _exprseq
```

Si l'expression est un appel fonction non évalué, alors la commande
`op(expression,0)` retourne l'identificateur de cette fonction :

```
>> op(sin(1), 0), op(f(x), 0), op(diff(y(x), x), 0),
   op(int(exp(x^4), x), 0);

   sin, f, diff, int
```

Vous pouvez considérer le 0e opérande d'une expression comme un
« type mathématique ». Par exemple, un algorithme de différentiation
d'expressions arbitraires doit déterminer si l'expression est une somme,
un produit, ou un appel de fonction. Dans ce but, il peut examiner le

0e opérande pour décider si s'applique la linéarité, la règle du produit, ou la règle de la différentiation.

Comme exemple, nous décomposons systématiquement l'expression

```
>> expression := a + b + sin(x) + c^2:
```

avec l'arbre des expressions

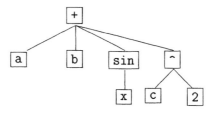

au moyen de la fonction op :

```
>> op(expression, 0..nops(expression));
```

$$\_plus,\ a,\ b,\ sin(x),\ c^2$$

Nous pouvons ré-assembler ces expressions sous la forme :

```
>> root := op(expression, 0): operands := op(expression):
>> root(operands);
```

$$a + b + sin(x) + c^2$$

Dans l'exemple suivant, nous décomposons complètement une expression en ses atomes x, a, b (comparez avec la sect. 4.1 p. 47) :

```
>> expression := sin(x + cos(a*b)):
```

Les opérandes et sous-expressions sont :

```
op(expression, 0)     :   sin
op(expression, 1)     :   x+cos(a*b)
op(expression, [1, 0]):   _plus
op(expression, [1, 1]):   x
op(expression, [1, 2]):   cos(a*b)
```

```
op(expression, [1, 2, 0])    :   cos
op(expression, [1, 2, 1])    :   a*b
op(expression, [1, 2, 1, 0]) :   _mult
op(expression, [1, 2, 1, 1]) :   a
op(expression, [1, 2, 1, 2]) :   b
```

Exercice 4.10 : Dessinez l'arbre de l'expression booléenne :

```
>> condition := (not a) and (b or c):
```

Comment pouvez-vous utiliser op pour extraire les identificateurs symboliques a, b, et c de l'objet condition ?

4.5 Séquences

Les séquences sont une importante structure de donnée dans MuPAD. Les listes et les ensembles sont construits à partir de séquences. Comme exposé en sect. 4.4 p. 57, une séquence est une série d'objets MuPAD séparés par des virgules.

```
>> sequence1 := a, b, c; sequence2 := c, d, e;

  a, b, c

  c, d, e
```

Vous pouvez aussi utiliser la virgule pour concaténer des séquences :

```
>> sequence3 := sequence1, sequence2;

  a, b, c, c, d, e
```

Les séquences sont des expressions MuPAD de type de domaine DOM_EXPR. Si m et n sont des entiers, alors l'appel

```
objet(i) $ i=m..n
```

génère la séquence $objet(m)$, $objet(m+1)$, ... , $objet(n)$:

```
>> i^2 $ i = 2..7 , x^i $ i = 1..5;
                              2   3   4   5
  4, 9, 16, 25, 36, 49, x, x , x , x , x
```

L'opérateur $ est appelé le *générateur de séquence*. La forme fonctionnelle équivalente est _seqgen(objet(i),i=m..n)[9] :

```
>> _seqgen(i^2, i = 2..7) , _seqgen(x^i, i = 1..5);
```
$$4, 9, 16, 25, 36, 49, x, x^2, x^3, x^4, x^5$$

 En général, vous préférerez la notation opérateur ; la forme fonctionnelle est utile en association avec map, zip, ou les fonctions similaires. Dans la version 1.4 de MuPAD, la variable de boucle doit être un identificateur sans valeur, autrement une erreur se produit :

```
>> i := 1: i^2 $ i = 2..7;

    Error: Illegal argument [_seqgen]
```

Dans les versions ultérieures de MuPAD les variables de boucle peuvent avoir déjà une valeur[10] :

```
>> i^2 $ hold(i) =  2..7;
```

Dans les versions postérieures à la 1.4, hold n'est plus permise dans un appel $.

Vous pouvez utiliser $ de la façon suivante pour générer une séquence d'entiers successifs :

```
>> $ 23..30;

    23, 24, 25, 26, 27, 28, 29, 30
```

La commande objet $ n retourne une séquence de n objets identiques :

```
>> x^2 $ 10;
```
$$x^2 , x^2 , x^2 , x^2 , x^2 , x^2 , x^2 , x^2 , x^2 , x^2$$

Vous pouvez aussi utiliser le générateur de séquence en association avec le mot-clé in. La variable de boucle parcourt alors tous les opérandes de l'objet prescrit :

---

[9] Dans les versions de MuPAD postérieures à la 1.4, la syntaxe est légèrement différente : vous devez utiliser _seqgen(objet(i),i,m..n) à la place.
[10] Dans la version 1.4 il est utile d'enfermer la variable de boucle du côté droit de l'opérateur $ par hold (sect. 5.2 p. 139)

```
>> f(x) $ x in [a, b, c, d];

   f(a), f(b), f(c), f(d)
>> f(x) $ x in a + b + c + d + sin(sqrt(2));

                                    1/2
   f(a), f(b), f(c), f(d), f(sin(2   ))
```

Il est facile de laisser MuPAD exécuter une suite de commandes au moyen de $. Dans l'exemple suivant deux affectations (séparées par des point-virgules) sont exécutées à chaque pas. Ensuite, les identificateurs prennent les valeurs correspondantes :

```
>> unassign(i): (x.i := sin(i); y.i := x.i) $ i=1..4:
>> x1, x2, y3, y4;

   sin(1), sin(2), sin(3), sin(4)
```

Comme simple application des séquences, nous considérons maintenant le différentiateur diff. L'appel diff(f(x),x) retourne la dérivée de f par rapport à x. Vous pouvez calculer les dérivées d'ordres supérieurs avec diff(f(x),x,x), diff(f(x),x,x,x), etc. Ainsi la 10e dérivée de $f(x) = \sin(x^2)$ peut être calculée facilement au moyen du générateur de séquence :

```
>> diff(sin(x^2), x $ 10);

             2              4     2               2       2
   30240 cos(x ) - 403200 x  cos(x ) - 302400 x  sin(x )


             8      2            6     2
     + 23040 x  cos(x ) + 161280 x  sin(x ) -


           10     2
     1024 x   sin(x )
```

L'objet « void » de MuPAD (sect. 4.17 p. 135) peut être considéré comme une séquence vide. Vous pouvez le créer en appelant null() ou _exprseq(). Le système élimine automatiquement cet objet dans les séquences :

```
>> Seq := null(): Seq := Seq, a, b, null(), c;

   a, b, c
```

Certaines fonctions système, telle que la commande **print** pour les sorties sur écran (sect. 13.1.1 p. 223), retournent l'objet **null()** :

```
>> sequence := a, b, print(Hello) , c;

                Hello

   a, b, c
```

Vous avez accès à la $i^{\text{ème}}$ entrée d'une séquence avec **sequence[i]**. Les redéfinitions de la forme **sequence[i] := nouvelle_valeur** sont aussi possibles :

```
>> F := a, b, c: F[2];

   b
```

```
>> F[2] := newvalue: F;

   a, newvalue, c
```

Alternativement, vous pouvez utiliser la fonction opérande **op** (sect. 4.1 p. 47) pour accéder aux sous-séquences[11] :

```
>> F := a, b, c, d, e: op(F, 2); op(F, 2..4);

   b

   b, c, d
```

Vous pouvez utiliser **unassign**[12] pour supprimer des entrées d'une séquence, ce qui raccourcit :

```
>> F; unassign(F[2]): F; unassign(F[3]): F;

   a, b, c, d, e

   a, c, d, e

   a, c, e
```

---

[11] Notez que dans cet exemple l'identificateur F de la séquence est fourni en argument à op. La fonction op considère un appel direct de la forme op(a,b,c,d,e,2) comme un appel (non valable) avec six arguments et envoie un message d'erreur. Vous pouvez utiliser des parenthèses pour éviter cette erreur : op((a,b,c,d,e),2).

[12] Le mot-clé **delete** remplace la fonction **unassign** dans les versions de MuPAD postérieures à la 1.4.

L'utilisation principale des séquences dans MuPAD est la création de listes et d'ensembles et le passage d'arguments aux appels de fonctions. Par exemple, les fonctions `max` et `min` peuvent calculer le maximum et le minimum, respectivement, d'un nombre arbitraire d'arguments :

```
>> Seq := 1, 2, -1, 3, 0: max(Seq), min(Seq);

   3, -1
```

Exercice 4.11 : Assignez les valeurs $x_1 = 1$, $x_2 = 2$, ... , $x_{100} = 100$ aux identificateurs $x_1, x_2, \ldots, x_{100}$.

Exercice 4.12 : Générez la séquence

$$x_1, \underbrace{x_2, x_2}_{2}, \underbrace{x_3, x_3, x_3}_{3}, \ldots, \underbrace{x_{10}, x_{10}, \ldots, x_{10}}_{10} \cdot$$

Exercice 4.13 : Utilisez une commande simple pour créer la somme double

$$\sum_{i=1}^{10} \sum_{j=1}^{i} \frac{1}{i+j} \cdot$$

Indice : la fonction `_plus` accepte un nombre arbitraire d'arguments. Générez une suite convenable d'arguments.

4.6 Listes

Une liste est une séquence ordonnée d'objets MuPAD quelconques placés entre crochets :

```
>> list := [a, 5, sin(x)^2 + 4, [a, b, c], hello,
           3/4, 3.9087];

                  2
   [a, 5, sin(x) + 4, [a, b, c], hello, 3/4, 3.9087]
```

Une liste peut avoir des listes pour éléments. Elle peut être vide :

```
>> list := [ ];

   []
```

La possibilité de générer des séquences avec $ est utile pour la construction de listes :

```
>> suite := i $ i = 1..10 : liste := [suite];
   [1, 2, 3, 4, 5, 6, 7, 8, 9, 10]
>> liste := [x^i $ i = 0..12];
            2   3   4   5   6   7   8   9   10   11   12
   [1, x, x , x , x , x , x , x , x , x , x  , x  , x  ]
```

Une liste peut se trouver en partie gauche d'une affectation. Ceci peut être utilisé pour affecter simultanément des valeurs à plusieurs identificateurs[13] :

```
>> ([A, B, C]) := [a, b, c]: A + B^C;
         c
   a + b
```

La propriété la plus utile de cette notation est que toutes les affectations sont exécutées en même temps, vous pouvez donc échanger les valeurs :

```
>> a := 1: b:= 2: a, b;
   [a, b] := [b, a]: a, b

                    1, 2

                    2, 1
```

La fonction **nops** retourne le nombre d'éléments d'une liste. Vous pouvez accéder aux éléments d'une liste au moyen de la fonction **op** : op(liste) retourne la suite des éléments, c.-à-d. la séquence qui a été utilisée pour construire la liste en l'entourant de crochets [ ]. L'appel op(liste,i) retourne le $i^{\text{ème}}$ élément de la liste, et op(liste,i..j) extrait la sous-liste formée du $i^{\text{ème}}$ au $j^{\text{ème}}$ éléments :

```
>> liste := [a, b, sin(x), c]: op(liste);
   a, b, sin(x), c
>> op(liste, 2..3);
   b, sin(x)
```

---

[13] Dans les versions de MuPAD antérieures à la 2.0, la partie gauche doit être entre parenthèses.

L'opérateur d'indexation fournit une autre méthode d'accès aux éléments d'une liste[14] :

```
>> liste[1], liste[2];
```

```
   a, b
```

Vous pouvez changer un élément de la liste par une affectation indexée :

```
>> liste := [a, b, c]: liste[1] := newvalue: liste;
```

```
   [newvalue, b, c]
```

Ou encore, la commande subsop(liste,i=newvalue) (chapitre 6) redéfinit le $i^{\text{ème}}$ opérande :

```
>> liste := [a, b, c]: liste := subsop(liste, 1 = newvalue);
```

```
   [newvalue, b, c]
```

Attention : si L est un identificateur sans valeur assignée, alors l'affectation indexée

```
>> L[index] := valeur:
```

génère une table (sect. 4.8 p. 82) et non une liste :

```
>> unassign(L): L[1] := a: L;
```

```
   table(
     1 = a
   )
```

Vous pouvez ôter des éléments d'une liste à l'aide de **unassign**[15], ce qui raccourcit la liste :

```
>> liste := [a, b, c]: unassign(liste[1]): liste;
```

```
   [b, c]
```

La fonction `contains` vérifie si un objet MuPAD appartient à une liste. Elle retourne l'indice de (la première occurrence de) l'élément dans la liste. Si cette liste ne contient pas l'élément, alors `contains` retourne l'entier 0 :

---

[14] Cette méthode d'accès aux éléments d'une liste est plus rapide que l'utilisation de la fonction op.

[15] Le mot-clé `delete` remplace la fonction `unassign` dans les versions de MuPAD postérieures à la 1.4.

```
>> contains([x + 1, a, x + 1], x + 1);

   1
>> contains([sin(a), b, c], a);

   0
```

La fonction **append** ajoute des éléments en queue d'une liste :

```
>> liste := [a, b, c]: append(liste, 3, 4, 5);

   [a, b, c, 3, 4, 5]
```

L'opérateur « point » . concatène des listes :

```
>> liste1 := [1,2,3]: liste2 := [4,5,6]:
>> liste1.liste2, liste2.liste1;

   [1, 2, 3, 4, 5, 6], [4, 5, 6, 1, 2, 3]
```

La fonction système correspondante est **_concat** et elle accepte un nombre arbitraire d'arguments. Vous pouvez l'utiliser pour combiner beaucoup de listes :

```
>> _concat(liste1 $ 5);

   [1, 2, 3, 1, 2, 3, 1, 2, 3, 1, 2, 3, 1, 2, 3]
```

Une liste peut être triée au moyen de la fonction **sort**. Celle-ci arrange des valeurs numériques selon leur grandeur, et des chaînes (sect. 4.11 p. 90) en ordre lexicographique :

```
>> sort([-1.23, 4, 3, 2, 1/2]);

   [-1.23, 1/2, 2, 3, 4]
>> sort(["A", "b", "a", "c", "C", "c", "B", "a1", "abc"]);

   ["A", "B", "C", "a", "a1", "abc", "b", "c", "c"]
```

Notez que l'ordre lexicographique ne s'applique qu'aux chaînes créées avec ". Les noms des identificateurs sont triés selon différentes règles (internes), qui tiennent compte de la longueur des noms :

```
>> sort([A, b, a, c, C, c, B, a1, abc]);

   [A, B, C, a, b, c, c, a1, abc]
```

MuPAD considère les listes de noms de fonction comme des fonctions à « valeur de liste » (list-valued) :

```
>> ([sin, cos, f])(x);

   [sin(x), cos(x), f(x)]
```

Notez que la liste doit être entre parenthèses. La fonction map applique une fonction à tous les éléments d'une liste :

```
>> map([x, 1, 0, PI, 0.3], sin);

   [sin(x), sin(1), 0, 0, 0.2955202066]
```

Si la fonction a plus d'un argument, alors map substitue au premier argument les éléments de la liste et prend les arguments restants comme sa propre liste d'argument :

```
>> map([a, b, c], f, y, z);

   [f(a, y, z), f(b, y, z), f(c, y, z)]
```

Cette construction map est un puissant outil pour le traitement des listes aussi bien que d'autres objets MuPAD. Dans l'exemple suivant, nous avons une liste imbriquée L. Nous voulons en extraire les premiers éléments des sous-listes en utilisant op(..,1). Ceci est obtenu facilement avec map :

```
>> L := [[a1, b1], [a2, b2], [a3, b3]]: map(L, op, 1);

   [a1, a2, a3]
```

La fonction select vous permet d'extraire d'une liste les éléments ayant une certaine propriété. Pour cela, vous avez besoin d'une fonction qui vérifie si un objet a cette propriété et qui retourne TRUE ou FALSE. Par exemple, l'appel has(Objet,objet) retourne TRUE si objet est un opérande ou sous-opérande de Objet, et FALSE autrement :

```
>> has(1 + sin(1 + x), x), has(1 + sin(1 + x), y);

   TRUE, FALSE
```

Maintenant

```
>> select([a + 2, x, y, z, sin(a)], has, a);

   [a + 2, sin(a)]
```

extrait tous les éléments de la liste pour lesquels has(.,a) retourne TRUE, c.-à-d. ceux qui contiennent l'identificateur a.

La fonction `split` coupe une liste en trois, comme ceci : la première liste contient tous les éléments ayant une certaine propriété, la seconde liste collecte tous les éléments n'ayant pas cette propriété ; si le test de propriété retourne la valeur UNKNOWN (« inconnue ») pour certains éléments, alors ceux-ci sont placés dans la troisième liste. Autrement cette dernière est vide.

La fonction `split` retourne une liste comprenant les trois listes décrites ci-dessus :

```
>> split([sin(x), x^2, y, 11], has, x);
                2
    [[sin(x), x ], [y, 11], []]
```

La fonction MuPAD `zip` combine les éléments de deux listes deux à deux en une nouvelle liste :

```
>> L1 := [a, b, c]: L2 := [d, e, f]:
>> zip(L1, L2, _plus), zip(L1, L2, _mult),
   zip(L1, L2, _power);
                                        d    e    f
    [a + d, b + e, c + f], [a d, b e, c f], [a , b , c ]
```

Le troisième argument de `zip` doit être une fonction prenant deux arguments. Cette fonction s'applique alors aux paires d'éléments de la liste. Dans l'exemple ci-dessus, nous avons utilisé les fonctions de MuPAD `_plus`,`_mult`, et `_power` pour l'addition, la multiplication, et l'exponentiation, respectivement. Si les deux listes en entrée ont des longueurs différentes, alors le comportement de `zip` dépend du quatrième argument optionnel. S'il est absent, la longueur de la liste résultante est le minimum des longueurs des deux listes en entrée. Sinon, si vous donnez ce quatrième argument, `zip` remplace les entrées « manquantes » de la liste par cet argument :

```
>> L1 := [a, b, c, 1, 2]: L2 := [d, e, f]:
>> zip(L1, L2, _plus);
    [a + d, b + e, c + f]
>> zip(L1, L2, _plus, hello);
    [a + d, b + e, c + f, hello + 1, hello + 2]
```

Voici un résumé de toutes les opérations sur les listes que nous avons présentées :

. ou _concat	:	concaténation de listes
append	:	ajout d'éléments
contains(liste,x)	:	est-ce que liste contient des éléments x ?
liste[i]	:	accès au $i^{\text{ème}}$ élément
map	:	application d'une fonction
nops	:	longueur
op	:	accès aux éléments
select	:	sélection selon les propriétés
sort	:	tri
split	:	couper selon les propriétés
subsop	:	remplacer des éléments
unassign	:	supprimer des éléments
zip	:	combiner deux listes

Exercice 4.14 : Créez deux listes avec les éléments a, b, c, d et $1, 2, 3, 4$, respectivement. Concaténez les listes. Multiplier les listes deux à deux.

Exercice 4.15 : Multipliez toutes les entrées de la liste [1,x,2] par 2. Supposez que l'on vous donne une liste, dont les éléments sont des listes de nombres ou d'expressions, tels que [[1, x, 2], [PI], [2/3, 1]], comment pourriez-vous multiplier toutes les entrées par 2 ?

Exercice 4.16 : Soit $X = [x_1, \ldots, x_n]$ et $Y = [y_1, \ldots, y_n]$ deux listes de même longueur. Trouvez une méthode simple pour calculer

- leur « produit interne » (X comme vecteur ligne et Y comme vecteur colonne)

$$x_1\, y_1 + \cdots + x_n\, y_n,$$

- leur « produit matriciel » (X comme vecteur colonne et Y comme vecteur ligne)

$$[\,[x_1\, y_1, \, x_1\, y_2, \ldots, x_1\, y_n], \, [x_2\, y_1, \, x_2\, y_2, \ldots, x_2\, y_n],$$
$$\ldots, [x_n\, y_1, \, x_n\, y_2, \ldots, x_n\, y_n]\,.]$$

Vous pouvez l'obtenir en utilisant zip, _plus, map et les fonctions appropriées (sect. 4.12 p. 93) avec une unique ligne de commande dans chaque cas. Les boucles (chapitre 16) ne sont pas requises.

Exercice 4.17 : En théorie des nombres, on est souvent intéressé par la densité des nombres premiers dans une suite de la forme $f(1), f(2), \ldots,$ où f est un polynôme. Pour chaque valeur de $m = 0, 1, \ldots, 41$, trouvez combien d'entiers $n^2 + n + m$ avec $n = 1, 2, \ldots, 100$ sont premiers.

Exercice 4.18 : Dans quel ordre n enfants seront-ils éliminés par une comptine de m mots ? Par exemple, avec

« eenie–meenie–miney–moe–catch a–tiger–by the–toe »,

12 enfants sont éliminés dans l'ordre 8–4–1–11–10–12–3–7–6–2–9–5. Indice : représentez les enfants par une liste `[1,2,..]` et enlevez un élément de cette liste dès qu'il est décompté.

4.7 Ensembles

Un *ensemble* est une séquence non ordonnée d'objets arbitraires entourée d'accolades. Les ensembles sont du type de domaine `DOM_SET` :

```
>> {34, 1, 89, x, -9, 8};
   {89, x, 1, 8, -9, 34}
```

L'ordre des éléments dans une liste MuPAD semble être aléatoire. Le noyau de MuPAD trie les éléments selon des principes internes. Vous devriez utiliser les ensembles seulement si l'ordre des éléments n'a pas d'importance. Si vous voulez traiter une suite d'expressions dans un certain ordre, utilisez les listes, comme discuté dans la section précédente.

Un ensemble peut être vide :

```
>> emptyset := {};
   {}
```

Un ensemble contient chaque élément une seule fois, c.-à-d. que les éléments dupliqués sont enlevés automatiquement :

```
>> set := {1, 2, 3, 4, a, b, 1, 2, a};
   {a, b, 1, 2, 3, 4}
```

La fonction **nops** détermine le nombre d'éléments d'une liste. Comme pour les séquences et les listes, **op** extrait les éléments d'un ensemble [16] :

```
>> op(set);

   a, b, 1, 2, 3, 4
>> op(set, 2..4);

   b, 1, 2
```

Attention : comme les éléments d'un ensemble peuvent être réordonnés en interne, vous devriez soigneusement vérifier si accéder au $i^{\text{ème}}$ élément a un sens. Par exemple,
[4] **subsop(set,i=newvalue)** (sect. 6 p. 149) remplace le $i^{\text{ème}}$ élément par une nouvelle valeur. Cependant, vous devriez vérifier par avance (avec **op**) que l'élément que vous voulez remplacer est bien le $i^{\text{ème}}$.

Attention : Dans les versions de MuPAD postérieures à la 1.4, il y a une distinction entre l'ordre dans lequel les éléments d'un ensemble sont stockés en interne et l'ordre dans lequel ils sont affichés à l'écran[17]. La commande **op(set,i)** retourne le $i^{\text{ème}}$ élément de **set** dans l'ordre interne, qui est habituellement différent du $i^{\text{ème}}$ élément de **set** que vous voyez à l'écran. Cependant, dans les versions postérieures à la 1.4 vous avez accès aux éléments en utilisant **set[i]**, où l'élément retourné est *garanti* être le $i^{\text{ème}}$ élément comme affiché à l'écran.

Les fonctions **union**, **intersect**, et **minus** forment respectivement l'union, l'intersection, et la différence (au sens de la théorie) des ensembles :

```
>> M1 := {1, 2, 3, a, b}: M2 := {a, b, c, 4, 5}:

>> M1 union M2, M1 intersect M2, M1 minus M2, M2 minus M1;

   {a, b, c, 1, 2, 3, 4, 5}, {a, b}, {1, 2, 3}, {c, 4, 5}
```

---

[16] Notez que **op(set)** retourne les éléments de l'ensemble selon l'ordre interne, qui peut être différent de l'ordre selon lequel ils sont affichés.

[17] La principale raison de ce changement est celle-ci : il peut arriver dans les versions jusqu'à la 1.4 que deux ensembles équivalents, tels que, par exemple, {2, 3, 4} et {4, 3, 2}, soient affichés différemment à l'écran. Dans les versions postérieures à la 1.4, cependant, il est garanti que deux ensembles dont les éléments doivent être réarrangés sont affichés à l'écran dans le même ordre.

En particulier, vous pouvez utiliser **minus** pour enlever des éléments d'un ensemble :

```
>> {1, 2, 3, a, b} minus {3, a};

   {b, 1, 2}
```

Vous pouvez aussi remplacer un élément par une nouvelle valeur, sans avoir à vous préoccuper de l'ordre des éléments :

```
>> set := {a, b, oldvalue, c, d}:
>> set minus {oldvalue} union {newvalue};

   {a, newvalue, b, c, d}
```

La fonction **contains** vérifie qu'un élément appartient à un ensemble, et retourne soit TRUE soit FALSE[18] :

```
>> contains({a, b, c}, a), contains({a, b, c + d}, c);

   TRUE, FALSE
```

MuPAD considère les ensembles de noms de fonction comme des fonctions « à valeur d'ensemble » :

```
>> ({sin, cos, f})(x);

   {cos(x), sin(x), f(x)}
```

Notez que l'ensemble doit être entre parenthèses. Vous pouvez appliquer une fonction à tous les éléments d'un ensemble au moyen de **map** :

```
>> map({x, 1, 0,  PI, 0.3}, sin);

   {0, 0.2955202066, sin(x), sin(1)}
```

Vous pouvez utiliser la fonction **select** pour extraire d'un ensemble des éléments ayant une certaine propriété. Cela fonctionne comme pour les listes, mais l'objet retourné est un ensemble :

```
>> select({{a, x, b}, {a}, {x, 1}}, contains, x);

   {{x, 1}, {x, a, b}}
```

---

[18] Notez la différence de comportement de **contains** pour les listes : là l'ordre des éléments est déterminé lorsque vous créez la liste, et **contains** retourne la position de l'élément dans la liste.

Vous pouvez de même utiiser la fonction `split` pour partager un ensemble en trois sous-ensembles : éléments ayant une certaine propriété, éléments sans cette propriété, et éléments pour lesquels le système ne peut le décider et retourne `UNKNOWN`. Le résultat est une liste formée de ces trois ensembles :

```
>> split({{a, x, b}, {a}, {x, 1}}, contains, x);

   [{{x, 1}, {x, a, b}}, {{a}}, {}]
```

Voici un résumé des opérations sur les ensembles présentées jusque là :

`contains(M, x)`	:	M contient-il l'élément x ?
`intersect`	:	intersection
`map`	:	appliquer une fonction
`minus`	:	différence d'ensembles
`nops`	:	nombre d'éléments
`op`	:	accès aux éléments
`select`	:	sélection selon des propriétés
`split`	:	découper en fonction des propriétés
`subsop`	:	remplacer des éléments
`union`	:	union d'ensembles

La bibliothèque `combinat` contient quelques fonctions combinatoires pour ensembles finis. Vous pouvez appeler `?combinat` pour en obtenir une vue globale. Par exemple, ce paquet contient la fonction `combinat::powerset`, qui retourne l'ensemble des parties d'un ensemble donné (voir `?combinat::powerset` pour plus d'information).

MuPAD propose aussi la structure de donnée `Dom::DiscreteSet` pour traiter (dénombrer) des ensembles finis. Si $f(n)$ est une expression dépendant de n et que a, b sont des entiers, alors `Dom::DiscreteSet` `(f(n),n=a..b)` représente l'ensemble

$$\{f(a), f(a+1), .., f(b)\}.$$

a et b peuvent toutes deux prendre les valeurs `-infinity` ou `infinity`. Ainsi `Dom::DiscreteSet(n,n=-infinity..infinity)` est un objet MuPAD représentant l'ensemble des entiers.

Exercice 4.19 : Comment pouvez-vous convertir une liste en un ensemble et vice versa ?

Exercice 4.20 : Créez les ensembles $A = \{a, b, c\}$, $B = \{b, c, d\}$, et $C = \{b, c, e\}$. Calculez l'union et l'intersection des trois ensembles, ainsi que la différence $A \setminus (B \cup C)$.

Exercice 4.21 : À la place des opérateurs binaires `intersect` et `union`, vous pouvez aussi utiliser les fonctions MuPAD correspondantes `_intersect` et `_union` pour calculer unions et intersections d'ensembles. Ces fonctions acceptent un nombre arbitraire d'arguments. Utilisez des commandes simples pour calculer l'union et l'intersection de tous les ensembles appartenant à `M` :

```
>> M := {{2, 3}, {3, 4}, {3, 7}, {5, 3}, {1, 2, 3, 4}}:
```

Exercice 4.22 : La bibliothèque `combinat` contient une fonction pour générer tous les sous-ensembles de cardinalité k d'un ensemble fini. Trouvez cette fonction et lisez la page d'aide correspondante. Générez tous les sous-ensembles de $\{5, 6, \dots, 20\}$ ayant 3 éléments. Combien y en a-t-il ?

4.8 Tables

Une *table* est un objet MuPAD de type de domaine `DOM_TABLE`, qui représente une collection d'équations de la forme `index=valeur`. Indices et valeurs peuvent être des objets MuPAD arbitraires. Vous pouvez créer une table avec la fonction système `table` (« génération explicite ») :

```
>> T := table(a = b, c = d);
   table(
     a = b,
     c = d
   )
```

L'« affectation indexée » `Table[indice] := valeur` crée d'autres entrées ou modifie les entrées existantes :

```
>> T[f(x)] := sin(x): T[1, 2] := 5:
>> T[1, 2, 3] := {a, b, c}: T[a] := B:
>> T;
```

```
table(
  (1, 2, 3) = {a, b, c},
  a = B,
  c = d,
  f(x) = sin(x),
  (1, 2) = 5
)
```

Il n'est pas nécessaire d'initialiser une table avec `table`. Si `T` est un identificateur n'ayant pas de valeur, alors une affectation indexée de la forme `T[indice] := valeur` transforme automatiquement `T` en une table (« génération implicite ») :

```
>> unassign(T): T[a] := b: T[b] := c: T;

  table(
    a = b,
    b = c
  )
```

Une table peut être vide :

```
>> T := table();

  table()
```

Vous pouvez supprimer des entrées de la table avec `unassign(Table[indice])`[19] :

```
>> T := table(a = b, c = d, d = a*c):
>> unassign(T[a], T[c]): T;

  table(
    d = a c
  )
```

Vous avez accès aux entrées de la table sous la forme `Table[indice]` qui retourne l'élément correspondant à l'indice. S'il n'y a pas d'entrée pour cet indice, MuPAD retourne `Table[indice]` symboliquement :

---

[19] Le mot-clé `delete` remplace la fonction `unassign` dans les versions de MuPAD postérieures à la 1.4.

```
>> T := table(a = b, c = d, d = a*c):
>> T[a], T[b], T[c], T[d];

   b, T[b], d, a c
```

L'appel `op(Table)` retourne toutes les entrées d'une table, c.-à-d. la séquence de toutes les équations `indice=valeur` :

```
>> op(table(a = A, b = B, c = C, d = D));

   a = A, b = B, c = C, d = D
```

Notez que l'ordre interne des entrées de la table peut différer de l'ordre dans lequel vous l'avez créée. Il peut sembler parfaitement aléatoire :

```
>> op(table(a.i = i^2 $ i = 1..10));

   a1 = 1, a2 = 4, a10 = 100, a3 = 9, a4 = 16, a5 = 25,

      a6 = 36, a7 = 49, a8 = 64, a9 = 81
```

La fonction `map` applique une fonction donnée aux *valeurs* (non aux *indices*) à toutes les entrées de la table :

```
>> T := table(1 = PI, 2 = 4, 3 = exp(1)): map(T, float);

   table(
     1 = 3.141592653,
     2 = 4.0,
     3 = 2.718281828
   )
```

La fonction **contains** vérifie si une table contient un *indice* particulier. Elle ignore les *valeurs* :

```
>> T := table(a = b): contains(T, a) , contains(T, b);

   TRUE, FALSE
```

Vous pouvez employer les fonctions **select** et **split** pour inspecter à la fois indices et valeurs d'une table et pour les extraire selon certaines propriétés. Ceci fonctionne comme pour les listes (sect. 4.6 p. 71) et les ensembles (sect. 4.7 p. 78) :

```
>> T := table(1 = "nombre", 1.0 = "nombre", x = "symbole"):
```

```
>> select(T, has, "symbole");

   table(
     x = "symbole"
   )

>> select(T, has, 1.0);

   table(
     1.0 = "nombre"
   )

>> split(T, has, "nombre");

   -- table(              table(                      --
   |    1 = "nombre",  ,    x = "symbole" , table() |
   |    1.0 = "nombre"    )                          |
   -- )                                              --
```

Les tables conviennent particulièrement bien pour stocker de grandes quantité de données. Les accès indexés aux éléments *individuels* sont implantés aussi efficacement pour les grandes tables : une lecture ou une écriture ne parcourt pas la structure de donnée tout entière.

Exercice 4.23 : Créez une table `telephoneDirectory` avec les entrées suivantes :

> Ford 1815 , Reagan 4711 , Bush 1234 , Clinton 5678 .

Regardez le numéro de Ford. Comment pouvez-vous trouver qui a le numéro 5678 ?

Exercice 4.24 : Étant donnée une table, comment pouvez-vous générer, respectivement, une liste de tous les indices et une liste de toutes les valeurs ?

Exercice 4.25 : Créez la table `table(1=1,2=2,..,n=n)` et la liste $[1,2,..,n]$ de longueur $n = 100000$. Ajoutez une nouvelle entrée à la table et à la liste. Combien de temps cela prend-il ?
Indice : l'appel `time((a := b))` retourne le temps d'exécution d'une affectation.

4.9 Tableaux

Les tableaux, de type de domaine DOM_ARRAY, peuvent être regardés comme des tables spéciales. Vous pouvez les considérer comme une collection d'équations de la forme indice=valeur, mais contrairement aux tables, les indices doivent être des entiers[20]. Un tableau à une dimension est fait d'équations de la forme i=valeur. Mathématiquement, il représente un vecteur dont le $i^{\text{ème}}$ composant est valeur. Un tableau à deux dimensions représente une matrice, dont le $(i, j)^{\text{ème}}$ composant est stocké sous la forme (i,j)=valeur. Vous pouvez générer des tableaux de dimension arbitraire, avec des entrées de la forme (i,j,k,..)=valeur.

La fonction système array crée des tableaux. Sous sa forme la plus simple, vous spécifiez seulement une séquence de plages de valeurs qui détermine la dimension et la taille du tableau :

```
>> A := array(0..1, 1..3);
```

```
+-                              -+
|   ?[0, 1], ?[0, 2], ?[0, 3]   |
|                               |
|   ?[1, 1], ?[1, 2], ?[1, 3]   |
+-                              -+
```

Vous pouvez voir ici que la première ligne 0..1 détermine le nombre de lignes et la seconde ligne 1..3 le nombre de colonnes du tableau. La sortie ?[0,1] signale que l'indice correspondant n'a pas encore reçu de valeur. Ainsi cette commande a généré un tableau vide. Maintenant vous pouvez assigner des valeurs aux indices :

```
>> A[0, 1] := 1: A[0, 2] := 2: A[0, 3] := 3:
>> A[1, 3] := HELLO: A;
```

```
+-                              -+
|      1,        2,        3     |
|                               |
|   ?[1, 1], ?[1, 2], HELLO     |
+-                              -+
```

---

[20] Dans les versions de MuPAD antérieures à la 1.4, les indices doivent être non négatifs.

Vous pouvez aussi initialiser directement le tableau tout entier lors de sa création avec **array**. Donnez juste les valeurs comme une liste (imbriquée) :

```
>> A := array(1..2, 1..3, [[1, 2, 3], [4, 5, 6]]);

   +-        -+
   |  1, 2, 3 |
   |          |
   |  4, 5, 6 |
   +-        -+
```

Vous pouvez accéder aux éléments d'un tableau ou les modifier de la même façon que pour ceux d'une table :

```
>> A[2, 3] := A[2, 3] + 10:
   A;

   +-         -+
   |  1, 2,  3 |
   |           |
   |  4, 5, 16 |
   +-         -+
```

À nouveau, vous pouvez supprimer un élément de tableau avec **unassign** :

```
>> unassign(A[1, 1], A[2, 3]):
   A , A[2, 3];

   +-                 -+
   |  ?[1, 1], 2,    3 |
   |                   |, A[2, 3]
   |       4,   5, ?[2, 3] |
   +-                 -+
```

Les tableaux possèdent un « 0e opérande » op(Tableau,0), qui donne des informations sur la dimension et la taille du tableau. L'appel op(Tableau,0) retourne la séquence d, $a_1..b_1$, ... , $a_d..b_d$, où d est la dimension (c.-à-d. le nombre de lignes) et $a_i..b_i$ est la plage de valeurs de l'indice de la $i^{\text{ème}}$ ligne :

```
>> Vecteur := array(1..3, [x, y, z]): op(Vecteur, 0);

   1, 1..3
```

```
>> Matrix := array(1..2, 1..3, [[a, b, c], [d, e, f]]):
>> op(Matrix, 0);
```

   2, 1..2, 1..3

Ainsi la dimension d'une matrice $m \times n$ créée par `array(1..m,1..n)` peut être obtenue par m = `op(Matrix,[0,2,2])`, n = `op(Matrix,[0,3,2])`

La structure interne des tableaux diffère de celle des tables. Les entrées ne sont pas stockées sous la forme d'équations :

```
>> op(Matrix);
```

   a, b, c, d, e, f

Le type table est plus flexible que le type tableau : les tables admettent des indices arbitraires, et leur taille peut croître dynamiquement. Les tableaux sont conçus pour contenir des vecteurs et des matrices de taille fixe. Lorsque vous entrez un appel indexé, le système vérifie si les indices sont dans les limites spécifiées. Par exemple :

```
>> Matrix[4, 7];
```

   Error: Illegal argument [array]

Vous pouvez appliquer une fonction à tous les composants d'un tableau grâce à `map`. Par exemple, voici la façon la plus simple pour convertir toutes les entrées d'un tableau en nombres flottants :

```
>> A := array(1..2, [ PI, 1/7]): map(A, float);
```

```
   +-                          -+
   | 3.141592653, 0.1428571428 |
   +-                          -+
```

Attention : si a est un identificateur sans valeur spécifiée, alors une affectation indexée de la forme `M[indice,indice,..] := valeur` génère une table et non un tableau, de type `DOM_ARRAY` (sect. 4.8 p. 82) :

```
>> unassign(M): M[1, 1] := a: M;
```

```
   table(
     (1, 1) = a
   )
```

De plus, MuPAD propose les plus puissantes structures de données du type de domaine `Dom::Matrix` pour traiter les vecteurs et les matrices.

Ceux-ci sont discutés en sect. 4.15 p. 105. De tels objets sont très faciles à utiliser : vous pouvez multiplier deux matrices ou une matrice et un vecteur au moyen du symbole de multiplication usuel *. De même, vous pouvez additionner des matrices de même dimension par +. Pour parvenir à la même fonctionnalité avec des tableaux, vous devez écrire vos propres procédures. Nous vous renvoyons aux exemples `MatrixProduct` et `MatrixMult` des sections 18.4 p. 263 et 18.5 p. 267, respectivement.

Exercice 4.26 : Générez une matrice dite de Hilbert, de dimension 20×20 avec les entrées $H_{ij} = 1/(i + j - 1)$ pour $i, j \geq 1$.

4.10 Expressions booléennes

MuPAD implante trois valeurs logiques (« booléennes ») : `TRUE` (« vraie »), `FALSE` (« fausse »), et `UNKNOWN` (« inconnue ») :

```
>> domtype(TRUE), domtype(FALSE), domtype(UNKNOWN);

   DOM_BOOL, DOM_BOOL, DOM_BOOL
```

Les opérateurs **and**, **or**, et **not** opèrent sur des valeurs booléennes :

```
>> TRUE and FALSE, not (TRUE or FALSE), TRUE and UNKNOWN,
   TRUE or UNKNOWN;

   FALSE, FALSE, UNKNOWN, TRUE
```

La fonction `bool` évalue les équations, les inégalités, ou les comparaisons avec >, >=, <, <=, à `TRUE` ou `FALSE` :

```
>> a := 1: b := 2:
>> bool(a = b), bool(a <> b),
   bool(a <= b) or not bool(a > b);

   FALSE, TRUE, TRUE
```

Typiquement, vous utiliserez ces constructions dans les branchements conditionnels des instructions **if** (chapitre 17) ou dans les conditions terminales des boucles **repeat** (chapitre 16). Dans l'exemple suivant, nous testons la primalité des entiers $1, \ldots, 3$. La fonction système `isprime` (« l'argument est-il un nombre premier ? ») retourne `TRUE` ou `FALSE`. La boucle **repeat** s'arrête dès que la condition de terminaison $i = 3$ s'évalue à `TRUE` :

```
>> i := 0:
   repeat
     i := i + 1;
     if isprime(i)
        then print(i, "is a prime")
        else print(i, "is no prime")
     end_if
   until i = 3 end_repeat;

   1, "is no prime"

   2, "is a prime"

   3, "is a prime"
```

Ici nous avons utilisé des chaînes entre " pour la sortie sur écran. Elles sont présentées en détail en sect. 4.11. Notez qu'il n'est pas nécessaire d'utiliser la fonction **bool** dans les branchements conditionnels ou les terminaisons pour évaluer la condition **TRUE** ou **FALSE**.

Exercice 4.27 : Soit $\wedge$ denotant le « et » logique, $\vee$ dénotant le « ou » logique, et $\neg$ dénotant la négation logique. À quelle valeur booléenne s'évalue

$$\text{TRUE} \wedge \text{FALSE} \vee \neg\ \text{FALSE} \vee \neg\ \text{FALSE ?}$$

Exercice 4.28 : Soit L1, L2 deux listes MuPAD d'égale longueur. Comment pouvez-vous déterminer si L1[i] < L2[i] est vraie pour tous les éléments des listes ?

4.11 Chaînes

Les *chaînes* sont des morceaux de texte, qui peuvent être utilisées pour formater la sortie sur écran. Une chaîne est une séquence de symboles arbitraires entre des « délimiteurs de chaîne » ". Son type de domaine est **DOM_STRING**.

```
>> string1 := "Use * for multiplication";
   string2 := ", ";
   string3 := "use ^ for exponentiation.";
```

```
"Use * for multiplication"

", "

"use ^ for exponentiation."
```

La concaténation de chaînes se fait grâce à l'opérateur « point » . :

```
>> string4 := string1.string2.string3;

   "Use * for multiplication, use ^ for exponentiation."
```

L'opérateur « point » est une forme raccourcie de la fonction MuPAD _concat, qui concatène des chaînes (arbitrairement nombreuses) :

```
>> _concat("This is ", "a string", ".");

   "This is a string."
```

L'opérateur d'indexation [ ] extrait les caractères d'une chaîne :

```
>> string4[0], string4[1], string4[2], string4[3],
   string4[4];

   "U", "s", "e", " ", "*"
```

Vous pouvez utiliser la commande **print** pour afficher des résultats intermédiaires de boucles ou de procédures (sect. 13.1.1 p. 223). Par défaut, cette fonction affiche les chaînes avec les guillemets (doubles) qui les entourent. Vous pouvez changer ce comportement avec l'argument optionnel Unquoted :

```
>> print(string4);

   "Use * for multiplication, use ^ for exponentiation."
>> print(Unquoted, string4);

   Use * for multiplication, use ^ for exponentiation.
```

Les chaînes ne sont pas des identificateurs valables dans MuPAD, donc vous ne pouvez pas leur affecter des valeurs :

```
>> "name" := sin(x);

   Error: Invalid left-hand side in assignment [col 8]
```

De même, l'arithmétique sur les chaînes n'est pas permise :

```
>> 1 + "x";
```

```
   Error: Illegal operand [_plus]
```

Cependant, vous pouvez utiliser les chaînes dans les équations :

```
>> "derivative of sin(x)" = cos(x);
```

```
   "derivative of sin(x)" = cos(x)
```

La fonction **expr2text** convertit un objet MuPAD en une chaîne. Vous pouvez employer cette fonction pour personnaliser les commandes d'affichage :

```
>> i := 7:
>> print(Unquoted, expr2text(i)." est premier.");
```

```
   7 est premier.
```

```
>> a := sin(x):
>> print(Unquoted, "The derivative of " . expr2text(a) .
                   " is " . expr2text(diff(a, x)). ".");
```

```
   The derivative of sin(x) is cos(x).
```

Vous trouverez de nombreuses autres fonctions utiles de traitement des chaînes dans la bibliothèque standard (sect. « Manipulation des chaînes » de la Quick Reference [Oev 98]) de MuPAD et dans la bibliothèque « string » (?string)[21].

Exercice 4.29 :

Dans la sect. 4.3 p. 52, nous avons déjà mentionné la commande **anames(3)**, qui retourne une liste de tous les identificateurs ayant une valeur dans la session actuelle. Créez une liste ordonnée *lexicographiquement* de ces identificateurs.

Exercice 4.30 : Comment pouvez-vous obtenir l'« image miroir » d'une chaîne ?
Indication : la fonction **length** (abréviation pour : longueur d'une chaîne) retourne le nombre de symboles dans une chaîne. Dans les versions de MuPAD postérieures à la 1.4, cette fonction est renommée **length**.

---

[21] La bibliothèque **stringlib** était **string** dans les versions de MuPAD avant la 2.0.

4.12 Fonctions

L'opérateur flèche ->, fait d'un signe moins et du signe « plus grand que », génère des objets simples qui représentent des fonctions mathématiques[22] :

```
>> f := (x, y) -> x^2 + y^2;

   (x, y) -> x^2 + y^2
```

La fonction f peut maintenant être appelée comme toute autre fonction système. Elle prend deux paramètres arbitraires en entrée (ses « arguments ») et retourne la somme de leurs carrés :

```
>> f(a, b + 1);

    2          2
   a  + (b + 1)
```

Dans l'exemple suivant, la valeur de retour de la fonction est générée par une instruction if :

```
>> absValue := x -> (if x >= 0 then x else -x end_if):
>> absValue(-2.3);

   2.3
```

Attention : Dans les versions de MuPAD jusqu'à la 1.4, le système évalue tous les paramètres formels et les identificateurs lorsque vous définissez une fonction avec -> :

```
>> y := 1: f := x -> (x + y);

   x -> (x + 1)
```

Pour cette raison, les paramètres formels ne devront pas avoir de valeur :

```
>> x := 1: f := x -> (x + z);

   1 -> (z + 1)
>> unassign(x): f := x -> (x + z);

   x -> (x + z)
```

---

[22] Dans les versions de MuPAD jusqu'à la 1.4, ceci crée une structure de données séparée de type de domaine DOM_EXEC d'une fonction exécutable. Dans les versions ultérieures, il n'y a plus de différence entre fonctions et procédures (chapitre 18). Les objets créés par -> sont alors de type de domaine DOM_PROC.

Les noms de fonction sont aussi évalués et l'algorithme correspondant est exécuté. Par exemple, supposons que nous voulions définir une fonction retournant le premier élément d'une liste en utilisant op(liste,1) :

```
>> f := liste -> (op(liste, 1));

   liste -> liste
```

Ici, l'appel à **op** retourne le premier (et seul) opérande de son entrée : l'identificateur symbolique liste, et par conséquent **f** est la fonction identité. Pour obtenir ce que nous voulons, nous retardons l'évaluation au moyen de **hold** (chapitre 5.2) :

```
>> f := liste -> (hold(op)(liste, 1)); f([sin(x), b, c]);

   liste -> (op(liste, 1))


   sin(x)
```

Ce comportement a changé dans les versions de MuPAD postérieures à la 1.4. Désormais le système n'évalue *ni les paramètres formels ni les identificateurs* dans la définition d'une fonction, et

```
f := liste -> op(liste,1)
```

génère en fait une fonction retournant le premier élément de la liste.

Comme vu dans la sect. 4.4.1 p. 57, l'opérateur **@** génère la composition $h : x \rightarrow f(g(x))$ des deux fonctions f et g :

```
>> f := x -> (1/(1 + x)): g := x -> (sin(x^2)):
>> h := f@g: h(a);

        1
   -----------
        2
   sin(a ) + 1
```

Vous pouvez définir une composition répétée $f(f(f(\,.\,)))$ d'une fonction sur elle-même avec l'opérateur d'itération **@@** :

```
>> fff := f@@3: fff(a);

        1
   -------------
       1
   --------- + 1
     1
   ----- + 1
   a + 1
```

Évidemment, ces constructions s'appliquent aussi aux fonctions système. Par exemple, la fonction `abs@Re` calcule la valeur absolue de la partie réelle d'un nombre complexe :

```
>> f := abs@Re: f(-2 + 3*I);

   2
```

En calcul symbolique, vous pouvez souvent représenter une fonction mathématique soit comme une *application* `arguments → valeur` soit comme une *expression* :

```
>> Map := x -> (2*x*cos(x^2)):
>> Expression := 2*x*cos(x^2):
>> int(Map(x), x), int(Expression, x);

        2         2
   sin(x ), sin(x )
```

Vous pouvez passer facilement de l'une à l'autre de ces deux représentations. Par exemple, la fonction `unapply` de la bibliothèque `fp` convertit une expression en une fonction :

```
>> h := fp::unapply(Expression);

             2
   2 id cos@(id )
```

Ici, `id` représente l'application identité[23] En réalité `h'` est l'équivalent fonctionnel de `diff(Expression, x)` :

---

[23] Dans la version 1.4 de MuPAD, h est une expression fonctionnelle, de type de domaine `DOM_EXPR`, semblable dans la forme au résultat de la différentiation montré ci-dessus.

```
>> h'(x) = diff(Expression, x)
          2        2    2          2        2    2
   2 cos(x ) - 4 x  sin(x ) = 2 cos(x ) - 4 x  sin(x )
```

La fonction h' est un exemple de la propriété de MuPAD de représentation des applications au moyen d'*expressions fonctionnelles* : les fonctions plus complexes sont construites à partir de fonctions simples (telles que sin, cos, exp, ln, id) au moyen d'opérateurs (tels que l'opérateur de composition @ ou les opérateurs arithmétiques +, *, etc.). Notez que les opérateurs arithmétiques créent des fonctions qui sont définies *avec précision*, ce qui est mathématiquement sûr. Par exemple, $f + g$ représente l'application $x \to f(x) + g(x)$, $f\,g$ représente l'application $x \to f(x)\,g(x)$, etc. :

```
>> delete(f, g):
>> a := f + g: b := f*g: c := f/g: a(x), b(x), c(x);

                            f(x)
   f(x) + g(x), f(x) g(x), ----
                            g(x)
```

Vous pouvez mettre des valeurs numériques dans les expressions fonctionnelles. MuPAD les considère comme des fonctions constantes qui retournent toujours une valeur particulière :

```
>> a := f + 1: b := f*3/4: c := f + 0.1: d := f + sqrt(2):
>> a(x), b(x), c(x), d(x);

               3 f(x)                        1/2
   f(x) + 1, ------, f(x) + 0.1, f(x) + 2
                 4
```

L'opérateur -> est utile pour définir des fonctions dont la valeur de retour peut être obtenue par des opérations simples. Les fonctions implantant des algorithmes plus complexes requièrent en général beaucoup de commandes et de variables auxiliaires pour conserver des résultats intermédiaires. En principe, vous pouvez aussi définir de telles fonctions avec ->. Cependant, ceci a pour inconvénient de vous faire souvent utiliser des *variables globales*. Nous recommandons plutôt de définir une procédure avec proc() begin .. end_proc. Ce concept du langage de programmation de MuPAD est bien plus souple et est présenté plus en détail au chapitre 18.

Exercice 4.31 : Définir les fonctions $f(x) = x^2$ et $g(x) = \sqrt{x}$. Calculer $f(f(g(2))$ et $\underbrace{f(f(\ldots f}_{100 \text{ fois}}(x)..))$.

Exercice 4.32 : Définir une fonction qui inverse l'ordre des éléments d'une liste.

Exercice 4.33 : Les *polynômes de Tchebychev* sont définis récursivement par les formules suivantes :

$$T_0(x) = 1 \ , \quad T_1(x) = x \ , \quad T_k(x) = 2\,x\,T_{k-1}(x) \ - \ T_{k-2}(x) \ .$$

Calculez les valeurs de $T_2(x), \ldots, T_5(x)$ pour $x = 1/3$, $x = 0.33$, et pour une valeur symbolique x.

4.13 Développements en séries

Les expressions telles que `1/(1-x)` admettent des développements en séries pour les paramètres symboliques. Cet exemple particulièrement simple est la somme de la série géométrique :

$$\frac{1}{1-x} = 1 + x + x^2 + x^3 + \cdots$$

La fonction `taylor` calcule les premiers termes de telles séries :

```
>> t := taylor(1/(1 - x), x = 0, 9);
          2    3    4    5    6    7    8        9
  1 + x + x  + x  + x  + x  + x  + x  + x  + O(x )
```

C'est le développement en série de Taylor de l'expression autour du point $x = 0$, comme demandé par le second argument. MuPAD a tronqué la série infinie avant le terme x^9 et a rassemblé le reste dans le terme « grand O » $O(x^9)$. Le troisième argument (optionnel) de `taylor` contrôle la troncature. S'il est absent, MuPAD y substitue la valeur de la variable d'environnement `ORDER` dont la valeur par défaut est 6 :

```
>> t := taylor(1/(1 - x), x = 0);
          2    3    4    5        6
  1 + x + x  + x  + x  + x  + O(x )
```

La série résultante ressemble à une somme ordinaire avec un terme additionnel O(.). En interne cependant elle est représentée par une structure de donnée spéciale de type de domaine Puiseux[24] :

```
>> domtype(t);
```

```
    Puiseux
```

Le terme grand-O lui-même est sa propre structure de donnée, de type de domaine O et avec des règles spéciales de manipulation :

```
>> 2*O(x^2) + O(x^3), x^2*O(x^10), O(x^5)*O(x^20),
   diff(O(x^3), x);
        2        12        25        2
    O(x ), O(x  ), O(x  ), O(x )
```

L'ordre des termes d'une série de Taylor est fixé : les puissances de plus petits exposants précèdent celles de plus grands exposants. C'est contraire à l'ordre des sommes ordinaires, qui semble complètement aléatoire :

```
>> S := expr(t);
        2    3    4    5
    x + x  + x  + x  + x  + 1
```

Ici nous avons utilisé la fonction système expr pour convertir la série en une expression de type de domaine DOM_EXPR. Comme vous pouvez le voir en sortie, le terme O(.) a été supprimé.

La commande op agit sur les séries d'une façon peu claire :

```
>> op(t);
    1, 0, 6, [1, 1, 1, 1, 1, 1], x = 0
```

Le premier opérande est le « degré de branchement » et donne des informations sur le caractère non unique du développement[25]. Le second et le troisième opérande dénotent respectivement le plus petit exposant du développement et le terme $O()$. Le quatrième opérande est une liste des coefficients. Le dernier opérande est le point du développement.

---

[24] Ce type est dit Series::Puiseux dans les versions avant 2.0 de MuPAD.

[25] Ce qui est pertinent si vous voulez développer des fonctions à valeurs multiples, telle que $\sqrt{x}$ autour de $x = 0$. Ceci est fait par la fonction series plutôt que par taylor. Cette dernière appelle aussi series en interne.

Alternativement, vous pouvez utiliser la fonction `coeff` pour extraire les coefficients. C'est plus intuitif qu'avec `op`. L'appel `coeff(t,i)` retourne le coefficient de x^i[26] :

```
>> a := taylor(sin(x), x, 20):
>> b := taylor(arcsin(x), x, 20): a@b
```

$$x + O(x^{20})$$

```
>> coeff(t, 0), coeff(t, 1), coeff(t, 4), coeff(t, 20);
```

1, 0, -1/2, FAIL

Dans l'exemple précédent, nous avons donné `x` comme second argument pour spécifier le point du développement. C'est équivalent à `x=0`.

Les opérations arithmétiques usuelles fonctionnent aussi avec les séries :

```
>> a := taylor(cos(x), x, 3): b := taylor(sin(x), x, 4):
>> a, b;
```

$$1 - \frac{x^2}{2} + O(x^3), \quad x - \frac{x^3}{6} + O(x^4)$$

```
>> a + b, 2*a*b, a^2;
```

$$1 + x - \frac{x^2}{2} + O(x^3), \quad 2x - \frac{4x^3}{3} + O(x^4), \quad 1 - x^2 + O(x^3)$$

Les opérateurs de composition `@` et d'itération `@@` s'appliquent aussi aux séries[27] :

```
>> a := taylor(sin(x), x, 20):
>> b := taylor(asin(x), x, 20): a@b;
```

$$x + O(x^{20})$$

---

[26] La fonction `arcsin` est appelée `asin` dans les versions de MuPAD jusqu'à la 1.4.
[27] La fonction `asin` est renommée `arcsin` dans les versions de MuPAD postérieures à la 1.4.

Si vous essayez de calculer la série de Taylor d'une fonction qui n'en possède pas, `taylor` renvoie une erreur[28]. La fonction `series` peut calculer des développements plus généraux (série de Laurent, série de Puiseux) :

```
>> taylor(cos(x)/x, x = 0, 10);

   FAIL

>> series(cos(x)/x, x = 0, 10);
             3     5       7
   1   x    x     x       x           9
   - - - +  -- - --- + ----- + O(x )
   x   2    24   720   40320
```

Vous pouvez générer des développements en séries en termes de puissances négatives en développant autour du point `infinity` :

```
>> series((x^2 + 1)/(x + 1), x = infinity);
           2   2     2     / 1 \
   x - 1 + - - -- + -- + O| -- |
           x   2    3    | 4 |
               x    x    \ x /
```

C'est un exemple d'un développement « asymptotique », qui donne une approximation du comportement d'une fonction pour de grandes valeurs de l'argument. Dans les cas simples, `series` retourne un développement en termes de puissances négatives de x, mais d'autres fonctions peuvent aussi le faire :

```
>> series(exp(x)/(1 - x), x = infinity, 4)
        exp(x)   exp(x)   exp(x)    / exp(x) \
   - ------ - ------ - ------ + O| ------ |
        x        2        3     |   4    |
                 x        x     \   x    /
```

Exercice 4.34 : L'ordre p d'une racine x d'une fonction f est le nombre maximal de dérivées qui s'annulent au point x :

$$f(x) = f'(x) = \ldots = f^{(p-1)}(x) = 0 , \quad f^{(p)}(x) \neq 0 .$$

Quel est l'ordre de la racine $x = 0$ de $f(x) = \tan(\sin(x)) - \sin(\tan(x))$?

---

[28] Dans les versions de MuPAD postérieures à la 1.4, `FAIL` est retournée.

Exercice 4.35 : En dehors des opérateurs arithmétiques, quelques autres fonctions système telles que `diff` et `int` travaillent directement pour les séries. Comparez le résultat de `taylor(cos(x),x)` et la dérivée de `taylor(sin(x),x)`. Mathématiquement, les deux séries sont identiques. Pouvez-vous expliquer la différence dans MuPAD ?

Exercice 4.36 : La fonction $f(x) = \sqrt{x+1} - \sqrt{x-1}$ a pour limite $\lim_{x\to\infty} f(x) = 0$. Montrez que l'approximation $f(x) \approx 1/\sqrt{x}$ est valable pour de grandes valeurs de x. Trouvez de meilleures approximations asymptotiques de f.

Exercice 4.37 : Calculez les trois premiers termes du développement en série de la fonction `f:=sin(x+x^3)` autour de `x=0`. Lisez la page d'aide de la fonction **revert** de MuPAD. Utilisez cette fonction pour calculer les premiers termes du développement en série de la fonction inverse f^{-1} (qui est bien définie dans un certain voisinnage de $x = 0$).

4.14 Structures algébriques : corps, anneaux, etc.

Le noyau MuPAD propose des types de domaine pour les structures de données de base comme les nombres, les ensembles, les tables, etc. De plus, vous pouvez définir vos propres structures de données dans le langage MuPAD et travailler sur elles symboliquement. Nous ne discuterons pas la construction de ces nouveaux « domaines » dans cette introduction élémentaire, mais montrerons quelques domaines de « bibliothèque » spéciaux fournis par le système.

En plus des domaines du noyau, la bibliothèque `Dom` contient une diversité de domaines prédéfinis qui ont été implantés par les développeurs de MuPAD. La commande suivante en donne un aperçu :

```
>> info(Dom);
   Library 'Dom': Basic domain constructors
   Interface:
   Dom::AlgebraicExtension,
   Dom::ArithmeticalExpression,
   Dom::BaseDomain,
   Dom::Complex,
   ...
```

Les pages d'aide, telle que ?Dom::Complex, fournissent des informations sur les structures de données individuelles. Dans cette section, nous présentons certains domaines particulièrement utiles représentant des objets mathématiques complexes comme les corps, les anneaux, etc. La sect. 4.15 p. 105 présente un type de donnée pour les matrices, qui convient bien pour les problèmes d'algèbre linéaire.

La partie principale d'un domaine est son *constructeur*, qui génère les objets du domaine. À tout objet sont attachées des *méthodes*. Elles représentent les opérations mathématiques sur ces objets.

Voici une liste de quelques structures mathématiques bien connues implantées dans la bibliothèque Dom :

- l'anneau des entiers $\mathbb{Z}$: Dom::Integer,

- le corps des nombres rationnels $\mathbb{Q}$: Dom::Rational,

- le corps des nombres réels $\mathbb{R}$: Dom::Real ou Dom::Float[29],

- le corps des nombres complexes $\mathbb{C}$: Dom::Complex,

- l'anneau des entiers modulo n : Dom::IntegerMod(n).

Considérons l'anneau de la classe des résidus des entiers modulo n. Ses éléments sont les entiers $0, 1, \ldots, n-1$, et l'addition et la multiplication sont définies « modulo n », ce qui se fait en ajoutant ou multipliant dans $\mathbb{Z}$, en divisant le résultat par n, et en prenant le reste dans $\{0, 1, \ldots, n-1\}$ de cette division :

```
>> 3*5 mod 7;
```

        1

Dans cet exemple, nous avons utilisé les types de donnée du noyau MuPAD : l'opérateur * multiplie les entiers 3 et 5 de la façon usuelle pour obtenir 15, et l'opérateur mod calcule la décomposition $15 = 2 \cdot 7 + 1$ et retourne 1 comme reste modulo 7.

Sinon, vous pouvez exécuter ce calcul dans Dom::IntegerMod(7). Le dernier objet agit comme un constructeur pour les éléments de l'anneau de la classe des résidus[30] modulo 7 :

---

[29] Dom::Real contient les représentations symboliques des nombres réels, alors que Dom::Float les représente comme nombres en virgule flottante.

[30] Si vous ne voulez exécuter qu'un petit nombre d'opérations modulo, alors il est souvent préférable d'utiliser l'opérateur mod, qui est implanté dans le noyau de MuPAD et est donc très rapide. Cette approche peut requérir un peu de compré-

```
>> constructor := Dom::IntegerMod(7):
>> x := constructor(3); y := constructor(5);
```

   3 mod 7

   5 mod 7

Comme vous pouvez le voir sur la sortie affichée, les identificateurs x et y n'ont pas pour valeurs, respectivement, les entiers 3 et 5. À la place, les nombres sont marqués en interne comme éléments de l'anneau de la classe des résidus des entiers modulo 7 :

```
>> domtype(x), domtype(y);
```

   Dom::IntegerMod(7), Dom::IntegerMod(7)

Vous pouvez maintenant utiliser les opérations arithmétiques usuelles, et MuPAD automatiquement utilisera les règles de calcul de l'anneau de la classe des résidus :

```
>> x*y, x^123*y^17 - x + y;
```

   1 mod 7, 6 mod 7

L'anneau Dom::IntegerMod(7) a même une structure de corps, de sorte que vous pouvez diviser par tous les éléments de l'anneau, excepté par 0 mod 7 :

```
>> x/y;
```

   2 mod 7

Un exemple plus abstrait est celui de l'extension de corps

$$K = \mathbb{Q}[\sqrt{2}] = \{ p + q\,\sqrt{2} \; ; \; p, q \in \mathbb{Q} \} \,.$$

Vous pouvez définir ce corps dans MuPAD par

```
>> K := Dom::AlgebraicExtension(Dom::Rational,
                                Sqrt2^2 = 2, Sqrt2):
```

---

hension additionnelle sur la façon dont travaille les fonctions système. Par exemple, le calcul de 17^29999 mod 7 prend assez longtemps, car MuPAD calcule en premier le très grand nombre 17^{29999} puis réduit le résultat modulo 7. Dans ce cas, le calcul de x^29999, où x:=Dom::IntegerMod(7)(17), est bien plus rapide, puisque l'arithmétique modulaire interne évite de tels grands nombres. Ou encore, l'appel powermod(17,29999,7) utilise la fonction système powermod pour calculer le résultat rapidement sans employer Dom::IntegerMod(7).

Ici l' identificateur `Sqrt2` ($\hat{=}\sqrt{2}$), défini par sa propriété algébrique `Sqrt2^2=2`, est utilisé pour étendre le domaine des nombres rationnels `Dom::Rational`. Maintenant vous pouvez calculer dans ce corps :

```
>> x := K(1/2 + 2*Sqrt2): y := K(1 + 2/3*Sqrt2):
>> x^2*y + y^4;
```

```
    677 Sqrt2
    --------- + 5845/324
       54
```

Le domaine `Dom::ExpressionField(normalizer,zerotest)` représente le corps des expressions (symboliques) de MuPAD. Le constructeur a deux fonctions `normalizer` et `zerotest`, qui peuvent être choisies comme paramètres par l'utilisateur.

La fonction `zerotest` est appelée en interne par tous les algorithmes qui veulent décider si un objet du domaine est mathématiquement 0. En général, vous utiliserez la fonction système `iszero`, qui reconnaît non seulement l'entier 0 comme zéro, mais aussi d'autres objets tels que le nombre en virgule flottante `0.0` ou le polynôme trivial `poly(0,[x])` (sect. 4.16 p. 124).

La tâche de la fonction `normalizer` est de créer une forme normale pour les objets MuPAD de type `Dom::ExpressionField(.,.)`. Les opérations sur de tels objets utiliseront cette fonction pour simplifier le résultat avant de le retourner. Par exemple, si vous donnez la fonction identité `id` comme argument à `normalizer`, alors les opérations sur les objets de ce domaine travaillent comme les expressions MuPAD usuelles, sans normalisation additionnelle.

```
>> constructeur := Dom::ExpressionField(id, iszero):
>> x := constructeur(a/(a + b)^2):
   y := constructeur(b/(a + b)^2):
```

```
>> x + y;
```

```
      a              b
   -------- + --------
          2          2
   (a + b)    (a + b)
```

Si vous donnez à la place la fonction système `normal`, alors le résultat est automatiquement simplifié (sect. 9.1) p. 178 :

```
>> constructeur := Dom::ExpressionField(normal, iszero):
>> x := constructeur(a/(a + b)^2):
   y := constructeur(b/(a + b)^2):
>> x + y;

     1
   -----
   a + b
```

Nous notons que le but de tels domaines de MuPAD n'est pas nécessairement de diriger la génération de structures de données ou le calcul avec les objets correspondants. Il est vrai que certains constructeurs retournent simplement les objets des domaines du noyau sous-jacents, si de tels domaines existent :

```
>> domtype(Dom::Integer(2)),
   domtype(Dom::Rational(2/3)),
   domtype(Dom::Float(PI)),
   domtype(Dom::ExpressionField(id, iszero)(a + b));

   DOM_INT, DOM_RAT, DOM_FLOAT, DOM_EXPR
```

Dans ces cas, il n'y a aucun bénéfice immédiat à utiliser un tel constructeur ; vous pouvez aussi bien calculer directement avec les objets correspondants du noyau. La principale application d'une telle structure de données spéciale est la construction de structures mathématiques plus complexes. Un exemple simple est la génération de matrices (sect. 4.15 p. 105) ou de polynômes (sect. 4.16 p. 124) avec des entrées dans un anneau particulier, de sorte que l'arithmétique sur matrices ou polynômes est exécutée selon les règles de calcul de l'anneau des coefficients.

4.15 Vecteurs et matrices

Dans la sect. 4.14 p. 101, nous avons donné des exemples de types de donnée spéciaux (« les domaines ») pour définir des structures algébriques telles que les anneaux, les corps, etc. dans MuPAD. Dans cette section, nous présenterons d'autres domaines pour la création et le calcul de vecteurs et matrices : Dom::Matrix et Dom::SquareMatrix. En principe, vous pouvez utiliser des tableaux pour travailler avec des vecteurs ou des matrices (sect. 4.9 p. 86). Cependant, vous devez alors définir vos propres routines pour l'addition, la multiplication, l'inversion, ou le calcul du déterminant, en utilisant le langage de programmation de MuPAD (chapitre 18). Pour le type spécial de matrice que nous présentons dans ce qui suit, de telles routines existent et sont « liées » aux matrices en tant que méthodes. De plus, vous pouvez utiliser les fonctions de la bibliothèque linalg (algèbre linéaire, sect. 4.15.4 p. 117), qui peuvent manipuler les matrices de ce type.

4.15.1 Définitions de matrices

MuPAD propose deux types de donnée : Dom::Matrix pour les matrices rectangulaires de dimension arbitraire $m \times n$ et Dom::SquareMatrix pour les matrices carrées de dimension $n \times n$. Elles appartiennent à la bibliothèque Dom, qui contient aussi des types de donnée pour les structures mathématiques tels que les anneaux et les corps (sect. 4.14 p. 101). Les matrices peuvent prendre leurs entrées dans un ensemble qui doit être pourvu d'une structure d'anneau au sens mathématique. Par exemple, vous pouvez utiliser les anneaux et les corps prédéfinis tels que Dom::Integer, Dom::IntegerMod(n), etc. de la bibliothèque Dom.

La fonction Dom::Matrix(R) est le constructeur pour les matrices rectangulaires de dimension arbitraire $m \times n$ avec des coefficients dans l'anneau R. Lorsque vous construisez une telle matrice, il vous est demandé de vous assurez que ses entrées appartiennent à cet anneau (ou peuvent y être ramenées). Vous devrez garder cela à l'esprit quand vous essaierez de créer des matrices avec des entrées hors de l'anneau des coefficients lors d'un calcul (par exemple, l'inverse d'une matrice entière a en général des entrées rationnelles non entières).

L'exemple suivant présente le constructeur pour des matrices avec des entrées en nombres rationnels[31] :

```
>> constructor := Dom::Matrix(Dom::Rational);

   Dom::Matrix(Dom::Rational)
```

Vous pouvez maintenant créer des matrices de dimensions arbitraires. Dans l'exemple suivant, nous générons une matrice 2×3 avec toutes ses entrées initialisées à 0 :

---

[31] Après avoir exporté (sect. 3.2 p. 101) la bibliothèque Dom via export(Dom), vous pouvez écrire en raccourci constructeur := Matrice(Rational).

```
>> Matrix := constructor(2, 3);

   +-        -+
   |  0, 0, 0  |
   |           |
   |  0, 0, 0  |
   +-        -+
```

Lors de la création d'une matrice, vous devez fournir une fonction f qui prend deux arguments. L'entrée dans la ligne i et la colonne j est initialisée avec $f(i, j)$:

```
>> f := (i, j) -> (i*j):  Matrix := constructor(2, 3, f);

   +-        -+
   |  1, 2, 3  |
   |           |
   |  2, 4, 6  |
   +-        -+
```

Sinon, vous pouvez initialiser une matrice en spécifiant une liste (imbriquée). Chaque élément de la liste est lui-même une liste et correspond à une ligne de la matrice. La commande suivante génère la même matrice que dans l'exemple précédent :

```
>> Matrix := constructor(2, 3, [[1, 2, 3], [2, 4, 6]]):
```

Les paramètres de dimension sont ici optionnels, puisqu'ils sont aussi donnés par la structure de la liste. Ainsi

```
>> Matrix := constructor([[1, 2, 3], [2, 4, 6]]):
```

retourne aussi la même matrice. Un tableau de type de domaine **DOM_ARRAY** (sect. 4.9 p. 101) convient aussi pour initialiser une matrice :

```
>> Tableau := array(1..2, 1..3, [[1, 2, 3], [2, 4, 6]]):
>> Matrix := constructor(Tableau):
```

Vous pouvez définir des vecteurs colonne et ligne comme des matrices $m \times 1$ et $1 \times n$, respectivement. Si vous utilisez des listes pour les initialiser, alors elles doivent être imbriquées :

```
>> column := constructor(3, 1, [1, 2, 3]);

   +-    -+
   |  1  |
   |     |
   |  2  |
   |     |
   |  3  |
   +-    -+
>> row := constructor(1, 3, [1, 2, 3]);
   +-        -+
   | 1, 2, 3 |
   +-        -+
```

Si vous donnez seulement une liste imbriquée, alors un vecteur colonne est créé :

```
>> column := constructor([1, 2, 3]);

   +-   -+
   |  1  |
   |     |
   |  2  |
   |     |
   |  3  |
   +-   -+
```

Vous avez accès aux entrées d'une matrice de la forme `Matrix[i,j]`, `row[i]`, ou `column[j]`. Comme les vecteurs sont des matrices spéciales, vous pouvez accéder aussi aux composants d'un vecteur sous la forme `row[1,i]` ou `column[j,1]`, respectivement :

```
>> Matrix[2, 3], row[3], row[1, 3], column[2], column[2, 1];

   6, 3, 3, 2, 2
```

Les sous-matrices sont générées comme ceci :

```
>> Matrix[1..2, 1..2], row[1..1, 1..2], column[1..2, 1..1];

   +-      -+                 +-   -+
   | 1, 2  |  +-      -+      |  1  |
   |       |, | 1, 2 |,  |     |
   | 2, 4  |  +-      -+      |  2  |
   +-      -+                 +-   -+
```

Vous pouvez changer un coefficient de la matrice par une affectation
indexée :

```
>> Matrix[2, 3] := 23: row[2] := 5: column[2, 1] := 5:
>> Matrix, row, column;
```

```
                                              +-   -+
                                              |  1  |
     +-          -+                            |     |
     |  1, 2,  3  |  +-          -+            |     |
     |            |, | 1, 5, 3 |,             |  5  |
     |  2, 4, 23  |  +-          -+            |     |
     +-          -+                            |     |
                                              |  3  |
                                              +-   -+
```

Vous pouvez utiliser des boucles (chapitre 16) pour changer tous les
composants d'une matrice :

```
>> m := 2: n := 3: Matrix := constructor(m, n):
>> for i from 1 to m do
     for j from 1 to n do
       Matrix[i, j] := i*j
     end_for
   end_for:
```

Vous pouvez créer des matrices diagonales avec l'option `Diagonal`.
Dans ce cas, le troisième argument du constructeur peut être soit une
liste des éléments diagonaux d'une fonction f telle que le $i^{\text{ème}}$ élément
diagonal est $f(i)$:

```
>> constructor(2, 2, [11, 12], Diagonal);
```

```
     +-          -+
     |  11,  0  |
     |            |
     |   0, 12  |
     +-          -+
```

Dans l'exemple suivant, nous générons une matrice identité en donnant 1 comme fonction définissant les éléments diagonaux[32] L'exemple
suivant produit la même sortie, quelle que soit la valeur de **x** :

---

[32] MuPAD considère les nombres comme des fonctions (constantes) : `number(x)`
retourne **number** pour tout **x**.

```
>> f := 1: f(x);
```

    1

```
>> constructor(2, 2, f, Diagonal);
```

```
    +-       -+
    |  1, 0  |
    |        |
    |  0, 1  |
    +-       -+
```

Tous les constructeurs considérés jusqu'à présent retournent des matrices avec des entrées en nombres rationnels (c.-à-d. réels). Ainsi la tentative suivante pour générer une matrice avec des coefficients complexes ne fonctionne pas :

```
>> constructor([[1, 2, 3], [2, 4, 1 + I]]);
```

    Error: unable to define matrice over Dom::Rational
       [(Dom::Matrix(Dom::Rational))::new]

Vous devez choisir un anneau des coefficients convenable pour créer une matrice avec les entrées ci-dessus. Dans l'exemple suivant, nous définissons un nouveau constructeur pour les matrices avec des entrées en nombres complexes :

```
>> constructor := Dom::Matrix(Dom::Complex):
>> constructor([[1, 2, 3], [2, 4, 1 + I]]);
```

```
    +-           -+
    |  1, 2,  3   |
    |             |
    |  2, 4, 1 + I |
    +-           -+
```

Le corps Dom::ExpressionField(id,iszero) permet de créer des matrices dont les entrées sont des expressions MuPAD arbitraires (voir la sect. 4.14 p. 101). C'est l'anneau standard des coefficients pour les matrices. Vous pouvez toujours utiliser cet anneau lorsque les coefficients et leurs propriétés sont sans rapport. Dom::Matrix sans argument est un constructeur pour de telles matrices : Cet anneau de matrice est attaché à l'identificateur matrix en tant que raccourci pour les versions de MuPAD 2.0 et ultérieures :

```
>> constructor := Dom::Matrix();

   Dom::Matrix(Dom::ExpressionField(id, iszero))
>> constructor([[1, x + y, 1/x^2], [sin(x), 0, cos(x)],
               [x*PI, 1 + I, -x*PI]]);

   +-                        -+
   |                  1       |
   |      1,    x + y,  --     |
   |                  2       |
   |                  x       |
   |                          |
   |   sin(x),    0,   cos(x)  |
   |                          |
   |    x PI,  1 + I, - x PI   |
   +-                        -+
```

Si vous utilisez Dom::ExpressionField(normal,iszero) comme anneau des coefficients, toutes les entrées de la matrice sont simplifiées par la fonction normal, comme décrit en sect. 4.14 p. 101. Les opérations arithmétiques sur de telles matrices sont relativement lentes, car un appel à normal peut consommer beaucoup de temps. D'un autre côté, les résultats retournés sont en général plus simples que ceux retournés par les calculs qui utilisent Dom::ExpressionField(id,iszero), pourtant équivalents.

La fonction Dom::SquareMatrix(n,R) génère l'anneau des matrices carrées à n dimensions avec l'anneau des coefficients R. Si l'argument R est absent, alors MuPAD utilise automatiquement l'anneau des coefficients de toutes les expressions MuPAD. L'instruction suivante donne le constructeur pour les matrices carrées à deux lignes, dont les entrées peuvent être des expressions MuPAD arbitraires :

```
>> constructor := Dom::SquareMatrix(2);

   Dom::SquareMatrix(2, Dom::ExpressionField(id, iszero))
>> constructor([[0, y], [x^2, 1]]);

   +-        -+
   |   0, y   |
   |          |
   |    2     |
   |   x , 1  |
   +-        -+
```

4.15.2 Calcul sur les matrices

Vous pouvez utiliser les opérateurs arithmétiques standards pour exécuter de l'arithmétique de base sur des matrices :

```
>> A := Dom::Matrix()([[1, 2], [3, 4]]):
>> B := Dom::Matrix()([[a, b], [c, d]]):
>> A + B, A*B, A*B - B*A, A^2 + B;
```

```
    +-            -+  +-                        -+
    |  a + 1, b + 2 |  |   a + 2 c,     b + 2 d  |
    |               |, |                         |,
    |  c + 3, d + 4 |  |  3 a + 4 c, 3 b + 4 d   |
    +-            -+  +-                        -+


      +-                                  -+
      |     - 3 b + 2 c ,  - 2 a - 3 b + 2 d  |
      |                                    |,
      |  3 a + 3 c - 3 d,      3 b - 2 c    |
      +-                                  -+

      +-              -+
      |   a + 7, b + 10 |
      |                 |
      |  c + 15, d + 22 |
      +-              -+
```

La multiplication d'une matrice par un nombre se fait composant par composant (multiplication scalaire) :

```
>> 2*B;
```

```
    +-          -+
    |  2 a, 2 b |
    |           |
    |  2 c, 2 d |
    +-          -+
```

L'inverse d'une matrice est représenté par `1/A` ou `A^(-1)` :

```
>> C := 1/A;

   +-           -+
   |   -2,   1   |
   |             |
   |  3/2, -1/2  |
   +-           -+
```

Un test simple montre que l'inverse calculé est correct :

```
>> A*C, C*A;

   +-       -+ +-       -+
   |  1, 0   | |  1, 0   |
   |        |, |         |
   |  0, 1   | |  0, 1   |
   +-       -+ +-       -+
```

Une inversion retourne `FAIL` (« faux ») lorsque MuPAD est incapable de calculer le résultat. La matrice suivante ne peut être inversée :

```
>> C := Dom::Matrix()([[1, 1], [1, 1]]): C^(-1);

   FAIL
```

L'opérateur de concaténation « point » `.`, qui combine les listes (sect. 4.6 p. 71) ou les chaînes (sect. 4.11 p. 90), est « surchargé » pour les matrices. Vous pouvez l'utiliser pour combiner des matrices ayant le même nombre de lignes :

```
>> A, B, A.B;

   +-       -+ +-       -+ +-             -+
   |  1, 2   | |  a, b   | |  1, 2, a, b   |
   |        |, |        |, |               |
   |  3, 4   | |  c, d   | |  3, 4, c, d   |
   +-       -+ +-       -+ +-             -+
```

En plus des opérateurs arithmétiques, d'autres fonctions système sont applicables aux matrices. En voici une liste partielle :

- `conjugate(A)` remplace tous les composants par leur conjugué complexe,

- `diff(A,x)` différentie composant par composant par rapport à **x**,

- `exp(A)` calcule $e^A = \displaystyle\sum_{i=0}^{\infty} \frac{1}{i!}\, A^i$,

- `expand(A)` applique **expand** à tous les composants de **A**,

- `expr(A)` convertit **A** en un tableau de type de domaine `DOM_ARRAY`,

- `float(A)` applique `float` à tous les composants de **A**,

- `has(A,expression)` vérifie si une expression est contenue dans au moins une entrée de **A**,

- `int(A,x)` intègre composant par composant par rapport à **x**,

- `iszero(A)` vérifie si tous les composants de **A** disparaissent (sont nuls),

- `map(A,fonction)` applique la fonction à tous les composants,

- `norm(A)` (identique à `norm(A,Infinity)`) calcule la norme infinie[33],

- `subs(A,équation)` applique `subs(.,équation)` à toutes les entrées de **A**,

- `C := zip(A,B,f)` retourne la matrice définie par $C_{ij} = f(A_{ij}, B_{ij})$.

La bibliothèque d'algèbre linéaire `linalg` et la bibliothèque numérique `numeric` (sect. 4.15.4 p. 117) contiennent beaucoup d'autres fonctions pour manipuler les matrices.

Exercice 4.38 : Créez la matrice de Hilbert 15×15 $H = (H_{ij})$ avec $H_{ij} = 1/(i + j - 1)$. Générez le vecteur $\mathbf{b} = H\,\mathbf{e}$, où $\mathbf{e} = (1, \dots, 1)$. Générez la solution vecteur exacte $\mathbf{x}$ du système d'équations $H\,\mathbf{x} = \mathbf{b}$ (évidemment, ceci doit donner $\mathbf{x} = \mathbf{e}$). Convertir toutes les entrées de H en valeurs à virgule flottante et résoudre à nouveau le système d'équations. Comparez le résultat à la solution exacte. Vous noterez une différence dramatique, qui provient des erreurs numériques d'arrondi. Les matrices de Hilbert plus grandes ne peuvent être inversées par des

---

[33] `norm(A,1)` retourne la norme unité, `norm(A,Frobenius)` la norme de Frobenius $\left(\displaystyle\sum_{i,j} |A_{ij}|^2 \right)^{1/2}$.

logiciels numériques courants, dont la précision standard est insuffisante !

4.15.3 Méthodes internes pour les matrices

Un constructeur créée par Dom::Matrix ou Dom::SquareMatrix contient beaucoup de fonctions spéciales pour le type de donnée correspondant. Elles sont liées aux objets construits en tant que « méthodes ». Si M:=Dom::Matrix(ring) est un constructeur et A:=M(..) une matrice générée avec ce constructeur, comme décrit en sect. 4.15.1 p. 106, alors les méthodes suivantes sont disponibles :

- M::col(A,i) retourne la $i^{\text{ème}}$ colonne de A,

- M::delCol(A,i) ôte la $i^{\text{ème}}$ colonne de A,

- M::delRow(A,i) ôte la $i^{\text{ème}}$ ligne de A,

- M::dimen(A)[34] retourne la dimension [m,n] de la matrice $m \times n$ A,

- M::random() retourne une matrice avec des entrées aléatoires,

- M::row(A,i) retourne la $i^{\text{ème}}$ ligne de A,

- M::swapCol(A,i,j) échange les colonnes i et j,

- M::swapRow(A,i,j) échange les lignes i et j,

- M::tr(A) retourne la trace $\sum_i A_{ii}$ de A,

- M::transpose(A) retourne la transposée (A_{ji}) de $A = (A_{ij})$.

```
>> M := Dom::Matrix(): A := M([[x, 1], [2, y]]);

   +-       -+
   |  x, 1  |
   |        |
   |  2, y  |
   +-       -+
```

---

[34] La méthode dimen est renommée matdim dans les versions de MuPAD postérieures à la 1.4.

```
>> M::col(A, 1), M::delCol(A, 1), M::dimen(A);

   +-    -+ +-    -+
   |  x  | |  1  |
   |     |, |     |, [2, 2]
   |  2  | |  y  |
   +-    -+ +-    -+

>> M::swapCol(A, 1, 2), M::tr(A), M::transpose(A);

   +-      -+           +-      -+
   |  1, x  |           |  x, 2  |
   |        |, x + y,   |        |
   |  y, 2  |           |  1, y  |
   +-      -+           +-      -+
```

Ces méthodes, qui sont liées au constructeur M, sont héritées par l'objet
généré A:=M(..). Dans les versions de MuPAD jusqu'à la 1.4, elles
pouvaient aussi être appelées sous la forme A::méthode, par exemple :

```
>> A::col(A, 1), A::dimen(A), A::tr(A);

   +-   -+
   |  x  |
   |     |, [2, 2], x + y
   |  2  |
   +-   -+
```

Ce n'est plus possible dans les versions ultérieures, et vous devez les
accéder comme méthodes du type de donnée (c.-à-d., le constructeur).
Vous pouvez les appeler avec A::dom::method, par exemple :

```
>> A::dom::tr(A)
```

$$x + y$$

La fonction info retourne un aperçu de ces méthodes :

```
>> info(M);
   -- Domaine:
   Dom::Matrix(Dom::ExpressionField(id, iszero))

   -- Constructor:
   Dom::Matrix
```

```
-- Super-Domains:
Dom::BaseDomain

-- Categories:
Cat::MatrixCat(Dom::ExpressionField(id, iszero)), \
Cat::SetCat

-- No Axioms.

-- Entries:
TeX, _concat, _divide, _index, _invert, _mult, _negat\
e, _plus, _power, _subtract, allAxioms, allCategories\
, allEntries, allSuperDomains, assign_elems, coeffRin\
g, coerce, col, concatMatrix, conjugate, convert, con\
vert_to, delCol, delRow, diff, dimen, equal, equiv, e\
xp, expand, expr, expr2text, float, gaussElim, getAxi\
oms, getCategories, getSuperDomain, has, hasProp, inf\
o, isDense, isSparse, iszero, length, map, mkDense, n\
ew, newThis, new_extelement, nonZeros, nops, norm, op\
, print, printElem, random, randomDimen, range_index,\
 row, setCol, setRow, set_index, stackMatrix, subs, s\
ubsex, subsop, swapCol, swapRow, testtype, tr, transp\
ose, undefinedEntries, whichEntry, zip
```

Sous le sous-titre **Entries**, vous trouvez la liste de toutes les méthodes du domaine. L'appel `?Dom::Matrix` retourne une description complète de ces méthodes.

4.15.4 Les bibliothèques linalg et numeric

En plus de la fonction système opérant sur les matrices, la bibliothèque[35] linalg contient diverses autres fonctions d'algèbre linéaire :

```
>> info(linalg);

   Library 'linalg': the linear algebra package
   Interface:
```

---

[35] Nous vous renvoyons au chapitre 3 pour une description de l'organisation générale des bibliothèques, de l'exportation, etc.

```
linalg::addCol,          linalg::addRow,
linalg::adjoint,         linalg::angle,
linalg::basis,           linalg::charMatrice,
linalg::charPolynomial,  linalg::cholesky,
  ...
linalg::transpose,       linalg::vectorDimen,
linalg::vectorPotential
```

Certaines de ces fonctions, telles que `linalg::col` ou `linalg::delCol`, appellent simplement les méthodes internes pour les matrices que nous avons décrites en sect. 4.15.3 p. 115, et par conséquent n'ajoutent pas de nouvelles fonctionnalités. Cependant, `linalg` contient aussi beaucoup d'algorithmes supplémentaires. La commande `?linalg` donne une courte description de toutes les fonctions. Vous pouvez trouver une description detaillée d'une fonction sur la page d'aide correspondante, par exemple :

`>> ?linalg::det`

linalg::det - determinant of a matrix

Introduction

  linalg::det(A) computes the determinant of the
  square matrix A.

Call(s)

  linalg::det(A)

Parameters

  A - square matrix of a domain of category *Cat::Matrix*.
  ...

Vous pouvez utiliser le nom de chemin complet `library::function` pour appeler une fonction :

```
>> A := Dom::Matrix()([[a, b], [c, d]]): linalg::det(A);

   a d - b c
```

Le polynôme caractéristique $\det(x\,E - A)$ de cette matrice est[36]

```
>> linalg::charPolynomial(A, x);

                2
   a d - b c + x  + x (- a - d )
```

Les valeurs propres sont[37]

```
>> linalg::eigenValues(A);

   {                            2     2 1/2
   { a     d    (4 b c - 2 a d + a  + d )
   { - + - - ----------------------------,
   { 2     2                 2


                         2     2 1/2 }
      a     d    (4 b c - 2 a d + a  + d )    }
      - + - + ---------------------------- }
      2     2                 2            }
```

La bibliothèque **numeric** (voir **!numeric**) contient beaucoup de fonctions pour les calculs numériques sur les matrices :

`numeric::det`	:	calcul du déterminant
`numeric::factorCholesky`	:	factorisation de Cholesky
`numeric::factorLU`	:	factorisation LU
`numeric::factorQR`	:	factorisation QR
`numeric::inverse`	:	inversion
`numeric::eigenvalues`	:	valeurs propres
`numeric::eigenvectors`	:	valeurs et vecteurs propres
`numeric::singularvalues`	:	valeurs singulières
`numeric::singularvectors`	:	valeurs et vecteurs singuliers

---

[36] La fonction `linalg::charPolynomial` est renommée en `linalg::charpoly` dans les versions de MuPAD postérieures à la 1.4.

[37] La fonction `linalg::eigenValues` est renommée en `linalg::eigenvalues` dans les versions de MuPAD postérieures à la 1.4.

Ces routines fonctionnent partiellement pour les matrices à entrées symboliques de type Dom::ExpressionField et sont donc plus efficaces pour les grandes matrices que les fonctions linalg. Cependant, ces dernières peuvent traiter des anneaux de coefficients quelconques.

Exercice 4.39 : Trouvez les valeurs de a, b, c pour lesquelles la matrice
$\begin{pmatrix} 1 & a & b \\ 1 & 1 & c \\ 1 & 1 & 1 \end{pmatrix}$ ne peut être inversée.

Exercice 4.40 : Considérez les matrices suivantes :

$$A = \begin{pmatrix} 1 & 3 & 0 \\ -1 & 2 & 7 \\ 0 & 8 & 1 \end{pmatrix}, \quad B = \begin{pmatrix} 7 & -1 \\ 2 & 3 \\ 0 & 1 \end{pmatrix}.$$

Soit B^T la transposée de B. Calculez l'inverse de $2\,A + B\,B^T$, à la fois sur les nombres rationnels et sur l'anneau de la classe des résidus modulo 7.

Exercice 4.41 : Créez la matrice $n \times n$

$$A_{ij} = \begin{cases} 0 & \text{pour } i = j, \\ 1 & \text{pour } i \neq j. \end{cases}$$

Calculez son déterminant, son polynôme caractéristique, et ses valeurs propres. Pour chacune de celles-ci, calculez une base de l'espace propre correspondant.

4.15.5 Une application

Nous voulons calculer la solution symbolique $a(t), b(t)$ du système des équations différentielles du second ordre

$$\frac{d^2}{dt^2}\,a(t) = 2\,c\,\frac{d}{dt}\,b(t)\,, \quad \frac{d^2}{dt^2}\,b(t) = -2\,c\,\frac{d}{dt}\,a(t) + 3\,c^2\,b(t)\,,$$

avec une constante arbitraire c. Si nous posons $a'(t) = \frac{d}{dt}a(t)$, $b'(t) = \frac{d}{dt}b(t)$, alors les équations peuvent être écrites de manière équivalente comme un système d'équations différentielles du premier ordre des variables $x(t) = (a(t), a'(t), b(t), b'(t))$:

$$\frac{d}{dt}\,x(t) = A\,x(t)\ ,$$

où la matrice A est

$$A = \begin{pmatrix} 0 & 1 & 0 & 0 \\ 0 & 0 & 0 & 2\,c \\ 0 & 0 & 0 & 1 \\ 0 & -2\,c & 3\,c^2 & 0 \end{pmatrix}.$$

La solution de ce système est obtenue en appliquant la matrice exponentielle e^{tA} à la condition initiale $x(0)$:

$$x(t) = e^{tA}x(0)\ .$$

À cause de la constante symbolique c, nous définissons la matrice A avec des coefficients dans le domaine `Dom::ExpressionField` des expressions symboliques, et requérons que tous les résultats intermédiaires soient normalisés automatiquement (sect. 4.14 p. 101) :

```
>> M := Dom::Matrix(Dom::ExpressionField(normal, iszero));
>> A := M([[0,  1,    0,    0 ],
           [0,  0,    0,    2*c],
           [0,  0,    0,    1 ],
           [0, -2*c, 3*c^2, 0 ]]):
```

Nous utilisons la fonction **exp** pour calculer $B = e^{tA}$:

```
>> B := exp(t*A);

  array(1..4, 1..4,
    (1, 1) = 1,


    . . .

                    2 1/2                  2 1/2
            exp(c (- t )   )    exp(- c (- t )   )
    (4, 4) = ----------------- + --------------------
                    2                    2
  )
```

Ce résultat a besoin de quelques simplifications. Nous utilisons la fonction **rewrite** (sect. 9.1 p. 178), qui accepte une expression MuPAD ordinaire comme argument. Mais en interne, les entrées de la matrice B appartiennent à un anneau des coefficients différent :

```
>> domtype(B[1, 1]);
```

    Dom::ExpressionField(normal, iszero)

Pour cette raison, nous convertissons en premier toutes les entrées en expressions MuPAD ordinaires avec le constructeur `matrix` :

```
>> B := matrix(B):
```

Puis nous appliquons `rewrite` avec l'option `sincos` (sect. 9.1 p. 178) pour remplacer les fonctions exponentielles par des fonctions trigonométriques :

```
>> B := map(B, rewrite, sincos):
```

Maintenant la matrice B semble encore plus compliquée qu'avant, par exemple :

```
>> B[4, 4];
```

```
          2 1/2                2 1/2
 cos(- I c (- t )   )   cos(I c (- t )   )
 -------------------- + ------------------ +
          2                     2

                 2 1/2
    1/2 I sin(- I c (- t )   ) +

              2 1/2
    1/2 I sin(I c (- t )   )
```

Nous aimerions simplifier davantage la sous-expression `(-t^2)^(1/2)`. En général MuPAD suppose qu'une inconnue est à valeur complexe, et ne simplifie pas cette expression, à cause de l'ambiguïté de la racine carrée complexe. La commande

```
>> assume(t >= 0):
```

dit à MuPAD de traiter `t` comme une variable réelle non négative (sect. 9.3 p. 191). Nous trouvons alors :

```
>> simplify((-t^2)^(1/2));
```

    I t

Pour la phase finale nous appliquons la composition de fonctions `normal` et `simplify` à toutes les entrées de B. Ce qui donne la forme la plus simple de cette matrice :

```
>> B := map(B, normal@simplify);
```

```
+-                                                                      -+
|      - 3 c t + 4 sin(c t)                            - 2 cos(c t) + 2  |
|  1,  ---------------------,  6 c t - 6 sin(c t),   ------------------   |
|               c                                            c           |
|                                                                        |
|  0,     4 cos(c t) - 3,      6 c - 6 c cos(c t),      2 sin(c t)        |
|                                                                        |
|         2 cos(c t) - 2                                 sin(c t)         |
|  0,     --------------,      - 3 cos(c t) + 4 ,       --------          |
|               c                                          c             |
|                                                                        |
|  0,       -2 sin(c t),          3 c sin(c t),         cos(c t)          |
+-                                                                      -+
```

Nous assignons une condition initiale symbolique au vecteur x(0) :

```
>> x(0) := M([a(0), a'(0), b(0), b'(0)]):
```

Ainsi la solution symbolique désirée du système d'équations différentielles est

```
>> x(t) := B*x(0):
```

Les fonctions solutions $a(t)$ et $b(t)$ avec les conditions symboliques initiales $a(0)$, $a'(0)$ (=D(a)(0)), $b(0)$, $b'(0)$ (=D(b)(0)) sont :

```
>> a(t) := expand(expr(x(t)[1]));

  a(0) - 3 t D(a)(0) + 6 c t b(0) - 6 sin(c t) b(0) +

     2 D(b)(0)    2 cos(c t) D(b)(0)    4 sin(c t) D(a)(0)
     ---------  - ------------------ + ------------------
         c                c                    c
```

```
>> b(t) := expand(expr(x(t)[3]));

                          2 D(a)(0)
  4 b(0) - 3 cos(c t) b(0) - --------- +
                              c

   2 cos(c t) D(a)(0)    sin(c t) D(b)(0)
   ------------------ + ----------------
           c                   c
```

Finalement, nous vérifions que les expressions ci-dessus résolvent effectivement le système d'équations différentielles :

```
>> expand(diff(a(t),t,t) - 2*c*diff(b(t),t)),
   expand(diff(b(t),t,t) + 2*c*diff(a(t),t) - 3*c^2*b(t));

   0, 0
```

4.16 Polynômes

Le calcul sur les polynômes est une tâche importante pour un système de calcul algébrique. Bien sûr, vous pouvez considérer un polynôme dans MuPAD comme étant une expression au sens de la sect. 4.4 p. 57 et utiliser l'arithmétique standard :

```
>> polynomExpression := 1 + x + x^2:
>> expand(polynomExpression^2);

          2     3     4
   2 x + 3 x + 2 x + x + 1
```

Cependant, il existe un type de donnée spécial DOM_POLY, avec quelques fonctions du noyau et de bibliothèques, qui simplifient de tels calculs et les rendent plus efficaces.

4.16.1 Définition de polynômes

La fonction système poly génère des polynômes :

```
>> poly(1 + 2*x + 3*x^2);

          2
   poly(3 x + 2 x + 1, [x])
```

Ici nous avons fourni l'expression $1 + 2\,x + 3\,x^2$ (de type de domaine DOM_EXPR) à poly, qui convertit cette expression en un nouvel objet de type de domaine DOM_POLY. L'indéterminée [x] est une partie fixe de ce type de donnée, ce qui permet de distinguer entre les indéterminées et les coefficients ou les paramètres (symboliques). Par exemple, si vous voulez regarder l'expression $a_0 + a_1\,x + a_2\,x^2$ comme un polynôme en x avec les coefficients a_0, a_1, a_2, alors la forme ci-dessus de l'appel à poly ne donne pas le résultat escompté :

```
>> poly(a0 + a1*x + a2*x^2);

         2
   poly(x  a2 + x a1 + a0, [x, a0, a1, a2])
```

Cela ne représente pas un polynôme en x mais un polynôme « à plusieurs variables » en quatre indéterminées x, a_0, a_1, a_2. Vous pouvez spécifier les indéterminées d'un polynôme sous forme d'une liste comme argument à `poly`. Le système considère alors tous les autres identificateurs symboliques comme des coefficients symboliques :

```
>> poly(a0 + a1*x + a2*x^2, [x]);

            2
   poly(a2 x  + a1 x + a0, [x])
```

Si vous ne spécifiez pas une liste d'indéterminées, `poly` appelle la fonction `indets` pour déterminer tous les identificateurs symboliques dans les expressions et les interprète comme étant les indéterminées du polynôme :

```
>> indets(a0 + a1*x + a2*x^2, PolyExpr);

   {x, a0, a1, a2}
```

La distinction entre indéterminées et coefficients est utile pour la représentation du polynôme :

```
>> expression := 1 + x + x^2 + a*x + PI*x^2 - b;

              2   2
   x - b + a x + x  + x  PI + 1
>> poly(expression, [a, x]);

                    2
   poly(a x + (PI + 1) x  + x + (1 - b), [a, x])

>> poly(expression, [x]);

                  2
   poly((PI + 1) x  + (a + 1) x + (1 - b), [x])
```

Vous pouvez voir que MuPAD groupe ensemble les coefficients d'égale puissance de l'indéterminée et trie les termes selon les exposants décroissants.

Au lieu d'utiliser une expression, vous pouvez aussi créer un polynôme en spécifiant une liste de coefficients non triviaux avec les exposants respectifs. La commande suivante `poly(liste,[x])` génère le polynôme $\sum_{i=0}^{k} a_i x^{n_i}$ à partir de la liste

$$[[a_0, n_0], [a_1, n_1], \ldots, [a_k, n_k]] :$$

```
>> list := [[1, 0], [a, 3], [b, 5]]: poly(list, [x]);
          5     3
  poly(b x  + a x  + 1, [x])
```

Si vous voulez construire un polynôme à plusieurs indéterminées de cette façon, spécifiez les listes des exposants pour toutes les indéterminées :

```
>> poly([[3, [2, 1]], [2, [3, 4]]], [x, y]);
          3 4      2
  poly(2 x  y  + 3 x  y, [x, y])
```

Inversement, la fonction `poly2list` convertit un polynôme en une liste de coefficients et d'exposants :

```
>> poly2list(poly(b*x^5 + a*x^3 + 1, [x]) );
  [[b, 5], [a, 3], [1, 0]]
```

Pour des calculs plus abstraits, vous pouvez désirer restreindre les coefficients d'un polynôme à un certain ensemble (mathématiquement : un anneau) qui est représenté par une structure de données spéciale dans MuPAD. Nous avons déjà vu des exemples typiques d'anneaux et leurs domaines MuPAD correspondants en sect. 4.14 p. 101 : les entiers `Dom::Integer`, les nombres rationnels `Dom::Rational`, ou l'anneau de la classe des résidus `Dom::IntegerMod(n)` d'entiers modulo n. Vous pouvez spécifier l'anneau des coefficients comme argument de `poly` :

```
>> poly(x+1, [x], Dom::Integer);
  poly(x + 1, [x], Dom::Integer)
>> poly(2*x-1/2, [x], Dom::Rational);
  poly(2 x - 1/2, [x], Dom::Rational)
```

```
>> poly(4*x + 11, [x], Dom::IntegerMod(3));

   poly(x + 2, [x], Dom::IntegerMod(3))
```

Notez que dans ce dernier exemple, le système a automatiquement simplifié les coefficients selon les règles de calcul sur les entiers[38] modulo 3 :

```
>> 4 mod 3, 11 mod 3;

   1, 2
```

Dans l'exemple suivant, `poly` convertit les coefficients en nombres en virgule flottante, comme spécifié par le troisième argument :

```
>> poly(PI*x - 1/2, [x], Dom::Float);

   poly(3.141592653 x - 0.5, [x], Dom::Float)
```

Si aucun anneau des coefficients n'est spécifié, alors MuPAD utilise par défaut l'anneau `Expr` qui symbolise des expressions MuPAD arbitraires. Dans ce cas, vous pouvez utiliser des identificateurs symboliques comme coefficients :

```
>> polynome := poly(a + x + b*y, [x, y]);
   op(polynome);

   poly(x + b y + a, [x, y])


   a + x + b y, [x, y], Expr
```

En résumé un polynôme MuPAD est constitué de trois parties :

1. une expression polynômiale de la forme $\sum a_{i_1 i_2 ..} \, x_1^{i_1} x_2^{i_2} \cdots$,
2. une liste d'indéterminées $[x_1, x_2, \ldots]$,
3. l'anneau des coefficients.

Ce sont les trois opérandes d'un polynôme p sous MuPAD, qui peuvent être accédés respectivement par `op(p,1)`, `op(p,2)`, et `op(p,3)`. Ainsi vous pouvez convertir un polynôme en une expression mathématiquement équivalente [39] de type de domaine `DOM_EXPR` par

---

[38] Vous pouvez aussi utiliser cet anneau des coefficients sous la forme `poly(4*x+11,[x],IntMod(3))`. Alors les entiers modulo 3 sont représentés par $-1, 0, 1$ et non, comme pour `Dom::IntegerMod(3)`, par $0, 1, 2$. L'arithmétique polynomiale est bien plus rapide, lorsque vous utilisez `IntMod(3)`.

[39] Si le polynôme est défini sur un anneau autre que `Expr` ou `Dom::ExpressionField`, le résultat peut ne pas être équivalent.

```
>> expression := op(polynom, 1):
```

Cependant, vous devriez plutôt utiliser la fonction système **expr**, qui peut convertir divers types de domaine comme les polynômes en expressions :

```
>> polynom := poly(x^3 + 5*x + 3);
        3
  poly(x  + 5 x + 3, [x])
>> op(polynom, 1) = expr(polynom);
        3               3
  5 x + x  + 3 = 5 x + x  + 3
```

4.16.2 Calcul sur les polynômes

La fonction **degree** détermine le degré d'un polynôme :

```
>> p := poly(1 + x + a*x^2*y, [x, y]):
>> degree(p, x), degree(p, y);
  2, 1
```

Si vous ne spécifiez pas le nom d'une indéterminée comme second argument, **degree** retourne le « degré total » :

```
>> degree(p), degree(poly(x^27 + x + 1));
  3, 27
```

La fonction **coeff** extrait les coefficients d'un polynôme :

```
>> p := poly(1 + a*x + 7*x^7, [x]):
>> coeff(p, 1), coeff(p, 2), coeff(p, 8);
  a, 0, 0
```

Pour les polynômes à plusieurs variables, le coefficient d'une puissance d'une indéterminée particulière est encore un polynôme en indéterminées restantes :

```
>> p := poly(1 + x + a*x^2*y, [x, y]):
```

```
>> coeff(p, y, 0), coeff(p, y, 1);
```
$$
poly(x + 1, [x]), poly(a\ x^2, [x])
$$

L'arithmétique des polynômes accepte aussi les opérateurs standards +, -, * et ^ :

```
>> p := poly(1 + a*x^2, [x]): q := poly(b + c*x, [x]):
>> p + q, p - q, p*q, p^2;
```
$$
poly(a\ x^2 + c\ x + (b + 1), [x]),
$$

$$
poly(a\ x^2 + (-c)\ x + (1 - b), [x]),
$$

$$
poly((a\ c)\ x^3 + (a\ b)\ x^2 + c\ x + b, [x]),
$$

$$
poly(a^2\ x^4 + (2\ a)\ x^2 + 1, [x])
$$

La fonction `divide` exécute une « division avec reste » :

```
>> p := poly(x^3 + 1): q := poly(x^2 - 1): divide(p, q);
```
$$
poly(x, [x]), poly(x + 1, [x])
$$

Le résultat est une séquence de deux opérandes : le quotient et le reste de la division. Si nous posons

```
>> quotient := op(divide(p,q),1):
   reste := op(divide(p,q),2):
```

alors p = quotient*q + reste :

```
>> quotient*q + reste;
```
$$
poly(x^3 + 1, [x])
$$

Le polynôme `reste` a un degré inférieur à celui de q, ce qui rend la décomposition p = `quotient*q + reste` unique. Diviser deux polynômes par l'opérateur de division usuel / n'est permis que dans le cas spécial où le reste que `divide` retournerait devient nul :

```
>> p := poly(x^2 - 1): q := poly(x - 1): p/q;

   poly(x + 1, [x])

>> p := poly(x^2 + 1): q := poly(x - 1): p/q;

   FAIL
```

Notez que les opérateurs arithmétiques ne traitent que les polynômes de types exactement identiques :

```
>> poly(x + y, [x, y]) + poly(x^2, [x, y]),
   poly(x) + poly(x, [x], Expr);

         2
   poly(x  + x + y, [x, y]), poly(2 x, [x])
```

La liste des indéterminées et l'anneau des coefficients doivent tous deux correspondre, autrement le système retourne l'entrée comme une expression symbolique :

```
>> poly(x + y, [x, y]) + poly(x^2, [x]);

         2
   poly(x , [x]) + poly(x + y, [x, y])

>> poly(x) + poly(x, Dom::Integer);

   poly(x, [x]) + poly(x, [x], Dom::Integer)
```

L'arithmétique des polynômes exécute l'addition et la multiplication des coefficient selon les règles de l'anneau des coefficients :

```
>> p := poly(4*x + 11, [x], Dom::IntegerMod(3)):
>> p; p + p; p*p;

   poly(x + 2, [x], Dom::IntegerMod(3)),

   poly(2 x + 1, [x], Dom::IntegerMod(3)),

         2
   poly(x + x + 1, [x], Dom::IntegerMod(3))
```

L'opérateur standard * n'exécute pas immédiatement la multiplication d'un polynôme par un scalaire; vous devez d'abord convertir le facteur scalaire en un polynôme :

```
>> p := poly(x^2 + y):
>> scalar*p; poly(scalar, op(p, 2..3))*p;
```

$$poly(x^2 + y, [x, y]) \ scalar$$

$$poly(scalar \ x^2 + scalar \ y, [x, y])$$

Ici nous nous sommes assurés que le polynôme généré par le facteur scalaire est du même type que p en passant op(p,2..3) (=[x,y],Expr) comme arguments supplémentaires à poly. Ou encore, la fonction multcoeffs multiplie tous les coefficients d'un polynôme par un facteur scalaire :

```
>> multcoeffs(p, scalar);
```

$$poly(scalar \ x^2 + scalar \ y, [x, y])$$

La fonction mapcoeffs applique une fonction arbitraire à tous les coefficients d'un polynôme :

```
>> p := poly(2*x^2 + 3*y):
   mapcoeffs(p, f);                ·
```

$$poly(f(2) \ x^2 + f(3) \ y, [x, y])$$

Ce qui amène une autre méthode de multiplication par un scalaire :

```
>> mapcoeffs(p, _mult, scalar);
```

$$poly((2 \ scalar) \ x^2 + (3 \ scalar) \ y, [x, y])$$

Une autre opération importante est l'évaluation d'un polynôme en un point (calcul de la valeur image). La fonction evalp le réalise :

```
>> p := poly(x^2 + 1, [x]):
   evalp(p, x = 2),
    evalp(p, x = x + y);
```

$$5, \ (x + y)^2 + 1$$

Ce calcul est également valable pour les polynômes à plusieurs indéterminées et donne un polynôme en indéterminées restantes ou, pour les
polynômes à variable unique, un élément de l'anneau des coefficients :

```
>> p := poly(x^2 + y):
>> q := evalp(p, x = 0);
   evalp(q, y = 2);

   poly(y, [y])


   2
```

De façon équivalente, vous pouvez aussi considérer un polynôme comme
une fonction des indéterminées et appeler cette fonction avec des arguments :

```
>> p(2, z);

   z + 4
```

Diverses fonctions de MuPAD acceptent des polynômes en entrée.
Une importante opération est la factorisation, qui est exécutée selon
les règles de l'anneau des coefficients. Les fonctions **factor** et Factor[40]
retournent les facteurs en différents formats de sortie :

```
>> factor(poly(x^3 - 1));
                                          2
   [1, poly(x - 1, [x]), 1, poly(x  + x + 1, [x]), 1]
>> Factor(poly(x^2 + 1, Dom::IntegerMod(2)));
                                        2
   poly(x + 1, [x], Dom::IntegerMod(2))
```

Vous pouvez exécuter une factorisation avec la fonction MuPAD **factor** :

```
>> factor(poly(x^3 - 1))
                              2
      poly(x - 1, [x]) poly(x  + x + 1, [x])
```

---

[40] Dans les versions de MuPAD postérieures à la 1.4, la fonction Factor est obsolète,
et la fonction **factor** retourne un objet MuPAD de type de domaine Factored. Il
est affiché à l'écran dans le même format que la sortie de Factor. En interne,
cependant, les facteurs et les exposants irréductibles sont encore stockés sous forme
d'une liste, et vous pouvez les utiliser avec op ou par accès indexé. Voyez les pages
d'aide ?factor et ?Factored pour les détails.

```
>> factor(poly(x^2 + 1, Dom::IntegerMod(2)))
```

$$
\text{poly}(x + 1, \text{[x]}, \text{Dom::IntegerMod}(2))^2
$$

La fonction D différentie les polynômes :

```
>> D(poly(x^7 + x + 1));
```

$$
\text{poly}(7 \ x^6 \ + 1, \text{[x]})
$$

De façon équivalente, vous pouvez aussi utiliser `diff(polynom,x)`. L'intégration fonctionne aussi pour les polynômes[41] :

```
>> p := poly(x^7 + x + 1): int(p, x);
```

$$
\text{poly}(1/8 \ x^8 \ + 1/2 \ x^2 \ + x, \text{[x]})
$$

La fonction `gcd` calcule le plus grand commun diviseur de polynômes :

```
>> p := poly((x + 1)^2*(x + 2)):
>> q := poly((x + 1)*(x + 2)^2):
>> Factor(gcd(p, q));
```

$$
\text{poly}(x + 2, \text{[x]}) \ \text{poly}(x + 1, \text{[x]})
$$

La représentation interne d'un polynôme stocke seulement les puissances des indéterminées avec des coefficients ne disparaissant pas. Ceci est particulièrement avantageux pour les polynômes « clairsemés » de haut degré et rend efficace l'arithmétique sur de tels polynômes. La fonction `nterms` retourne le nombre de termes non triviaux d'un polynôme. La fonction `nthmonomial` extrait les monômes individuels (produit du coefficient par les puissances des indéterminées), `nthcoeff` et `nthterm` retournent respectivement le coefficient approprié et le produit des puissances des indéterminées :

```
>> p := poly(a*x^100 + b*x^10 + c, [x]):
>> nterms(p), nthmonomial(p, 2),
   nthcoeff(p, 2), nthterm(p, 2);
```

$$
3, \ \text{poly}(b \ x^{10} \ , \text{[x]}), \ b, \ \text{poly}(x^{10} \ , \text{[x]})
$$

---

[41] Avant la version de MuPAD 1.4.2 vous deviez convertir un polynôme en une expression par `expr` pour l'intégrer.

La table 4.4 est un résumé des opérations sur les polynômes discutées ci-dessus. La section « Functions on Polynoms » de la Quick Refe-

`+, -, *, ^`	:	arithmétique
`coeff`	:	extraction des coefficients
`degree`	:	degré du polynôme
`diff, D`	:	différentiation
`divide`	:	division avec reste
`evalp`	:	évaluation
`expr`	:	conversion en expression
`Factor, factor`	:	factorisation
`gcd`	:	plus grand commun diviseur
`mapcoeffs`	:	applique une fonction
`multcoeffs`	:	multiplication par un scalaire
`nterms`	:	nombre de coefficients non zéro
`nthcoeff`	:	$n^{\text{ème}}$ coefficient
`nthmonomial`	:	$n^{\text{ème}}$ monôme
`nthterm`	:	$n^{\text{ème}}$ term
`poly`	:	construit un polynôme
`poly2list`	:	conversion en liste

TAB. 4.4. *Fonctions de MuPAD opérant sur les polynômes*

rence [Oev 98] de MuPAD donne la liste d'autres fonctions sur les polynômes de la bibliothèque standard. La bibliothèque `groebner` contient des fonctions de traitement des idéaux de polynômes à plusieurs indéterminées (`?groebner`).

Exercice 4.42 : Considérez les polynômes $p = x^7 - x^4 + x^3 - 1$ et $q = x^3 - 1$. Calculez $p - q^2$. q divise-t-il p ? Factorisez p et q.

Exercice 4.43 : Un polynôme est dit irréductible (sur un corps des coefficients), s'il ne peut être factorisé en un produit de plus d'un polynôme non constant. La fonction `irreducible` teste l'irréductibilité d'un polynôme. Trouvez tous les polynômes quadratiques irréductibles $a\,x^2 + b\,x + c$, $a \neq 0$ sur le corps des entiers modulo 3.

4.17 Les objets « nuls » : null(), NIL, FAIL, et undefined

Il y a plusieurs objets représentant le « vide (void) » dans MuPAD. Nous avons d'abord la « séquence vide » créée par null(). Elle est du type de domaine DOM_NULL et ne génère aucune sortie à l'écran. Les fonctions système telles que reset (sect. 14.3 p. 237) ou print (sect. 13.1.1 p. 223), qui ne peuvent retourner des valeurs mathématiquement utiles, retourne à la place cet objet MuPAD :

```
>> a := reset(): b := print("hello"):

                    "hello"
>> domtype(a), domtype(b);

   DOM_NULL, DOM_NULL
```

L'objet null() est particulièrement utile en liaison avec les séquences (sect. 4.5 p. 67). Le système enlève automatiquement cet objet de la séquence, et vous pouvez l'utiliser pour, par exemple, ôter sélectivement les entrées d'une séquence :

```
>> Seq := a, b, c: Seq := eval(subs(Seq, b = null()));

   a, c
```

Ici nous avons utilisé la commande de substitution subs (chapitre 6) pour remplacer b par null().

L'objet MuPAD NIL, qui est distinct de null(), signifie intuitivement « sans valeur ».

Certaines fonctions système retournent l'objet NIL lorsque vous les appelez avec des arguments pour lesquels elles n'ont rien à calculer. Un exemple typique est la fonction _if, qui est en général appelée sous la forme d'une instruction if (chapitre 17) :

```
>> condition := FALSE: if condition then x := 1 end_if;

   NIL
```

L'objet MuPAD FAIL signifie intuitivement « je ne peux trouver une valeur ». Les fonctions système retournent cet objet lorsqu'il n'y a pas de résultat ayant un sens pour les paramètres donnés en entrée. Dans l'exemple suivant, nous tentons de calculer l'inverse d'une matrice singulière :

```
>> A := Dom::Matrix()([[1, 2], [2, 4]]);

   +-       -+
   |  1, 2  |
   |        |
   |  2, 4  |
   +-       -+
>> A^(-1);

   FAIL
```

Un autre objet ayant un sens similaire est **undefined**. Par exemple, la fonction MuPAD **limit** retourne cet objet lorsque la limite requise n'existe pas :

```
>> limit(1/x, x = 0);

   undefined
```

L'objet **undefined** utilise la surcharge pour que toute fonction opérant sur lui retourne à nouveau **undefined**. Ceci ne marche que pour les fonctions supportant la surcharge :

```
>> sin(undefined), f(undefined),
   1(undefined), expr(undefined)

         undefined, f(undefined), 1, undefined
```

5. Évaluation et simplification

5.1 Les identificateurs et leurs valeurs

Considérez

```
>> delete x, a: y := a + x;
    a + x
```

Comme les identificateurs **a** et **x** ne représentent qu'eux-mêmes, la « valeur » de **y** est l'expression symbolique **a+x**. Nous devons soigneusement distinguer entre l'identificateur **y** et sa valeur. Plus précisément, la *valeur* d'un identificateur indique l'objet MuPAD que le système calcule par évaluation et simplification de la partie droite de l'affectation **identificateur := valeur** *au moment de l'affectation*.

Notez que dans cet exemple la valeur de **y** est composée des identificateurs symboliques **a** et **x**, auxquels peuvent être affectées par la suite des valeurs. Par exemple, si nous affectons la valeur 1 à l'identificateur **a**, alors **a** est remplacé par sa valeur 1 dans l'expression **a+x**, et l'appel **y** retourne **x+1** :

```
>> a := 1: y;
    x + 1
```

Nous disons que l'*évaluation* de l'identificateur **y** retourne le résultat **x+1**, mais que sa *valeur* est encore **a+x** :

> Nous faisons la distinction entre un identificateur, sa valeur, et son évaluation : la *valeur* est le résultat de l'évaluation *au moment de l'affectation*, une *évaluation* ultérieure pourra retourner une « *valeur actuelle* » différente.

Si maintenant nous donnons la valeur 2 à **x**, alors **a** et **x** sont tous deux remplacés par leurs valeurs lors de la prochaine évaluation de

y. Ainsi nous obtenons comme résultat la somme 2+1, que MuPAD simplifie automatiquement en 3 :

```
>> x := 2: y;

   3
```

L'*évaluation* de y retourne maintenant le nombre 3 ; sa *valeur* est encore $a + x$.

Il est raisonnable de dire que la valeur de y est le résultat de l'évaluation au moment de l'affectation. C'est à dire que si nous supprimons les valeurs des identificateurs a et x de l'exemple ci-dessus, alors l'évaluation de y donnera sa valeur d'origine immédiatement après l'affectation :

```
>> delete a, x: y;

   a + x
```

Si a ou x ont déjà une valeur *avant* que nous attribuions l'expression a+x à y, voici alors ce qui se produit :

```
>> x := 1: y := a + x: y;

   a + 1
```

Au moment de l'affectation, y reçoit l'évaluation de a+x, c.-à-d. a+1. En fait, c'est maintenant la *valeur* de y, qui ne contient pas de référence à x :

```
>> delete x: y;

   a + 1
```

Voici quelques exemples supplémentaires de ce mécanisme. Nous affectons d'abord le nombre rationnel 1/3 à x, puis nous affectons l'objet [x, x^2, x^3] à l'identificateur list. Lors de l'affectation le système évalue la partie droite et remplace automatiquement l'identificateur x par sa valeur. Ainsi l'identificateur list reçoit, au moment de l'affectation, la valeur [1/3, 1/9, 1/27], et non [x, x^2, x^3] :

```
>> x := 1/3: list := [x, x^2, x^3];

   [1/3, 1/9, 1/27]

>> delete x: list;

   [1/3, 1/9, 1/27]
```

MuPAD applique le même procédé d'évaluation aux appels de fonctions symboliques :

```
>> delete f: y := f(PI);

   f(PI)
```

Après l'affectation

```
>> f := sin:
```

nous obtenons l'évaluation

```
>> y;

   0
```

Pour évaluer y le système remplace l'identificateur f par sa valeur, qui est celle de l'identificateur sin. C'est une procédure qui est exécutée lorsque y est évalué et retourne 0 pour sin(PI).

5.2 Évaluation complète, incomplète, et forcée

Nous considérons à nouveau le premier exemple de la section précédente. Là, nous avions affecté l'expression a+x à l'identificateur y, et a et x n'avaient pas de valeur :

```
>> delete a, x: y := a + x: a := 1: y;

   x + 1
```

Nous expliquons maintenant plus en détail comment MuPAD exécute la dernière évaluation.

En premier (« niveau 1 ») l'évaluateur considère la valeur a+x de y. Comme cette valeur contient les identificateurs x et a, un second pas d'évaluation (« niveau 2 ») est nécessaire pour déterminer la valeur de ces identificateurs. Le système reconnaît que a a la valeur 1, alors que x n'en a pas (et qu'ainsi il représente mathématiquement une inconnue). Maintenant l'arithmétique du système combine ces résultats sur x+1, et c'est l'évaluation de y. Les figures 5.1–5.3 illustrent ce processus. Une boîte représente un identificateur et sa valeur (ou un · s'il n'a pas de valeur). Une flèche représente un pas d'évaluation.

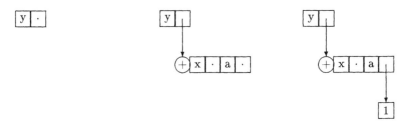

FIG. 5.1.
*L'identificateur **y** n'a
pas de valeur.*

FIG. 5.2. *Après
l'affectation **y:=a+x**.*

FIG. 5.3. *Après
l'affectation **a:=1**,
nous obtenons
finalement **x+1** comme
évaluation de **y**.*

De même que l'on utilise des arbres pour représenter des expressions symboliques (sect. 4.4.2 p. 63), vous pouvez imaginer le processus de l'évaluation comme un *arbre d'évaluation*, dont les nœuds sont des expressions contenant des identificateurs symboliques, avec des branches pointant sur les valeurs correspondant à ces identificateurs. Le système traverse cet arbre jusqu'à ce qu'il ne reste plus d'identificateurs ou que ceux restants n'aient pas de valeur.

L'utilisateur peut contrôler les niveaux de cet arbre avec la fonction système `level`. Voyons sur cet exemple :

```
>> delete a, b, c: x := a + b: a := b + 1: b := c:
```

L'arbre d'évaluation pour **x** est :

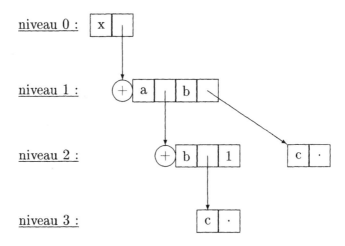

L'identificateur x est le sommet (la racine, niveau 0) de son arbre d'évaluation :

```
>> level(x, 0);
```

```
   x
```

Le niveau 1 suivant détermine la valeur de x :

```
>> level(x, 1);
```

```
   a + b
```

Au niveau 2 suivant, a et b sont remplacés par leurs valeurs, b+1 et c, respectivement :

```
>> level(x, 2);
```

```
   b + c + 1
```

Le b restant est remplacé par sa valeur c seulement au niveau 3 suivant :

```
>> level(x, 3);
```

```
   2 c + 1
```

Nous appelons le type d'évaluation décrite ici une *évaluation complète*. Ce qui signifie que les identificateurs sont remplacés récursivement par leurs valeurs jusqu'à ce que plus aucune évaluation ne soit possible. La variable d'environnement LEVEL, qui a la valeur par défaut 100, détermine la profondeur de descente de MuPAD dans un arbre d'évaluation.

En mode interactif, MuPAD fait toujours une évaluation complète !

Plus précisément, ceci signifie que MuPAD évalue jusqu'à une profondeur LEVEL en mode interactif[1].

```
>> delete a0, a1, a2: LEVEL := 2:
>> a0 := a1: a0;
```

```
   a1
```

---

[1] Vous ne devez pas confondre ceci avec l'effet d'un appel de fonction système, qui peut retourner un *objet non complètement évalué*, tel que **subs** (chapitre 6). L'appel subs(sin(x),x=0), par exemple, retourne sin(0) et non 0 ! La fonctionnalité de **subs** est d'exécuter une substitution et de retourner l'objet résultant sans autre évaluation.

```
>> a1 := a2: a0;

   a2
```

Jusque là, l'arbre d'évaluation pour a0 a une profondeur de 2, et la valeur 2 de LEVEL réalise une évaluation complète. Cependant, dans l'étape suivante la valeur de a2 n'est pas prise en compte :

```
>> a2 := a3: a0;

   a2
```

```
>> delete LEVEL:
```

Dès que MuPAD réalise que le niveau d'évaluation réel dépasse la valeur de la variable d'environnement MAXLEVEL (dont la valeur par défaut est 100), il suppose être dans une boucle infinie et abandonne l'évaluation en affichant un message d'erreur :

```
>> MAXLEVEL := 2: a0;

   Error: Recursive definition [See ?MAXLEVEL]
```

```
>> delete MAXLEVEL:
```

Nous présentons maintenant quelques exceptions importantes à la règle de complète évaluation. Les appels last(i), %i, ou % (chapitre 12) ne mènent pas à une évaluation ! Voyons cet exemple :

```
>> delete x: [sin(x), cos(x)]: x := 0:
```

Maintenant %2 accède à la liste sans l'évaluer :

```
>> %2;

   [sin(x), cos(x)]
```

Cependant, vous pouvez forcer l'évaluation au moyen de eval :

```
>> eval(%);

   [0, 1]
```

Comparez ceci aux instructions suivantes, où la requête de l'identificateur list provoque une évaluation complète ordinaire :

```
>> delete x: list := [sin(x), cos(x)]: x := 0: list;

   [0, 1]
```

Les tableaux de type de domaine `DOM_ARRAY` sont toujours évalués au niveau 1 :

```
>> delete a b: A := array(1..2, [a, b]):
>> b := a: a := 1: A;
```

```
   +-     -+
   | a, b |
   +-     -+
```

Comme vous pouvez le voir, l'appel de `A` retourne la valeur (le tableau), mais ne remplace pas `a`,`b` par leurs valeurs. MuPAD peut évaluer pour vous les entrées avec `map(A, eval)` :

```
>> map(A, eval)
```

```
        +-     -+
        | 1, 1 |
        +-     -+
```

Dans les versions de MuPAD avant 2.0, vous pouvez aussi forcer l'évaluation des entrées par

```
>> map(A, level, 1), map(A, level, 2);
```

```
   +-     -+ +-     -+
   | 1, a |, | 1, 1 |
   +-     -+ +-     -+
```

Notez que contrairement au comportement précédent, l'accès indexé d'une entrée individuelle est évalué complètement :

```
>> A[1], A[2];
```

```
   1, 1
```

Les matrices (de type de domaine `Dom::Matrix(..)`), les tables (de type de domaine `DOM_TABLE`), et les polynômes (`DOM_POLY`) sont traités de la même façon. De plus, dans les procédures MuPAD évalue toujours seulement au niveau 1 (sect. 18.11 p. 280). Si ce n'est pas suffisant, vous pouvez alors contrôler explicitement ce comportement au moyen de `level`.

La commande `hold(objet)` correspond au `level(objet,0)` et empêche l'évaluation de l'objet. Ce peut être souhaitable dans bien des situations. Par exemple, la tentative suivante de génération de la séquence `X[1],..,X[8]` ne fonctionne pas dans MuPAD version 1.4 :

```
>> i := 2: X[i] $ i = 1..8;
```

```
   Error: Illegal argument [_seqgen]
```

La raison en est que la partie droite `i=1..8` de l'opérateur `$` est évaluée à `2=1..8`, et la variable de boucle symbolique `i` est perdue. La fonction `hold` protège la variable de boucle de l'évaluation, ce qui évite ce problème. Dans les versions ultérieures de MuPAD, l'opérateur `$` protège automatiquement la variable de boucle. Donc l'utilisation de `hold` est non seulement inutile, elle n'est pas valable! :

```
>> X[i] $ hold(i) = 1..8;
```

```
   X[1], X[2], X[3], X[4], X[5], X[6], X[7], X[8]
```

MuPAD n'évalue pas la partie gauche de l'opérateur `$`, et la variable de boucle n'a pas besoin ici d'être encapsulée. La fonction suivante, qui ne peut s'exécuter avec des arguments symboliques, donne un autre exemple dans lequel l'évaluation (prématurée) est indésirable :

```
>> absValue := X -> (if X >= 0 then X else -X end_if):
>> absValue(X);
```

```
   Error: Can't evaluate to boolean [_less]
```

Si vous voulez faire un graphique de cette fonction en utilisant `plotfunc`[2] (chapitre 11), puis en spécifiant l'expression symbolique `absValue(X)` sous la forme :

```
>> plotfunc(absValue(X), X = -1..1);
```

ceci provoque un message d'erreur. Si vous retardez l'évaluation de `absValue(X)` par :

```
>> plotfunc(hold(absValue)(X), X = -1..1);
```

alors la figure désirée est produite. La raison en est que `plotfunc` substitue en interne des valeurs numériques à `X`, pour lesquelles `absValue` peut être évaluée sans problème.

Voici un autre exemple : comme la plupart des fonctions de MuPAD, la fonction `domtype` évalue d'abord son argument, de sorte que la commande `domtype(objet)` retourne le type de domaine de l'*évaluation* de `objet` :

---

[2] La fonction `plotfunc` est remplacée par `plotfunc2d` et `plotfunc3d` dans les versions de MuPAD postèrieures à la 1.4.

```
>> x := 1: y := 1: x, x + y, sin(0), sin(0.1);

   1, 2, 0, 0.09983341664

>> domtype(x), domtype(x + y), domtype(sin(0)),
   domtype(sin(0.1));

   DOM_INT, DOM_INT, DOM_INT, DOM_FLOAT
```

En utilisant **hold**, vous obtenez le type de domaine des objets eux-mêmes : x est un identificateur, x+y est une expression, et sin(0) et sin(0.1) sont des appels de fonction et donc aussi des expressions :

```
>> domtype(hold(x)), domtype(hold(x + y)),
   domtype(hold(sin(0))), domtype(hold(sin(0.1)));

   DOM_IDENT, DOM_EXPR, DOM_EXPR, DOM_EXPR
```

Les commandes **?level** et **?hold** fournissent d'autres informations dans les pages d'aide correspondantes.

Exercice 5.1 : Quelles sont les *valeurs* des identificateurs x, y, et z après les instructions suivantes ? Quelle est l'*évaluation* de la dernière instruction dans chaque cas ?

```
>> delete a1, b1, c1, x:
   x := a1: a1 := b1: a1 := c1: x
>> delete a2, b2, c2, y:
   a2 := b2: y := a2: b2 := c2: y
>> delete a3, b3, c3, z:
   b3 := a3: z := b3: a3 := 10: z
```

Prévoir les résultats des suites d'affectations suivantes :

```
>> u1 := v1: v1 := w1: w1 := u1: u1;
>> u2 := v2: u2 := u2^2 - 1: u2;
```

5.3 Simplification automatique

MuPAD simplifie automatiquement beaucoup d'objets, tels que certains appels de fonction ou d'expressions arithmétiques avec des nombres :

```
>> sin(15*PI), exp(0), (1 + I)*(1 - I);
```

```
   0, 1, 2
```

C'est vrai aussi pour les expressions arithmétiques contenant l'objet `infinity` :

```
>> 2*infinity - 5;
```

```
   infinity
```

De telles simplifications sont accomplies par le *simplificateur interne* de MuPAD, qui fait partie du noyau du système. Il réduit très efficacement la complexité des expressions :

```
>> cos(1 + exp((-1)^(1/2)*PI));
```

```
   1
```

L'utilisateur ne peut ni contrôler ni étendre le simplificateur interne.

Dans la plupart des cas, MuPAD *ne* simplifie *pas* automatiquement les expressions, pour la raison simple que le système ne peut en général pas décider de ce qui est la manière la plus raisonnable de le faire. Par exemple, considérez l'expression suivante, qui n'est pas simplifiée :

```
>> y := (-4*x + x^2 + x^3 - 4)*(7*x - 5*x^2 + x^3 - 3);
```

$$(-4x + x^2 + x^3 - 4)\ (7x - 5x^2 + x^3 - 3)$$

Naturellement, vous pouvez développer cette expression, ce qui peut être judicieux avant, par exemple, de calculer son intégrale symbolique :

```
>> expand(y);
```

$$-16x - 11x^2 + 20x^3 - 2x^4 - 4x^5 + x^6 + 12$$

Cependant, si vous êtes intéressé par les racines du polynôme, alors il vaut mieux calculer ses facteurs linéaires[3]

---

[3]   Pour obtenir une sortie de la forme montrée sous MuPAD 1.4, utilisez la fonction `Factor` ; voyez la note en bas de la page 132.

```
>> factor(y);
```

$$(x - 2) \ (x + 2) \ (x + 1) \ (x - 3) \ (x - 1)^{2}$$

Aucune réponse universelle n'est possible à la question « laquelle des deux représentations est la plus simple ». Selon l'application prévue, vous pouvez appliquer sélectivement des fonctions système appropriées (telles que **expand** ou **Factor**) pour simplifier une expression.

Il y a un autre argument à l'encontre de la simplification automatique. Le symbole f, par exemple, peut représenter une fonction bornée, pour laquelle la limite $\lim_{x \to 0} x \, f(x)$ est 0. Cependant, simplifier cette expression à 0 peut être mauvais pour des fonctions f ayant une singularité à l'origine (telle que $f(x) = 1/x$)! Ainsi des simplifications automatiques telle que $0 \cdot f(0) = 0$ sont discutables tant que le système n'a pas de connaissances additionnelles concernant les symboles impliqués. En général, MuPAD ne peut savoir quelle règle peut être appliquée et laquelle ne le peut. Maintenant vous pourriez objecter que MuPAD ne devrait pas faire de simplification du tout au lieu d'en faire de mauvaises. Malheureusement ce n'est pas raisonnable non plus, car en calculs symboliques, les expressions tendent à grossir très rapidement, et ceci affecte sérieusement les performances du système. En fait, MuPAD simplifie toujours une expression de la forme 0*y en 0, sauf lorsque la valeur de y est **infinity**, **FAIL**, **undefined**, ou un élément d'un domaine (p.ex., une matrice).

Vous devriez toujours garder à l'esprit qu'un tel résultat simplifié peut être faux dans les cas extrêmes.

Un autre exemple d'une simplification pouvant être inattendue est que MuPAD voit x/x comme étant 1 :

```
>> x/x
```

$$1$$

Ce peut être ou non correct, cela dépend de ce que vous entendez par x/x : si vous aviez la fonction $x \mapsto x/x$ en tête, ce n'est correct que pour $x \neq 0$; si vous considérez x/x comme un élément du corps quotient $\mathbb{Z}(x)$, la réponse est complètement correcte.

Pour cette raison, MuPAD n'exécute automatiquement que certaines simplifications, et vous devez explicitement demander vous-même d'autres simplifications. Dans ce but MuPAD propose une variété de fonctions, certaines d'entre elles sont décrites en section 9.2 p. 187.

Note complémentaire : MuPAD 2.0 exécute beaucoup moins de simplification dans le corps d'une fonction (p. ex., sur la partie droite de l'opérateur ->), donc si, dans l'exemple ci-dessus, vous voulez l'opérateur $x \mapsto x/x$, écrivez-le comme une fonction :

```
>> f:= x -> x/x; f(1); f(0)
```

$$x \text{ -> } x/x$$

$$1$$

```
Error: Division by zero;
during evaluation of 'f'
```

6. Substitution : subs, subsex, et subsop

Tous les objets MuPAD sont constitués d'opérandes (sect. 4.1 p. 47).
Une importante particularité d'un système de calcul algébrique est qu'il
peut remplacer ces blocs constitutifs par de nouvelles valeurs. Dans
ce but, MuPAD propose les fonctions subs, subsex (une abréviation
pour : substitution d'expression), et subsop (une abréviation pour :
substitution d'opérande).

La commande subs(objet,Old=New) remplace toutes les occurrences de la sous-expression Old de objet par la valeur New :

```
>> f := a + b*c^b: g := subs(f, b = 2):  f, g;

        b           2
  a + b c , a + 2 c
```

Vous voyez que subs retourne le résultat de la substitution, mais que
l'identificateur f reste inchangé. Si vous représentez une application F
par l'expression $f = F(x)$, vous pouvez alors utiliser subs pour évaluer
la fonction en un point :

```
>> f := 1 + x + x^2:
>> subs(f, x = 0), subs(f, x = 1),
   subs(f, x = 2), subs(f, x = 3);

   1, 3, 7, 13
```

La sortie de la commande subs est soumise aux simplifications habi-
tuelles du simplificateur interne de MuPAD. Dans l'exemple ci-dessus,
l'appel subs(f,x=1) produit l'objet 1+1+1^2, qui est automatiquement
simplifié en 3. Vous ne devez pas confondre ceci avec une *évaluation*
(chapitre 5), où de plus tous les identificateurs d'une expression sont
remplacés par leurs valeurs.

> La fonction subs exécute une substitution. Le système
> simplifie seulement l'objet résultant, mais ne l'évalue
> pas au retour !

Dans l'exemple suivant

```
>> f := x + sin(x): g := subs(f, x = 0);

   sin(0)
```

l'identificateur **sin** de la fonction sinus n'est pas remplacé par la fonction MuPAD correspondante, qui devrait retourner **sin(0)=0**. Seul l'appel suivant à **g** exécute une évaluation complète :

```
>> g;

   0
```

Vous pouvez forcer l'évaluation avec **eval** :

```
>> eval(subs(f, x = 0));

   0
```

Vous pouvez remplacer par substitution des objets MuPAD quelconques. En particulier, vous pouvez substituer aux fonctions ou aux procédures de nouvelles valeurs :

```
>> eval(subs(h(a + b), h = (x -> (1 + x^2))));

         2
  (a + b)  + 1
```

Si vous voulez remplacer une fonction système, enfermez-la dans une commande **hold** :

```
>> f := subs(sin(a + b), hold(sin) = x -> (x - x^3/3)): f;

               3
        (a + b)
  a + b - --------
            3
```

Vous pouvez aussi remplacer des sous-expressions plus complexes :

```
>> subs(sin(x)/(sin(x) + cos(x)), sin(x) + cos(x) = 1);

   sin(x)
```

Cependant, vous devriez être prudent avec de telles substitutions : la commande
`subs(objet,Old=New)` remplace toutes les occurrences de l'expression Old *pouvant être trouvées par op*. Ce qui explique que rien ne se passe dans l'exemple suivant :

```
>> subs(a + b + c, a + b = 1), subs(a*b*c, a*b = 1);

   a + b + c, a b c
```

Ici la somme **a+b** et le produit **a*b** *ne* sont *pas* des opérandes des expressions correspondantes. Par contre, nous trouvons :

```
>> f := a + b + sin(a + b): subs(f, a + b = 1);

   a + b + sin(1)
```

À nouveau, vous ne pouvez obtenir la sous-expression **a+b** au moyen de **op**. Cependant, l'argument du sinus est le sous-opérande `op(f,[3,1])` (voir les sections 4.1 p. 47 et 4.4.3 p. 65), et il est donc remplacé par **1**. Contrairement à `subs`, la fonction `subsex` remplace aussi les sous-expressions dans les sommes et les produits :

```
>> subsex(f, a + b = x + y), subsex(a*b*c, a*b = x + y);

   x + y + sin(x + y), c (x + y)
```

Cette sorte de substitution requiert une analyse plus approfondie de l'arbre des expressions, qui montre que `subsex` est bien plus lente que `subs` pour les gros objets. Lors du remplacement de sous-expressions plus complexes, vous ne devriez pas être dérouté par l'affichage à l'écran des sous-expressions :

```
>> f := a/(b*c);

    a
   ---
   b c
>> subs(f, b*c = New), subsex(f, b*c = New);

    a   a
   ---, ---
   b c  b c
```

Si vous examinez les opérandes de **f**, alors vous voyez que l'arbre des expressions ne contient pas le produit **b*c**, ce qui explique pourquoi aucune substitution n'a lieu :

```
>> op(f);

     1   1
  a, -,  -
     b   c
```

Vous pouvez exécuter plusieurs substitutions sur un unique appel de `subs` :

```
>> subs(a + b + c, a = A, b = B, c = C);

  A + B + C
```

Ce qui est équivalent à l'appel imbriqué :

```
>> subs(subs(subs(a + b + c, a = A), b = B), c = C):
```

Nous obtenons ainsi :

```
>> subs(a + b^2, a = b, b = a);

      2
  a + a
```

Tout d'abord MuPAD remplace a par b, donnant b+b^2. Puis il substitue a à b dans la nouvelle expression et retourne le résultat ci-dessus. Autrement, vous pouvez obtenir une *substitution simultanée* en spécifiant les équations de substitution sous forme d'une liste ou d'un ensemble :

```
>> subs(a + b^2, [a = b, b = a]),
   subs(a + b^2, {a = b, b = a});

      2       2
  b + a , b + a
```

Le résolveur d'équation `solve` (chapitre 8) tient compte des fonctionnalités de `subs`. `solve` retourne des listes d'équations [1], qui peuvent être envoyées telles quelles à `subs` :

```
>> equations := {x + y = 2, x - y = 1}:
>> solution := solve(equations, {x, y});

  {{y = 1/2, x = 3/2}}
```

---

[1] Les versions 1.4 et antérieures de MuPAD retournent des ensembles. `subs` accepte les unes et les autres.

```
>> subs(equations, op(solution, 1));
```

   {1 = 1, 2 = 2}

La fonction **subsop** propose une autre variante de la substitution : `subsop(objet, i=New)` remplace sélectivement le $i^{\text{ème}}$ opérande de l'objet par la valeur **New** :

```
>> subsop(2*c + a^2, 2 = d^5);
```

```
        5
  2 c + d
```

Ici, nous avons remplacé le second opérande `a^2` de la somme par `d^5`. Dans l'exemple suivant, nous remplaçons d'abord l'exposant du second terme (qui est l'opérande [2,2] de la somme), puis le premier terme :

```
>> subsop(2*c + a^2, [2, 2] = 4, 1 = x*y);
```

```
        4
  x y + a
```

Dans l'expression suivante, nous remplaçons d'abord le premier terme, obtenant l'expression `x*y+c^2`. Puis nous substituons `z` au second facteur du premier terme (qui est maintenant `y`) :

```
>> subsop(a*b + c^2, 1 = x*y, [1, 2] = z);
```

```
        2
  x z + c
```

L'expression `a+2` est une somme symbolique, qui a un 0e opérande. C'est à dire qu'elle est la fonction système **_plus**, de génération des sommes :

```
>> op(a + 2, 0);
```

   _plus

Vous pouvez remplacer cet opérande par n'importe quelle autre fonction (par exemple, par la fonction système **_mult**, qui multiplie ses arguments) :

```
>> subsop(a + 2, 0 = _mult);
```

   2 a

Pour utiliser **subsop**, vous avez besoin de connaître la position de l'opérande que vous voulez remplacer. Néanmoins, vous devrez être prudent, car le système peut changer l'ordre des opérandes lorsque c'est mathématiquement correct (par exemple, dans les sommes, les produits, ou les ensembles) :

```
>> set := {sin(1 + a), a, b, c^2};

          2
  {a, b, c , a, b, sin(a + 1)}
```

Si vous utilisez **subs**, alors vous devez connaître la position de la sous-expression. Une autre différence entre **subs** et **subsop** est que **subs** traverse l'arbre des expressions de l'objet *récursivement*, et qu'ainsi il remplace aussi les sous-opérandes :

```
>> subs(set, a = a^2);

     2         2         2
  {c , b, sin(a  + 1), a }
```

Exercice 6.1 : La commande `subsop(b+a,1=c)` remplace-t-elle l'identificateur `b` par `c` ?

Exercice 6.2 : Les commandes

```
>> unassign(f): g := diff(f(x)/diff(f(x),x), x $ 5);

   25 diff(f(x), x, x) diff(f(x), x, x, x, x)
   ----------------------------------------- -
                         2
                 diff(f(x), x)


      4 diff(f(x), x, x, x, x, x)
      --------------------------- - ...
            diff(f(x), x)
```

génèrent une longue expression contenant des dérivées symboliques. Rendez-la plus lisible en remplaçant ces dérivées par des noms plus simples $f_0 = f(x)$, $f_1 = f'(x)$, etc.

7. Différentiation et intégration

Nous avons déjà utilisé les commandes de MuPAD pour la différentiation et l'intégration. Comme elles sont importantes, nous récapitulons ici l'utilisation de ces routines.

7.1 Différentiation

L'appel `diff(expression,x)` calcule la dérivée de l'expression par rapport à l'inconnue `x` :

```
>> diff(sin(x^2), x);
           2
   2 x cos(x )
```

Si l'expression contient des appels symboliques à des fonctions dont la dérivée n'est pas connue, alors `diff` se retourne lui-même symboliquement :

```
>> diff(x*f(x), x);

   f(x) + x diff(f(x), x)
```

`diff(expression,x,x,..)` permet de calculer des dérivées d'ordres supérieurs. La séquence `x,x,..` d'identificateurs peut être créée facilement avec l'opérateur de séquence `$`(sect. 4.5 p. 67) :

```
>> diff(sin(x^2), x, x, x) = diff(sin(x^2), x $ 3);
             2       3       2
   - 12 x sin(x ) - 8 x  cos(x ) =

               2       3       2
     - 12 x sin(x ) - 8 x  cos(x )
```

Vous pouvez calculer des dérivées partielles de la même façon. Notez que MuPAD ne suppose pas que le mélange de dérivées partielles
d'expressions symboliques soit symétrique, car mathématiquement la
symétrie n'est acquise que si la fonction est suffisamment régulière :

```
>> diff(f(x,y), x, y) - diff(f(x,y), y, x);

   diff(f(x, y), x, y) - diff(f(x, y), y, x)
```

Si une application mathématique est représentée par une fonction au
lieu d'une expression, alors l'opérateur différentiel D calcule la dérivée
comme une fonction :

```
>> D(sin), D(exp), D(ln), D(sin*cos), D(sin@ln), D(f+g);

                1       2       2    cos@ln
   cos, exp,   --,   cos   - sin ,  ------,  D(f) + D(g)
                id                    id
>> f := x -> (sin(ln(x))): D(f);

   cos@ln
   ------
     id
```

Ici id dénote l'application identité $x \mapsto x$. L'expression D(f)(x) retourne la valeur de la dérivée en un point :

```
>> D(f)(1), D(f)(y^2), D(g)(0);

                   2
           cos(ln(y ))
   cos(0), -----------, D(g)(0)
                2
               y
```

Le système convertit le prime ' pour la dérivée en un appel à D :

```
>> f'(1), f'(y^2), g'(0);

                   2
           cos(ln(y ))
   cos(0), -----------, D(g)(0)
                2
               y
```

Pour une fonction avec plus d'un argument, D([i],f) est la dérivée partielle par rapport au $i^{\text{ème}}$ argument, et D([i,j,..],f) est équivalent à D([i],D([j],(..))), pour les dérivées partielles supérieures.

Exercice 7.1 : Considérez la fonction $f : x \to \sin(x)/x$. Calculez d'abord la valeur de f au point $x = 1.23$, puis la dérivée $f'(x)$. Pourquoi la commande

```
>> f := sin(x)/x: x := 1.23: diff(f, x);
```

ne donne-t-elle pas le résultat attendu ?

Exercice 7.2 : La règle de l'Hospital déclare que

$$\lim_{x \to x_0} \frac{f(x)}{g(x)} = \lim_{x \to x_0} \frac{f'(x)}{g'(x)} = \ldots = \lim_{x \to x_0} \frac{f^{(k-1)}(x)}{g^{(k-1)}(x)} = \frac{f^{(k)}(x_0)}{g^{(k)}(x_0)},$$

si $f(x_0) = g(x_0) = \ldots = f^{(k-1)}(x_0) = g^{(k-1)}(x_0) = 0$ et $g^{(k)}(x_0) \neq 0$.

Calculez $\lim_{x \to 0} \dfrac{x^3 \sin(x)}{(1 - \cos(x))^2}$ en appliquant cette règle de façon interactive. Utilisez la fonction limit pour vérifier votre résultat.

Exercice 7.3 : Déterminez les dérivées partielles du premier et second ordre de $f_1(x_1, x_2) = \sin(x_1 x_2)$. Soit $x = x(t) = \sin(t)$, $y = y(t) = \cos(t)$, et $f_2(x, y) = x^2 y^2$. Calculez la dérivée de $f_2(x(t), y(t))$ par rapport à t.

7.2 Intégration

La fonction int représente à la fois l'intégration définie et indéfinie :

```
>> int(sin(x), x), int(sin(x), x = 0..PI/2);

   -cos(x), 1
```

Si int est incapable de calculer un résultat, elle se retourne elle-même symboliquement. Dans l'exemple suivant, l'intégrande est en interne découpé en deux termes. Seul l'un d'eux possède une intégrale pouvant être représentée par des fonctions élémentaires :

```
>> int((x-1)/(x*sqrt(x^3+1)), x);
```

```
      /        3     1/2    3          3     1/2  \
      | (- (x  + 1)    - 1) (1 - (x  + 1)   )    |
   ln| --------------------------------------- |
      |                   6                     |
      \                  x                      /
   ----------------------------------------------- -
                          3
```

```
        /           1           \
     int| - -----------, x  |
        |        3     1/2    |
        \    (x  + 1)         /
```

La fonction $\mathrm{erf}(x) = \dfrac{2}{\sqrt{\pi}} \displaystyle\int_0^x e^{-t^2}\, dt$ est implantée en tant que fonction spéciale dans MuPAD :

```
>> int(exp(-a*x^2), x);
```

```
        1/2
   erf(a    x)
   -----------
     / a \1/2
   2 | -- |
     \ PI /
```

Tous les calculs se font dans sur les nombres complexee numbers, et le système considère tout paramètre symbolique de l'intégrande comme un nombre complexe. Dans l'exemple suivant, l'intégrale définie n'existe que lorsque le paramètre a a une partie réelle positive. Le système retourne le résultat comme la limite pour $x \to \infty$ en termes de la fonction erf. Cette limite ne peut être déterminée sauf si d'autres propriétés du paramètre a sont connues :

```
>> int(exp(-a*x^2), x = 0..infinity)

   Warning: Found potential discontinuities of the \
   antiderivative.
   Try option 'Continuous' or use properties (?assume). \
   [intlib::antiderivative]
```

```
                 2
      int(exp(- a x ), x = 0..infinity)
>> int(exp(-a*x^2), x = 0..infinity, Continuous)

   Warning: can not determine sign of a^(1/2) \
   [stdlib::limit::limitMRV]


              /      1/2                \
              | erf(a      x)           |
         limit| -----------, x = infinity |
              |    / a \1/2              |
              | 2 | -- |                |
              \   \ PI /                /
```

Vous pouvez dire au système, avec la fonction **assume** qu'un identificateur a certaines propriétés (sect. 9.3). L'appel suivant à **assume** stipule que a doit être un nombre réel positif :

```
>> assume(a > 0): int(exp(-a*x^2), x = 0..infinity)
              1/2
            PI
            ------
                1/2
             2 a
```

En dehors du calcul exact des intégrales définies, MuPAD propose aussi plusieurs méthodes numériques :

```
>> float(int(exp(-x^2), x = 0..2));
   0.8820813907
```

Dans ce calcul, **int** retourne d'abord un résultat symbolique (la fonction erf), dont **float** donne une approximation. Si vous voulez calculer numériquement depuis le début, vous pouvez alors supprimer le calcul symbolique de **int** en utilisant **hold** (sect. 5.2 p. 139) :

```
>> float(hold(int)(exp(-x^2), x = 0..2));
   0.8820813907
```

Ou encore, vous pouvez utiliser la fonction **numeric::quadrature** de la bibliothèque **numeric** :

```
>> numeric::quadrature(exp(-x^2), x = 0..2);
```

0.8820813907

Cette fonction vous permet de choisir différentes méthodes numériques pour calculer l'intégrale. `?numeric::quadrature` vous donnera plus d'information. Elle travaille de façon purement numérique sans aucun prétraitement symbolique de l'intégrande. Celui-ci devra être régulier et sans singularité. Alors `numeric::quadrature` est très efficace.

Exercice 7.4 : Calculez les intégrales suivantes :

$$\int_0^{\pi/2} \sin(x)\,\cos(x)\,dx \; , \quad \int_0^1 \frac{dx}{\sqrt{1-x^2}} \; , \quad \int_0^1 x\,\arctan(x)\,dx \; .$$

Utilisez MuPAD pour vérifier les égalités suivantes : $\displaystyle\int_{-2}^{-1} \frac{dx}{x} = -\ln(2)$.

Exercice 7.5 : Utilisez MuPAD pour déterminer les intégrales indéfinies suivantes :

$$\int^x \frac{t\,dt}{\sqrt{(2\,a\,t - t^2)^3}} \; , \quad \int^x \sqrt{t^2 - a^2}\,dt \; , \quad \int^x \frac{dt}{t\,\sqrt{1+t^2}} \cdot$$

Exercice 7.6 : La fonction `intlib::changevar`[1] exécute un changement de variable dans une intégrale symbolique. Lisez la page d'aide correspondante. La version 1.4 de MuPAD ne peut calculer l'intégrale

$$\int_{-\pi/2}^{\pi/2} \sin(x)\,\sqrt{1+\sin(x)}\,dx.$$

Aidez le système en utilisant la substitution `t=sin(x)`. Comparez la valeur que vous obtenez au résultat numérique retourné par la fonction `numeric::quadrature`.

---

[1] Cette fonction est nommée simplement `changevar` dans les versions de MuPAD avant la 2.0.

8. Résolution d'équations : `solve`

La fonction **solve** résoud des systèmes d'équations. Cette routine peut traiter différents types d'équations variées. En plus des équations « algébriques », certaines classes d'équations différentielles et de récurrence peuvent être résolues.

8.1 Équations polynômiales

Vous pouvez donner une équation individuelle comme premier argument de **solve**. L'inconnue est le second argument :

```
>> solve(x^2 + x = y/4, x), solve(x^2 + x - y/4 = 0, y);
```

```
  {           1/2                 1/2        }
  {   (y + 1)                  (y + 1)       }                 2
  { - ---------- - 1/2, ---------- - 1/2 }, {4 x + 4 x }
  {        2                     2          }
```

Dans ce cas, le système retourne un ensemble de solutions. Si vous spécifiez une expression au lieu d'une équation, **solve** suppose que l'équation est **expression=0** :

```
>> solve(x^2 + x - y/4, y);
```

```
          2
    {4 x + 4 x }
```

Pour des polynômes de plus haut degré, on peut prouver qu'il est impossible de toujours trouver une forme réduite des solutions au moyen de radicaux, etc. Dans de tels cas MuPAD utilise l'objet `RootOf`[1] :

---

[1] `solve` retournait des objets `RootOf` comme éléments d'ensemble dans les versions de MuPAD avant la 2.0.

```
>> solve(x^7 + x^2 + x, x);
                        6
   {0, RootOf(x + x  + 1)}
```

Ici, l'objet `RootOf(x+x^6+1)` représente toutes les solutions de l'équation `x+x^6+1=0`. Vous pouvez utiliser `float` pour obtenir une approximation en nombres flottants de tels objets. Le système emploie une procédure interne numérique pour déterminer toutes les racines (complexes) du polynôme :

```
>> map(%, float);
   {0.0, - 0.7906671888 + 0.3005069203 I,

      - 0.7906671888 - 0.3005069203 I,

      0.9454023333 + 0.6118366937 I,

      0.9454023333 - 0.6118366937 I,

      - 0.1547351444 - 1.038380754 I,

      - 0.1547351444 + 1.038380754 I}
```

Si vous voulez résoudre un système d'équations à (peut-être) plusieurs inconnues, spécifiez à la fois les équations et les inconnues sous forme d'ensembles. Dans l'exemple suivant, nous résolvons deux équations *linéaires* à trois inconnues :

```
>> equations := {x + y + z = 3, x + y = 2}:
>> solution := solve(equations, {x, y, z});

   {{z = 1, x = 2 - y}}
```

Si vous voulez résoudre des équations à plusieurs variables, MuPAD retourne un ensemble d'« équations solutions » équivalent au système original d'équations. Vous pouvez maintenant lire immédiatement d'un trait les solutions : l'inconnue z a la valeur 1, l'inconnue y peut être arbitraire, et pour toute valeur donnée de y nous avons $x = 2 - y$. L'appel à `solve` n'assigne pas de valeurs aux inconnues ; x et z sont encore des inconnues. Cependant la forme de la sortie, comme liste d'équations solutions, est choisie de telle sorte que vous pouvez facilement utiliser `subs` (chapitre 6) pour substituer ces valeurs à d'autres objets[2]. Par exemple, vous pouvez substituer la solution dans les équations originales pour vérifier le résultat :

```
>> subs(equations, op(solution));
   {2 = 2, 3 = 3}
```

Vous pouvez utiliser `assign(op(solution))` pour affecter les valeurs des solutions aux identificateurs `x` et `z`.

Le format de la sortie est différent pour les équations polynomiales *non linéaires* à plusieurs inconnues :

```
>> equations := {x^2 + y = 1, x - y = 2}:
>> solutions := solve(equations, {x, y})
   { --                  1/2      --
   { |                  13         |
   { |   y = x - 2, x = ----- - 1/2  |,
   { --                  2          --


     --                  1/2       -- }
     |                  13          | }
     |   y = x - 2, x = - ----- - 1/2  | }
     --                  2          -- }
```

MuPAD a trouvé deux solutions distinctes. Vous pouvez à nouveau utiliser `subs` pour substituer les solutions dans d'autres expressions :

```
>> map(subs(equations, op(solutions, 1)), expand),
   map(subs(equations, op(solutions, 2)), expand);
   {1 = 1, 2 = 2}, {1 = 1, 2 = 2}
```

Souvent les solutions ne peuvent être représentées que par des expressions `RootOf` :

```
>> solve({x^3 + x^2 + 2*x = y, y^2 = x^3}, {x, y});
                 2    3
   {[y = 2 x + x  + x ,


                    2      3      4
     x = RootOf(3 x + 5 x  + 2 x  + x  + 4)], [y = 0, x = 0]}
```

---

[2] Les versions de MuPAD 1.4 et antérieures retournent des ensembles d'équations. `subs` les accepte aussi.

Si vous utilisez l'option `MaxDegree=n`, alors les expressions `RootOf` pour
les polynômes de degré jusqu'à n sont remplacées par des représentations en termes de radicaux, si c'est possible :

```
>> solve({x^3 + x^2 + 2*x = y, y^2 = x^3}, {x, y},
        MaxDegree = 4);
```

```
{ --                 2    3
{ |   y = 2 x + x   + x ,
{ --

                      1/2   1/2              2/3        --
    x = ((9 (5/18 I 3      73    - 785/54)      - ... |,
                                                      --

                               }
    ... , [y = 0, x = 0] }
                               }
```

Spécifier les inconnues à trouver est optionnel. Cependant, dans le
cas spécial où vous avez une équation et une inconnue, le format de la
sortie est différent, selon que vous spécifiez ou non l'inconnue. La règle
générale est la suivante :

> Un appel de la forme `solve(equation, unknown)`, où `equation`
> est une unique équation (ou un polynôme) et `unknown` est un
> identificateur, retourne un ensemble d'objets MuPAD repré-
> sentant des nombres. Toutes les autres formes de `solve` pour
> (une ou plusieurs) équation(s) polynomiale(s) retournent un en-
> semble de listes d'équations.

Voici quelques exemples :

```
>> solve(x^2 - 3*x + 2 = 0, x), solve(x^2 - 3*x + 2, x)
                    {1, 2}, {1, 2}
>> solve(x^2 - 3*x + 2 = 0), solve(x^2 - 3*x + 2)
            {[x = 1], [x = 2]}, {[x = 1], [x = 2]}
>> solve({x^2 - 3*x + 2 = 0}, x),
    solve({x^2 - 3*x + 2}, x)
                {[x = 1], [x = 2]}, {[x = 1], [x = 2]}
```

```
>> solve({x^2 - 3*x + y = 0, y - 2*x = 0}, {x, y})

            {[x = 0, y = 0], [x = 1, y = 2]}

>> solve({x^2 - 3*x + y = 0, y - 2*x = 0})

            {[x = 0, y = 0], [x = 1, y = 2]}
```

Si vous fournissez seulement les équations, alors **solve** utilisera la fonction système interne **indets** pour trouver les identificateurs symboliques dans les équations et les regardera tous comme des inconnues :

```
>> solve({x + y^2 = 1, x^2 - y = 0});

               2                      2   4
   {[x = 1 - y , y = RootOf(- y - 2 y  + y  + 1 )]}
```

Vous devriez être prudent ici, car jusqu'à la version 1.4 MuPAD regarde aussi les constantes système telle que PI comme des identificateurs :

```
>> solve({x + y^2 = PI, x^2 - y = 1});

              2   4         2
   {[PI = x - 2 x  + x  + 1, y = x  - 1]}
```

Pour les équations polynomiales, **solve** emploie les outils de la bibliothèque **groebner**.

Vous pouvez utiliser la fonction **float** pour trouver des solutions *numériques*. Cependant, avec une instruction de la forme

```
>> float(solve(equations, inconnues)):
```

solve essaie d'abord de résoudre les équations symboliquement, et **float** traite alors le résultat retourné par **solve**. Si vous voulez calculer de façon purement numérique, vous pouvez utiliser **hold** (section 5.2) pour éviter le pré-traitement symbolique :

```
>> float(hold(solve)({x^3 + x^2 + x + x = y, y^2 = x^3},
                {x, y}));

   {[y = 0.0, x = 0.0], [y = 2.453618103 - 0.1141849396 I,

      x = - 0.8609295554 + 1.604034314 I], [
```

```
y = 2.453618103 + 0.1141849396 I,

x = - 0.8609295554 - 1.604034314 I], [

y = - 0.9536181035 + 0.6454386764 I,

x = - 0.1390704445 + 1.089777135 I], [

y = - 0.9536181035 - 0.6454386764 I,

x = - 0.1390704445 - 1.089777135 I]}
```

De plus, la bibliothèque **numeric** propose des fonctions telles que **newton** ou **fsolve**[3] pour la résolution des équations numériques. Le système d'aide donne des détails concernant ces routines.

Exercice 8.1 : Calculez la solution générale du système d'équations linéaires

$$
\begin{aligned}
a + b + c + d + e &= 1, \\
a + 2b + 3c + 4d + 5e &= 2, \\
a - 2b - 3c - 4d - 5e &= 2, \\
a - b - c - d - e &= 3.
\end{aligned}
$$

Combien la solution a-t-elle de paramètres libres ?

8.2 Équations générales

La fonction **solve** peut traiter une variété d'équations (non polynomiales). Par exemple, l'équation $\exp(x) = 8$ a une infinité de solutions de la forme $\ln(8) + k\,2\pi I$ pour $k = 0, \pm 1, \pm 2, \ldots$ dans le plan complexe :

```
>> solve(exp(x) = 8, x);

   {ln(8), (- 2 I) PI + ln(8), 2 I PI + ln(8), ...}
```

---

[3] Dans les versions de MuPAD postérieures à la 1.4, `numeric::newton` et `numeric::fsolve` sont remplacées respectivement par `numeric::solve` et `numeric::realroots`.

Le type de données du résultat retourné est un ensemble dit « discret »[4] qui est capable de représenter une infinité d'éléments :

```
>> solutions := op(%): domtype(solutions);

   Dom::DiscreteSet
```

Cet ensemble a une infinité d'opérandes, par exemple :

```
>> op(solutions, 78), op(solutions, 79);

   ln(8) - 78 I PI, 78 I PI + ln(8)
```

L'équation `exp(x)=sin(x)` a aussi une infinité de solutions, que, cependant, MuPAD ne peut représenter exactement. Dans ce cas il retourne l'appel à `solve` symboliquement :

```
>> solutions := solve(exp(x) = sin(x), x);

   solve(exp(x) = sin(x), x)
```

Attention : Contrairement aux équations polynomiales, le résolveur numérique calcule au plus une solution d'une équation non polynomiale :

```
>> float(solutions);

   {-3.183063012}
```

Cependant, vous pouvez spécifier une plage de recherche pour une solution numérique particulière :

```
>> float(hold(solve)(exp(x) = sin(x), x = -10..-9));

   {-9.424858654}
```

---

[4] Dans les versions de MuPAD postérieures à la 1.4, le résultat est un type de donnée différent ; voir la section 8.4 p. 172.

8.3 Équations différentielles et récurrentes

La fonction `ode` définit une équation différentielle ordinaire. Un tel
objet a deux composantes : une équation et une fonction.

```
>> diffequation := ode(y'(x) = y(x)^2, y(x));
```
$$
\text{ode}(\{\text{diff}(y(x), x) = y(x)^2 \}, y(x))
$$

L'appel à `solve` qui suit trouve la solution générale, contenant une
constante arbitraire C_1 :

```
>> solve(diffequation, y(x));

    {    1     }
    { -------- }
    { - C1 - x }
```

Les équations différentielles d'ordre supérieur peuvent aussi être traitées :

```
>> solve(ode(y''(x) = y(x), y(x)), y(x));

    {C2 exp(x) + C3 exp(-x)}
```

Vous pouvez spécifier des conditions initiales sous forme d'un ensemble
lorsque vous appelez `ode` :

```
>> diffequation :=
    ode({y''(x) = y(x), y(0) = 1, y'(0) = 0}, y(x)):
```

MuPAD adapte maintenant les constantes libres de la solution générale
d'après les conditions initiales :

```
>> solve(diffequation);

    { exp(x)    exp(-x) }
    { ------ + ------- }
    {   2         2     }
```

Ici nous n'avons donné que l'équation différentielle comme argument à
`solve` et non la fonction pour laquelle nous voulons une solution. En
fait, spécifier le second argument est optionnel : `solve` trouve automatiquement l'objet par rapport auquel résoudre, puiqu'il fait partie de
la structure de données générée par `ode`.

Vous pouvez spécifier les systèmes d'équations à plusieurs fonctions sous forme d'un ensemble :

```
>> solve(ode({y'(x) = y(x) + z(x), z'(x) = y(x)},
         {y(x), z(x)}));
{                    /          1/2 \        /            1/2 \
{                    | x     x 5   |        | x     x 5   |
{          C6 exp|  - - ------  |   C7 exp|  - + ------  |
{                    \ 2      2   /        \ 2      2   /
{ y(x) = ------------------------ + --------------------
{                    2                          2

              /          1/2 \
     1/2    | x     x 5   |
   C6 5     exp|  - - ------  |
              \ 2      2   /
  - ---------------------------- +
              2

              /          1/2 \
     1/2    | x     x 5   |
   C7 5     exp|  - + ------  |
              \ 2      2   /
  ----------------------------- ,
              2

                                                              }
              /          1/2 \          /          1/2 \ }
            | x     x 5   |          | x     x 5   | }
  z(x) = C6 exp|  - - ------  | + C7 exp|  - + ------  | }
            \ 2      2   /          \ 2      2   / }
                                                              }
```

La fonction `numeric::odesolve` de la bibliothèque `numeric` résoud numériquement l'équation différentielle ordinaire $Y'(x) = f(x, Y(x))$ aux conditions initiales $Y(x_0) = Y_0$. Vous devez donner la partie droite de l'équation différentielle comme une fonction $f(x, Y)$ de deux arguments, où x est un scalaire et Y est un vecteur. Si vous combinez les composants y et z de l'exemple précédent en un vecteur $Y = (y, z)$, alors vous pouvez définir la partie droite de l'équation

$$\frac{d}{dx} Y = \frac{d}{dx} \begin{pmatrix} y \\ z \end{pmatrix} = \begin{pmatrix} y + z \\ y \end{pmatrix} = \begin{pmatrix} \mathtt{Y[1] + Y[2]} \\ \mathtt{Y[1]} \end{pmatrix} = \mathtt{f(x, Y)}$$

sous la forme

```
>> f := (x, Y) -> ([Y[1] + Y[2], Y[1]]):
```

Notez que $f(x, y)$ doit être un vecteur, ce qui est ici réalisé au moyen d'une liste contenant les composants de la partie droite de l'équation différentielle. L'appel

```
>> numeric::odesolve(0..1, f, [1, 1]);

  [5.812568463, 3.798245729]
```

intègre le système d'équations différentielles avec les valeurs initiales $Y(0) = (y(0), z(0)) = (1, 1)$, qui sont spécifiées par une liste, sur l'intervalle $x \in [0, 1]$. Il retourne la solution numérique $Y(1)$, le vecteur $(y(1), z(1))$.

Les équations récurrentes sont des équations de fonctions dépendant d'un paramètre discret (un « indice »). Vous pouvez générer un tel objet avec la fonction **rec**, dont les arguments sont une équation, la fonction à déterminer, et, optionnellement, un ensemble de conditions initiales :

```
>> equation := rec(x(n + 2) = x(n + 1) + 2*x(n), x(n)):
>> solve(equation, x(n));

          n       n
   {a1 (-1)  + a2 2 }
```

Le second argument **x(n)** est aussi optionnel, puisque **solve** reconnaît automatiquement la fonction inconnue comme le second composant de la structure de donnée générée par **rec**. La solution générale contient deux constantes arbitraires a_1, a_2, qui sont adaptées comme il convient lorsque vous spécifiez les conditions initiales :

```
>> solve(rec(x(n + 2) = 2*x(n) + x(n + 1), x(n),
            {x(0) = 1}), x(n));

        n       n
   {a4 2  + (-1)  (1 - a4)}
```

```
>> solve(rec(x(n + 2) = 2*x(n) + x(n + 1), x(n),
             {x(0) = 1, x(1) = 1}));

   {      n        n }
   { (-1)       2 2 }
   { -----  +   ---- }
   {   3          3  }
```

Exercice 8.2 : Vérifiez les solutions numériques $y(1) = 5.812\ldots$ et $z(1) = 3.798\ldots$ du système d'équations différentielles

$$y'(x) = y(x) + z(x) \ , \ z'(x) = y(x)$$

calculées ci-dessus par la substitution des valeurs initiales $y(0) = 1$, $z(0) = 1$ dans la solution symbolique générale, en déterminant les valeurs des constantes libres, et en évaluant la solution symbolique en $x = 1$.

Exercice 8.3 :

1) Calculez la solution générale $y(x)$ de l'équation différentielle

$$y' = y^2/x \ .$$

2) Déterminez la solution $y(x)$ pour chacune des valeurs initiales des problèmes :

$$a) \quad y' - y\sin(x) = 0 \ , \ y'(1) = 1,$$

$$b) \quad 2\,y' + \frac{y}{x} = 0 \ , \ y'(1) = \pi \ .$$

3) Trouvez la solution générale du système d'équations différentielles ordinaires en $x(t), y(t), z(t)$:

$$x' = -3\,y\,z \ , \ y' = 3\,x\,z \ , \ z' = -x\,y \ .$$

Exercice 8.4 : Les nombres de Fibonacci sont définis par la récurrence $F_n = F_{n-1} + F_{n-2}$ avec les valeurs initiales $F_0 = 0$, $F_1 = 1$. Utilisez **solve** pour trouver une représentation explicite de F_n.

8.4 `solve` dans les versions de MuPAD au-delà de la 1.4

Le comportement de la fonction `solve` dans les versions de MuPAD
postérieures à la 1.4 diffère substantiellement de celui de la version 1.4.
Cette section résume les principaux changements. Le format de sortie
des équations polynomiales change légèrement, mais il est aussi plus
logique. La règle générale est la suivante :

> Un appel de la forme `solve(équation, inconnue)`, où équation
> est une équation unique (ou un polynôme) et `inconnue` est
> un identificateur, retourne un ensemble d'objets MuPAD repré-
> sentant des nombres. Toutes les autres formes de `solve` pour
> une (ou plusieurs) équation(s) polynomiale(s) retournent un en-
> semble de listes d'équations.

Voici quelques exemples :

```
>> solve(x^2 - 3*x + 2 = 0, x), solve(x^2 - 3*x + 2, x);

   {1, 2}, {1, 2}
>> solve(x^2 - 3*x + 2 = 0), solve(x^2 - 3*x + 2);

   {[x = 1], [x = 2]}, {[x = 1], [x = 2]}
>> solve({x^2 - 3*x + 2 = 0}, x),
   solve({x^2 - 3*x + 2}, x);

   {[x = 1], [x = 2]}, {[x = 1], [x = 2]}
>> solve({x^2 - 3*x + y = 0, y - 2*x = 0}, {x, y});

   {[x = 0, y = 0], [x = 1, y = 2]}
>> solve({x^2 - 3*x + y = 0, y - 2*x = 0});

   {[x = 0, y = 0], [x = 1, y = 2]}
```

Par défaut, `solve` essaie de trouver toutes les solutions *complexes*
de la(des) équation(s) donnée(s). Si vous voulez seulement trouver les
solutions réelles d'une unique équation, utilisez `Domain=Dom::Real` en
option :

```
>> solve(x^3 + x = 0, x);

   {0, - I, I}
```

```
>> solve(x^3 + x = 0, x, Domain = Dom::Real);
```

  {0}

En spécifiant `Domain=Dom::Rational` ou `Domain=Dom::Integer`, vous obtenez, respectivement, les solutions rationnelles ou entières. Si tous les nombres complexes satisfont une équation donnée, `solve` retourne[5] `C_`. C'est un objet MuPAD qui représente l'ensemble mathématique des nombres complexes :

```
>> solve(sin(x)^2 + cos(x)^2 = 1, x);
```

  C_

```
>> domtype(%);
```

  solvelib::BasicSet

Il existe quatre tels « ensembles de base » dans les versions de MuPAD postérieures à la 1.4 : les entiers `Z_`, les nombres rationnels `Q_`, les nombres réels `R_`, et les nombres complexes `C_`. Pour des équations plus générales, les versions de MuPAD postérieures à la 1.4 proposent un nouveau type de donnée : les ensembles image, de type de domaine `Dom::ImageSet`. Ils représentent des ensembles mathématiques de la forme $\{f(x) \mid x \in A\}$, où A est un autre ensemble quelconque. Ainsi, le premier exemple de la section 8.2 p. 166 fonctionne ainsi :

```
>> S := solve(exp(x) = 8, x);
```

  { 2*I*PI*X1 + ln(8) | X1 in Z_ }

```
>> domtype(S);
```

  Dom::ImageSet

Si vous omettez la variable par rapport à laquelle se fait la résolution, le système retourne une formule logique, en utilisant le nouvel opérateur `in` de MuPAD :

```
>> solve(exp(x) = 8);
```

  x in { 2*I*PI*X2 + ln(8) | X2 in Z_ }

Vous pouvez utiliser `map` pour appliquer une fonction à un ensemble image :

---

[5] Dans les versions de MuPAD jusqu'à la 1.4, le système retourne un ensemble avec la variable à résoudre.

```
>> map(S, Im);
```

```
{ 2*X2*PI | X2 in Z_ }
```

La fonction `is` (sect. 9.3 p. 191) peut manipuler des objets de ce type :

```
>> S := solve(sin(PI*x/2) = 0, x);
```

```
{ 2*X3 | X3 in Z_ }
```

```
>> is(1 in S), is(4 in S);
```

```
FALSE, TRUE
```

La fonction `solve` peut aussi traiter les inégalités. Elle retourne alors un intervalle ou une union d'intervalles, de type de domaine `Dom::Interval` :

```
>> solve(x^2 < 1, x);
```

```
]-1, 1[
```

```
>> domtype(%);
```

```
Dom::Interval
```

```
>> S := solve(x^2 >= 1, x);
```

```
[1, infinity[ union ]-infinity, -1]
```

```
>> is(-2 in S), is(0 in S);
```

```
TRUE, FALSE
```

Les versions de MuPAD postérieures à la 1.4 proposent un type de donnée spécial pour la solution d'équations paramétriques : `piecewise`. Par exemple, l'ensemble des solutions $x \in \mathbb{C}$ de l'équation $(ax^2 - 4)(x - b) = 0$ dépend de la valeur du paramètre[6] a :

```
>> p:= solve((a*x^2 - 4)*(x - b), x);
```

```
{b}                        if a = 0
{b, -2/a^(1/2), 2/a^(1/2)}  if a <> 0
```

```
>> domtype(p);
```

```
piecewise
```

---

[6] Dans les versions de MuPAD jusqu'à la 1.4, `solve` retourne la solution qui est correcte si $a \neq 0$.

La fonction **map** applique une fonction à toutes les branches d'un objet
piecewise :

```
>> map(p, _power, 2);
   {b^2}         if a = 0
   {b^2, 4/a}   if a <> 0
```

Après la substitution suivante, l'objet **piecewise** est simplifié et devient un ensemble :

```
>> eval(subs(%, [a = 4, b = 2]));
   {1, 4}
```

9. Traitement des expressions

Lors de l'évaluation des objets, MuPAD exécute automatiquement diverses simplifications. Par exemple, les opérations arithmétiques entre entiers sont exécutées mais $\exp(\ln(x))$ est simplifiée en x. D'autres simplifications mathématiquement possibles telles que $\sin(x)^2 + \cos(x)^2 = 1$, $\ln(\exp(x)) = x$, $(x^2-1)/(x-1) = x+1$, ou $\sqrt{x^2} = x$ ne se produisent pas automatiquement. La raison en est d'une part que de telles règles ne sont pas universellement valables : par exemple, $\sqrt{x^2} = x$ est fausse pour $x = -2$. D'autres simplifications comme $\sin(x)^2 + \cos(x)^2 = 1$ sont universellement vraies, mais il y aurait une perte significative d'efficacité, si MuPAD analysait toujours les expressions pour trouver les occurrences de termes en sin et cos.

De plus, il n'est en général pas clair de trouver parmi plusieurs représentations mathématiquement équivalentes laquelle est la plus appropriée. Par exemple, il pourrait être raisonnable de remplacer une expression telle que $\sin(x)$ par sa représentation exponentielle complexe

$$\sin(x) = -\frac{I}{2}\exp(x\,I) + \frac{I}{2}\exp(-x\,I).$$

Dans une telle situation, vous pouvez contrôler le traitement et la simplification des expressions en appliquant explicitement les fonctions système appropriées. MuPAD propose les fonctions suivantes, que nous avons en partie présentées en section 2.3 p. 18.

`collect`	:	grouper les coefficients
`combine`	:	combiner les sous-expressions
`expand`	:	développement
`Factor`	:	factorisation
`normal`	:	normalisation d'expressions rationnelles
`partfrac`	:	décomposition en fractions partielles
`radsimp`	:	simplification de radicaux
`rectform`	:	représentation cartésienne de valeurs complexes
`rewrite`	:	application des identités mathématiques
`simplify`	:	simplificateur universel

9.1 Transformation des expressions

Si vous entrez la commande `collect(expression,inconnue)`, le système considère l'expression comme un polynôme en inconnue(s) spécifiée(s) et regroupe ensemble les coefficients d'égale puissance :

```
>> x^2 + a*x + sqrt(2)*x + b*x^2 + sin(x) + a*sin(x):
>> collect(%, x);
```

$$\text{sin}(x) + a\ \text{sin}(x) + x^2\ (b + 1) + x\ (a + 2^{1/2})$$

Vous pouvez spécifier plusieurs « inconnues », qui peuvent elles-mêmes être des expressions, en une liste :

```
>> collect(%, [x, sin(x)]);
```

$$\text{sin}(x)\ (a + 1) + x^2\ (b + 1) + x\ (a + 2^{1/2})$$

La fonction `combine(expression,option)` combine les sous-expressions en utilisant les identités mathématiques entre fonctions données par `option`. Les options possibles sont `_power`, `arctan`, `exp`, `ln`, `sincos`, `sinhcosh`, `sqrt`.

Lorsque vous spécifiez l'option `_power`, MuPAD emploie l'identité $a^c\,b^c = (a\,b)^c$ pour les puissances :

```
>> f := a^x*3^y/2^x/9^y: f := combine(f, _power);
```

$$(1/3)^y\ \left(\frac{a}{2}\right)^x$$

L'inverse `atan`[1] de la fonction tangente satisfait l'identité :

```
>> f := atan(x) + atan(y): f = combine(f, atan);
```

$$
\text{atan}(x) + \text{atan}(y) = \text{atan}\!\left(\dfrac{x + y}{1 - x\,y}\right)
$$

Pour la fonction exponentielle, nous avons $\exp(x)\exp(y) = \exp(x + y)$ et $\exp(x)^y = \exp(x\,y)$:

```
>> combine(exp(x)*exp(y)^2/exp(-z), exp);
```

```
   exp(x + 2 y + z)
```

Avec certaines suppositions à propos de x, y, le logarithme satisfait les règles $\ln(x) + \ln(y) = \ln(x\,y)$ et $x\,\ln(y) = \ln(y^x)$:

```
>> combine(ln(x) + ln(2) + 3*ln(3/2), ln);
```

$$
\ln\!\left(\dfrac{16\,x}{27}\right)
$$

Les fonctions trigonométriques satisfont diverses identités que le système emploie pour combiner les produits :

```
>> combine(sin(x)*cos(y), sincos),
   combine(sin(x)^2, sincos);
```

$$
\dfrac{\sin(x + y)}{2} + \dfrac{\sin(x - y)}{2},\ \ 1/2 - \dfrac{\cos(2\,x)}{2}
$$

Des règles semblables sont appliquées aux fonctions hyperboliques :

```
>> combine(sinh(x)*cosh(y), sinhcosh),
   combine(sinh(x)^2, sinhcosh);
```

$$
\dfrac{\sinh(x + y)}{2} + \dfrac{\sinh(y - x)}{2},\ \ \dfrac{\cosh(2\,x)}{2} - 1/2
$$

Finalement, l'option `sqrt` combine les expressions avec des racines carrées :

---

[1] Les fonctions `asin`, `acos`, `atan`, `asinh`, etc., sont renommées `arcsin`, `arccos`, `arctan`, `arcsinh`, etc., dans les versions de MuPAD postérieures à la 1.4.

```
>> combine(sqrt(6)*sqrt(7)*sqrt(x), sqrt);
        1/2
  (42 x)
```

La fonction **expand** applique les identités utilisées par **combine** dans la direction inverse : elle transforme les appels des fonctions spéciales avec des arguments composites en sommes ou produits d'appels de fonction avec des arguments plus simples par les « théorèmes d'addition » :

```
>> expand(x^(y + z)), expand(exp(x + y - z + 4)),
   expand(ln(2*PI*x*y));

   y  z   exp(x) exp(y) exp(4)
   x  x , ----------------------, ln(PI) + ln(x y) + ln(2)
                  exp(z)
>> expand(sin(x + y)), expand(cosh(x + y));
   cos(x) sin(y) + cos(y) sin(x),

      cosh(x) cosh(y) + sinh(x) sinh(y)
>> expand(sqrt(42*x*y));
        1/2    1/2
   (x y)    42
```

Ici le système ne fait aucun « développement » tel que $\ln(x\,y) = \ln(x) + \ln(y)$, puisqu'une telle identité n'est vraie que sous des suppositions additionnelles (par exemple, pour des réels positifs x et y).

L'utilisation la plus fréquente de **expand** est la transformation d'un produit de sommes en somme de produits :

```
>> expand((x + y)^2*(x - y)^2);
   4    4      2 2
   x  + y  - 2 x  y
```

Ceci fonctionne récursivement pour toutes les sous-expressions :

```
>> expand((x - y)*(x + y)*sin(exp(x + y + z)));
   2
   x  sin(exp(x) exp(y) exp(z)) -

     2
     y  sin(exp(x) exp(y) exp(z))
```

Vous pouvez donner des expressions comme arguments additionnels
à expand. Ces sous-expressions *ne* sont *pas* développées :

```
>> expand((x - y)*(x + y)*sin(exp(x + y + z)),
          x - y, x + y + z);

   x sin(exp(x + y + z)) (x - y) +


      y sin(exp(x + y + z)) (x - y)
```

La fonction Factor[2] factorise les polynômes et les expressions :

```
>> Factor(x^3 + 3*x^2 + 3*x + 1);

        3
   (x + 1)
```

Ici le système factorise « sur les nombres rationnels » : il cherche les
facteurs des polynômes à coefficients en nombres rationnels. En fait,
MuPAD ne retourne pas la factorisation[3] $x^2 - 2 = (x - \sqrt{2})\,(x + \sqrt{2})$:

```
>> Factor(x^2 - 2);

    2
   x   - 2
```

Pour les sommes d'expressions rationnelles, Factor calcule d'abord un
dénominateur commun puis factorise numérateur et dénominateur :

---

[2] La fonction Factor est remplacée par factor dans les versions de MuPAD postérieures à la 1.4 ; voyez la note du bas de la page 132.

[3] Il y a cependant une possibilité de factoriser sur d'autres anneaux. À cette fin,
vous devez transformer l'expression en un polynôme sur l'anneau correspondant
des coefficients. Par exemple, si nous choisissons l'extension de corps des nombres
rationnels avec $Z = \sqrt{2}$ que nous avons déjà considéré dans la section 4.14 p. 101

```
>> K := Dom::AlgebraicExtension(Dom::Rational, Z^2 = 2, Z):
```

alors nous pouvons factoriser le polynôme

```
>> p := poly(x^2 - 2, [x], K):
```

sur l'anneau K :

```
>> Factor(p);
   poly(x - Z, [x], Dom::AlgebraicExtension(Dom::Rational,
      2
     Z - 2 = 0, Z)) poly(x + Z, [x],
                                        2
     Dom::AlgebraicExtension(Dom::Rational, Z - 2 = 0, Z))
```

```
>> f := (x^3 + 3*y^2)/(x^2 - y^2) + 3: f = Factor(f);
```

$$\frac{x^3 + 3y^2}{x^2 - y^2} + 3 = \frac{x^2 (x + 3)}{(x + y) (x - y)}$$

MuPAD peut factoriser d'autres expressions que les polynômes et les fonctions rationnelles. Pour des expressions plus générales, le système remplace en interne les sous-expressions telles que les appels de fonctions symboliques par des identificateurs, factorise le polynôme ou la fonction rationnelle correspondant, puis resubstitue les identificateurs temporaires :

```
>> Factor((exp(x)^2 - 1)/(sin(x)^2 - cos(x)^2));
```

$$\frac{(exp(x) - 1) (exp(x) + 1)}{(cos(x) + sin(x)) (sin(x) - cos(x))}$$

La fonction **normal** calcule une « forme normale » des expressions rationnelles. Comme **Factor**, elle calcule d'abord un dénominateur commun pour la somme des expressions rationnelles, mais elle développe ensuite numérateur et dénominateur au lieu de les factoriser :

```
>> f := ((x + 6)^2 - 17)/(x - 1)/(x + 1) + 1:
   f, Factor(f), normal(f);
```

$$\frac{(x + 6)^2 - 17}{(x - 1) (x + 1)} + 1, \quad \frac{2 (x + 3)^2}{(x - 1) (x + 1)}, \quad \frac{12 x + 2 x^2 + 18}{x^2 - 1}$$

Néanmoins, **normal** supprime les facteurs communs dans le numérateur et le dénominateur :

```
>> f := x^2/(x + y) - y^2/(x + y): f = normal(f);
```

$$\frac{x^2}{x + y} - \frac{y^2}{x + y} = x - y$$

Comme **Factor**, **normal** peut traiter des expressions quelconques :

```
>> f := (exp(x)^2-exp(y)^2)/(exp(x)^3 - exp(y)^3):
>> f = normal(f);
```

```
      2          2
 exp(x)  - exp(y)                     exp(x) + exp(y)
 ----------------- = -------------------------------------------
      3          3                         2            2
 exp(x)  - exp(y)     exp(x) exp(y) + exp(x)  + exp(y)
```

La fonction **partfrac** décompose une expression rationnelle en une partie polynomiale plus une somme de termes rationnels dont le degré du numérateur est plus petit que celui du dénominateur correspondant (décomposition fractionnelle partielle) :

```
>> f := x^2/(x^2 - 1): f = partfrac(f, x);
```

```
    2
   x           1            1
 ------ = ----------- - ----------- + 1
    2       2 (x - 1)     2 (x + 1)
  x  - 1
```

Les dénominateurs des termes sont les facteurs que MuPAD a trouvés en factorisant le dénominateur commun :

```
>> denominator := x^5 + x^4 - 7*x^3 - 11*x^2 - 8*x - 12:
>> Factor(denominator);
```

```
        2           2
 (x + 2)  (x - 3) (x  + 1)
```

```
>> partfrac(1/denominator, x);
```

```
                                          9 x
                                          --- - 13/250
       1             1             1      250
 ----------- - ----------- - ----------- + ------------
 250 (x - 3)   25 (x + 2)         2            2
                             25 (x + 2)      x  + 1
```

Une autre fonction de manipulation d'expressions est **rewrite**. Elle emploie des identités pour éliminer complètement d'une expression certaines fonctions et elle les remplace par des fonctions différentes. Par exemple, vous pouvez toujours exprimer sin et cos en fonction de la tan du demi argument. Les fonctions trigonométriques sont aussi reliées à la fonction exponentielle complexe :

$$\sin(x) = \frac{2\tan(x/2)}{1+\tan(x/2)^2} \; , \quad \cos(x) = \frac{1-\tan(x/2)^2}{1+\tan(x/2)^2} \; ,$$

$$\sin(x) = -\frac{I}{2}\,\exp(I\,x) + \frac{I}{2}\,\exp(-I\,x) \; ,$$

$$\cos(x) = \frac{1}{2}\,\exp(I\,x) + \frac{1}{2}\,\exp(-I\,x) \; .$$

Vous pouvez exprimer les fonctions hyperboliques et leurs fonctions inverses en termes de la fonction exponentielle et du logarithme :

$$\sinh(x) = \frac{\exp(x) - \exp(-x)}{2} \; , \quad \cosh(x) = \frac{\exp(x) + \exp(-x)}{2} \; ,$$

$$\operatorname{asinh}(x) = \ln(x + \sqrt{x^2 + 1}) \; , \quad \operatorname{acosh}(x) = \ln(x + \sqrt{x^2 - 1}) \; .$$

Un appel de la forme `rewrite(expression,option)` emploie ces identités. Les règles suivantes sont implantées dans MuPAD :

option	:	*fonction(s)*	$\to$ *cible*
`diff`	:	opérateur différentiel D	$\to$ `diff`
`exp`	:	fonctions trigonométriques et hyperboliques	$\to$ `exp`
`gamma`	:	fonction `gamma` Γ	$\to$ `gamma`
`fact`	:	factorielle `fact`	$\to$ `fact`
`heaviside`	:	`sign`	$\to$ `heaviside`
`ln`	:	fonctions trigonométriques et hyperboliques inverses	$\to$ `ln`
`sign`	:	fonction de phase `heaviside`	$\to$ `sign`
`sincos`	:	fonction exponentielle `exp`	$\to$ `sin, cos`
`sinhcosh`	:	fonction exponentielle `exp`	$\to$ `sinh, cosh`
`tan`	:	sin et cos	$\to$ `tan`

```
>> rewrite(D(D(u))(x), diff);

   diff(u(x), x, x)
```

```
>> rewrite(sin(x)/cos(x), exp) = rewrite(tan(x), exp);
```

$$\frac{1/2\ I\ \exp(-I\ x)\ -\ 1/2\ I\ \exp(I\ x)}{\dfrac{\exp(-I\ x)}{2}\ +\ \dfrac{\exp(I\ x)}{2}}\ =\ -\ \frac{I\ \exp(I\ x)^2\ -\ I}{\exp(I\ x)^2\ +\ 1}$$

```
>> rewrite(asinh(x) - acosh(x), ln);
```

$$\ln(x\ +\ (x^2\ +\ 1)^{1/2})\ -\ \ln(x\ +\ (x^2\ -\ 1)^{1/2})$$

Pour les expressions représentant des *nombres* complexes, vous pouvez facilement calculer les parties réelle et imaginaire avec Re et Im :

```
>> z := 2 + 3*I: Re(z), Im(z);

   2, 3
>> z := sin(2*I) - ln(-1): Re(z), Im(z);

   0, - PI + sinh(2)
```

Lorsqu'une expression contient des identificateurs symboliques, MuPAD suppose que toutes ces inconnues sont à valeurs complexes, et Re et Im sont retournées symboliquement :

```
>> Re(a*b + I), Im(a*b + I);

   Re(a b), Im(a b) + 1
```

Dans un tel cas, vous pouvez utiliser la fonction **rectform** (une contraction pour : forme rectangulaire) pour décomposer l'expression en ses parties réelle et imaginaire. Le nom de cette fonction provient du fait qu'elle calcule les coordonnées dans le système (cartésien) usuel de coordonnées rectangulaires. MuPAD décompose les symboles contenus dans l'expression en leurs parties réelle et imaginaire et affiche le résultat final :

```
>> rectform(a*b + I);

   (- Im(a) Im(b) + Re(a) Re(b) ) +

      (Im(a) Re(b) + Im(b) Re(a) + 1) I
```

```
>> rectform(exp(x));
```

```
  cos(Im(x)) exp(Re(x)) + (sin(Im(x)) exp(Re(x))) I
```

Vous pouvez encore extraire les parties réelle et imaginaire du résultat avec, respectivement, `Re` et `Im` :

```
>> Re(%), Im(%);
```

```
  cos(Im(x)) exp(Re(x)), sin(Im(x)) exp(Re(x))
```

Comme principe de base, `rectform` considère tous les identificateurs symboliques comme représentant des nombres complexes. Cependant, vous pouvez utiliser `assume` (section 9.3 pour spécifier qu'un identificateur ne représente que des nombres réels[4] :

```
>> assume(a, Type::Real):
   z := rectform(a*b + I)
```

$$a\ Re(b)\ +\ I\ (a\ Im(b)\ +\ 1)$$

Dans les versions 1.4 et antérieures de MuPAD, vous pouvez spécifier un ensemble d'identificateurs supposés être réels. Ils sont passés à `rectform` en second argument :

```
>> rectform(a*b + I, {a});
```

```
  a Re(b) + (a Im(b) + 1) I
```

Alternativement, `rectform::globalReal(set)`[5] définit un ensemble global d'identificateurs que tous les appels suivants à `rectform` considéreront comme étant réels :

```
>> rectform::globalReal({a, x, y}):
>> z := rectform(a*x + y + b);
```

```
  (y + a x + Re(b)) + Im(b) I
```

```
>> rectform(exp(x*I));
```

```
  cos(x) + sin(x) I
```

---

[4] Utilisez `Type::RealNum` au lieu de `Type::Real` pour les versions 1.4 et antérieures de MuPAD.

[5] Dans les versions de MuPAD postérieures à la 1.4, les appels à `rectform` avec deux arguments et à `rectform::globalReal` ne sont plus disponibles ; utilisez `assume` à la place.

De plus, vous pouvez utiliser la commande **assume** décrite en section 9.3 p. 191 :

```
>> assume(a, Type::RealNum): rectform(a*X);
```

```
   a Re(X) + (a Im(X)) I
```

Les résultats de **rectform** sont d'un type de donnée spécial :

```
>> domtype(z);
```

```
   rectform
```

Vous pouvez utiliser la fonction **expr** pour convertir un tel objet en une expression MuPAD « normale » de type de domaine **DOM_EXPR** :

```
>> expr(z);
```

```
   y + a x + I Im(b) + Re(b)
```

Nous vous recommandons d'appliquer la fonction **rectform** seulement aux expressions contenant des identificateurs symboliques. Pour les expressions dépourvues de tels identificateurs, **Re** et **Im** retournent la décomposition en parties réelle et imaginaire bien plus rapidement.

9.2 Simplification des expressions

Dans certains cas, une transformation mène à une expression plus simple :

```
>> f := 2^x*3^x/8^x/9^x: f = combine(f, _power);

    x  x
   2  3            x
   ----- = (1/12)
    x  x
   8  9

>> f := x/(x + y) + y/(x + y): f = normal(f);

     x       y
   ----- + ----- = 1
   x + y   x + y
```

Pour cela, vous devez cependant examiner l'expression et décider vous-même quelle fonction à utiliser pour la simplifier. Mais il existe un outil appliquant *automatiquement* divers algorithmes de simplification d'une expression : la fonction `simplify`. C'est un simplificateur universel que MuPAD utilise pour obtenir une représentation aussi simple que possible d'une expression :

```
>> f := 2^x*3^x/8^x/9^x: f = simplify(f);

    x  x
   2  3           x
   ----- = (1/12)
    x  x
   8  9
```

```
>> f := (1 + (sin(x)^2 + cos(x)^2)^2)/sin(x):
>> f = simplify(f);

         2        2 2
  (cos(x)  + sin(x) )  + 1        2
  ------------------------- = ------
           sin(x)             sin(x)
```

```
>> f := x/(x + y) + y/(x + y) - sin(x)^2 - cos(x)^2:
>> f = simplify(f);

    x                2        2     y
   ----- - cos(x)   - sin(x)   + ----- = 0
   x + y                         x + y
```

```
>> f := (exp(x) - 1)/(exp(x/2) + 1): f = simplify(f);

   exp(x) - 1        / x \
  ------------ = exp|  -  | - 1
    / x \            \ 2 /
  exp| -  | + 1
    \ 2 /
```

```
>> f := sqrt(997) - (997^3)^(1/6): f = simplify(f);

      1/2           1/6
   997    - 991026973    = 0
```

Cependant, les résultats ne sont pas toujours optimisés :

```
>> f := sqrt(4 + 2*sqrt(3)): f = simplify(f);
     1/2   1/2      1/2        1/2      1/2
    2    (3    + 2)    = (2 3      + 4)
```

Vous pouvez contrôler le processus de simplification en donnant des arguments additionnels. Comme dans le cas de `combine`, vous pouvez demander des simplifications particulières au moyen d'options. Par exemple, vous pouvez demander explicitement la simplification d'expressions contenant des racines carrées :

```
>> f = simplify(f, sqrt);
     1/2   1/2      1/2     1/2
    2    (3    + 2)    = 3      + 1
```

Les options possibles sont `exp`, `ln`, `cos`, `sin`, `sqrt`, `logic`, et `relation`. En interne, `simplify` se plie lui-même à ces règles de simplification qui sont valables pour la fonction donnée en option. Les options `logic` et `relation` sont destinées respectivement aux simplifications d'expressions logiques et aux équations et aux inégalités (voir aussi la page d'aide correspondante : `?simplify`).

À la place de `simplify(expression,sqrt)` vous pouvez aussi utiliser la fonction `radsimp` pour simplifier des expressions numériques contenant des racines carrées ou d'autres radicaux :

```
>> f = radsimp(f);
     1/2   1/2      1/2     1/2
    2    (3    + 2)    = 3      + 1

>> f := 2^(1/4)*2 + 2^(3/4) - sqrt(8 + 6*2^(1/2)):
>> f = radsimp(f);
       1/4     3/4     1/2      1/2       1/2
    2 2    + 2    - 2    (3 2      + 4)    = 0
```

Dans bien des cas utiliser `simplify` sans options est approprié. Cependant, un tel appel consomme souvent beaucoup de temps, car l'algorithme de simplification est très complexe. Il peut être sage de spécifier des options additionnelles pour économiser du temps de calcul, puisqu'alors les simplifications ne sont exécutées que pour certaines fonctions spéciales.

Exercice 9.1 : Il est possible de ré-écrire les produits de fonctions trigonométriques comme combinaisons linéaires de termes en sin et cos dont les arguments sont des multiples entiers des arguments originaux (développement de Fourier). Trouvez les constantes a, b, c, d, et e telles que l'expression

$$\cos(x)^2 + \sin(x)\,\cos(x)$$
$$= a + b\,\sin(x) + c\,\cos(x) + d\,\sin(2\,x) + e\,\cos(2\,x)$$

soit vraie.

Exercice 9.2 : Utilisez MuPAD pour prouver les identités suivantes :

1) $\dfrac{\cos(5\,x)}{\sin(2\,x)\,\cos^2(x)} = -5\,\sin(x) + \dfrac{\cos^2(x)}{2\,\sin(x)} + \dfrac{5\,\sin^3(x)}{2\,\cos^2(x)}$,

2) $\dfrac{\sin^2(x) - e^{2\,x}}{\sin^2(x) + 2\,\sin(x)\,e^x + e^{2\,x}} = \dfrac{\sin(x) - e^x}{\sin(x) + e^x}$,

3) $\dfrac{\sin(2\,x) - 5\,\sin(x)\,\cos(x)}{\sin(x)\,(1 + \tan^2(x))} = -\dfrac{9\,\cos(x)}{4} - \dfrac{3\,\cos(3\,x)}{4}$,

4) $\sqrt{14 + 3\,\sqrt{3 + 2\,\sqrt{5 - 12\,\sqrt{3 - 2\,\sqrt{2}}}}} = \sqrt{2} + 3$.

Exercice 9.3 : MuPAD calcule l'intégrale suivante de f :

```
>> f := sqrt(sin(x) + 1): int(%, x);
```

$$\frac{2\,(\sin(x) - 1)\,(\sin(x) + 1)^{1/2}}{\cos(x)}$$

Sa dérivée n'est pas exactement identique à l'intégrande :

```
>> diff(%, x);
```

```
              1/2       sin(x) - 1
    2 (sin(x) + 1)    + -------------- +
                            1/2
                        (sin(x) + 1)


                                      1/2
      2 sin(x) (sin(x) - 1) (sin(x) + 1)
      -------------------------------------
                       2
                    cos(x)
```

Simplifiez cette expression.

9.3 Hypothèses à propos des identificateurs symboliques

MuPAD exécute des transformations ou des simplifications sur des objets contenant des identificateurs symboliques seulement si les règles correspondantes s'appliquent dans le plan complexe tout entier. Cependant, quelques règles familières de calcul sur les nombres réels ne sont en général pas valables pour les nombres complexes. Par exemple, la racine carrée et le logarithme sont des fonctions complexes multi-valuées, et les fonctions MuPAD font en interne certaines hypothèses sur l'endroit où se font les coupures :

transformation de	en	en général valable seulement pour
$\ln(e^x)$	x	x réel
$\ln(x^n)$	$n \ln(x)$	$x > 0$ réel
$\ln(x\,y)$	$\ln(x) + \ln(y)$	$x > 0$ réel et $y > 0$ réel
$\sqrt{x^2}$	$\operatorname{sign}(x)\,x$	x réel
$e^{x/2}$	$(e^x)^{1/2}$	x réel

Vous pouvez utiliser la fonction **assume** pour dire aux fonctions système telles que **expand**, **simplify**, **limit**, **solve**, et **int** qu'elles

peuvent faire certaines hypothèses concernant le sens de certains identificateurs. Nous ne montrerons ici que de simples exemples. Vous trouverez plus d'information sur la page d'aide correspondante : `?assume`.

Vous pouvez utiliser un spécificateur de type (chapitre 15) pour
dire à MuPAD qu'un identificateur symbolique représente seulement
les valeurs correspondant au sens mathématique du type. Par exemple,
les commandes[6]

```
>> assume(x, Type::RealNum): assume(y, Type::RealNum):
   assume(n, Type::Integer):
```

restreignent x et y à être des nombres réels et n à être un entier.
Maintenant `simplify` peut appliquer des règles additionnelles :

```
>> simplify(ln(exp(x))), simplify(sqrt(x^2));
```

```
   x, x sign(x)
```

L'une des commandes `assume(x>0)` ou

```
>> assume(x, Type::Positive):
```

restreint x aux nombres positifs réels, et nous avons

```
>> simplify(ln(x^n)), simplify(ln(x*y) - ln(x) - ln(y)),
   simplify(sqrt(x^2));
```

```
   n ln(x), 0, x
```

Transformations et simplifications de constantes sont toujours exécutées sans hypothèse supplémentaire puisque leur sens mathématique
est connu :

```
>> expand(ln(2*PI*z)), sqrt((2*PI*z)^2);
```

$$
\ln(z) + \ln(PI) + \ln(2),\ 2\ PI\ (z^2)^{1/2}
$$

Dans les versions de MuPAD 2.0 et ultérieures, les opérateurs arithmétiques tiennent compte automatiquement de certaines propriétés mathématiques :

---

[6] Dans les versions de MuPAD postérieures à la 1.4, `Type::RealNum` est renommé
en `Type::Real`.

```
>> (a*b)^m
```

$$(a\ b)^m$$

```
>> assume(m, Type::Integer): (a*b)^m
```

$$a^m\ b^m$$

La fonction is vérifie si un objet MuPAD a une certaine propriété mathématique :

```
>> is(1, Type::Integer), is(PI + 1, Type::RealNum);
```

```
TRUE, TRUE
```

De plus, is tient compte des propriétés mathématiques des identificateurs fixées par assume :

```
>> unassign(x): is(x, Type::Integer);
```

```
UNKNOWN
```

```
>> assume(x, Type::Integer):
>> is(x, Type::Integer), is(x, Type::RealNum);
```

```
TRUE, TRUE
```

Par contre, la fonction **testtype** présentée en section 15.1 p. 239 vérifie le type *technique* d'un objet MuPAD :

```
>> testtype(x, Type::Integer), testtype(x, DOM_IDENT);
```

```
FALSE, TRUE
```

Des enquêtes sur les formes suivantes sont aussi possibles :

```
>> assume(y > 5): is(y + 1 > 4);
```

```
TRUE
```

Exercice 9.4 : Utilisez MuPAD pour montrer :

$$\lim_{x \to \infty} x^a = \begin{cases} \infty & \text{pour } a > 0\,, \\ 1 & \text{pour } a = 0\,, \\ 0 & \text{pour } a < 0\,. \end{cases}$$

Indication : utilisez la fonction **assume** pour faire la distinction entre cas.

10. Hasard et probabilité

Vous pouvez utiliser le générateur de nombres aléatoires `random` pour exécuter beaucoup d'expériences sous MuPAD. L'appel `random()` génère un entier aléatoire non négatif de 12 chiffres. Vous obtenez 4 séries de tels nombres aléatoires comme ceci :

```
>> random(), random(), random(), random();

   427419669081, 321110693270, 343633073697, 474256143563
```

Si vous voulez générer des entiers aléatoires dans une plage de valeurs différente, vous pouvez construire un générateur de nombres aléatoires avec `generator:= random(m..n)`. Vous appelez ce générateur sans argument[1], et il retourne des entiers entre m et n. L'appel `random(n)` est équivalent à `random(0..n-1)`. Ainsi vous pouvez simuler 15 lancés de dés de la façon suivante :

```
>> die := random(1..6):
>> dieExperiment := [die() $ i = 1..15];

   [5, 3, 6, 3, 2, 2, 2, 4, 4, 3, 3, 2, 1, 4, 4]
```

Nous insistons sur le fait que vous devez spécifier une variable de boucle lorsque vous utilisez le générateur $, car autrement `die()` ne serait appelé qu'une seule fois et une série de copies de cette valeur serait créée :

```
>> die() $ 15;

   6, 6, 6, 6, 6, 6, 6, 6, 6, 6, 6, 6, 6, 6, 6
```

Voici une simulation de 8 lancés de pièces de monnaie :

```
>> coin := random(2):
```

---

[1] En fait, vous pouvez appeler **generator** avec des arguments arbitraires, qui seront ignorés lors de la création des nombres aléatoires.

```
>> coinTosses := [coin() $ i = 1..8];

   [0, 0, 0, 1, 1, 1, 0, 0]
```

```
>> subs(coinTosses, [0 = head, 1 = tail]);

   [head, head, head, tail, tail, tail, head, head]
```

L'exemple suivant génère des nombres en virgule flottante uniformement distribués dans l'intervalle $[0, 1]$:

```
>> generator := float@random(0..10^10)/10^10:
>> randomNumbers := [generator() $ i = 1..10];

   [0.5473509389, 0.6470788275, 0.1338779163,

    0.2495900314, 0.1209539225, 0.8363442949,

    0.3746086507, 0.5862664913, 0.4813656213,

    0.384244378]
```

Ici nous avons utilisé `random(0..n)` pour générer des entiers aléatoires entre 0 et n, les avons divisés par n pour obtenir des nombres rationnels dans $[0, 1]$, et finalement les avons convertis en nombres flottants avec `float`. Les nombres résultants sont en fait issus d'un ensemble discret. Pour n suffisamment grand ($\simeq 10$^`DIGITS`), cet ensemble correspond essentiellement à l'ensemble des nombres en virgule flottante pouvant être représentés avec `DIGITS` chiffres décimaux.

La bibliothèque `stats` contient des fonctions pour l'analyse statistique. Vous obtenez des informations en entrant `info(stats)` ou `?stats`. La fonction `stats::mean` calcule la moyenne $X = \dfrac{1}{n} \displaystyle\sum_{i=1}^{n} x_i$ d'une liste de nombres $[x_1, \ldots, x_n]$:

```
>> stats::mean(dieExperiment),
   stats::mean(coinTosses),
   stats::mean(randomNumbers);

   16/5, 3/8, 0.4361681072
```

La fonction `stats::variance` retourne la variance

$$V = \left(\frac{1}{n} \sum_{i=1}^{n} x_i^2 \right) - X^2 = \frac{1}{n} \sum_{i=1}^{n} (x_i - X)^2 \; :$$

```
>> stats::variance(dieExperiment),
   stats::variance(coinTosses),
   stats::variance(randomNumbers);

   122/75, 15/64, 0.04735946358
```

Vous pouvez calculer la déviation standard $\sqrt{V}$ avec `stats::stdev` :

```
>> stats::stdev(dieExperiment),
   stats::stdev(coinTosses),
   stats::stdev(randomNumbers);

    1/2     1/2     1/2
   3      122      15
   -----------, -----, 0.2176222957
        15         8
```

Si vous spécifiez l'option `Sample`, le système retourne $\sqrt{\frac{n}{n-1} V}$ à la place :

```
>> stats::stdev(dieExperiment, Sample),
   stats::stdev(coinTosses, Sample),
   stats::stdev(randomNumbers, Sample);

     1/2   1/2     1/2   1/2
   35     61      14     15
   -----------, -----------, 0.2293940413
         35            28
```

La structure de donnée `Dom::Multiset` (voir `?Dom::Multiset`) procure un moyen simple pour la détermination des fréquences dans les séquences. L'appel `Dom::Multiset(a,b,..)` retourne un ensemble multiple qui est affiché comme un ensemble de listes. La première entrée de chacune de ces liste est l'un des arguments, et la seconde entrée compte le nombre d'occurrences dans la séquence argument :

```
>> Dom::Multiset(a, b, a, c, b, b, a, a, c, d, e, d);

   {[a, 4], [b, 3], [c, 2], [d, 2], [e, 1]}
```

Si vous simulez 1000 lancés d'un dé, vous pourriez obtenir les fréquences suivantes :

```
>> rolls := die() $ i = 1..1000:
>> Dom::Multiset(rolls);

  {[4, 190], [2, 153], [5, 177], [1, 160], [6, 158],

    [3, 162]}
```

Dans ce cas vous auriez obtenu 160 fois un 1, 153 fois un 2, et ainsi de suite.

Voici un exemple tiré de la théorie des nombres : distribution des plus grands communs diviseurs (pgcd) de paires aléatoires d'entiers. Nous utilisons la fonction zip (sect. 4.6 p. 71) pour combiner deux listes aléatoires avec la fonction igcd, qui calcule le pgcd :

```
>> list1 := [random() $ i=1..1000]:
>> list2 := [random() $ i=1..1000]:
>> gcdlist := zip(list1, list2, igcd);

  [1, 3, 6, 1, 3, 5, 1, 1, 1, 4, 1, 2, 1, 4, 1, 1, ... ]
```

Nous utilisons maintenant Dom::Multiset pour compter les fréquences des pgcd individuels :

```
>> frequencies := Dom::Multiset(op(gcdlist));

  {[4, 28], [30, 2], [377, 1], [32, 2], [33, 1], ... }
```

La liste devient bien plus lisible si nous la trions par rapport à la première entrée des sous-listes. Nous employons la fonction sort qui prend une fonction représentant un ordre de tri en second argument. La dernière fonction décide lequel des deux éléments x, y doit précéder l'autre. Nous vous renvoyons à la page d'aide correspondante : ?sort. Dans ce cas, x, y sont des listes à deux entrées, et nous voulons que x apparaisse avant y si nous avons $x[1] < y[1]$ (c.-à-d. nous trions numériquement par rapport aux premières entrées) :

```
>> sortingOrder := (x, y) -> (x[1] < y[1]):
>> sort([op(frequencies)], sortingOrder);

  [[1, 598], [2, 142], [3, 83], [4, 28], [5, 33], ... ]
```

Ainsi 598 sur 1000 paires aléatoires choisies ont un pgcd de 1 et sont donc co-premières. Cette expérience donne $59,8\%$ comme une approximation de la probabilité que deux entiers choisis au hasard soient co-premiers[2].

Exercice 10.1 : Nous lançons trois dés simultanément. Pour chaque valeur entre 3 et 18, la table suivante contient les fréquences attendues des points (c.-à-d. la somme des nombres sur la face au sommet) lorsque les dés ont été lancés 126 fois :

point

3	4	5	6	7	8	9	10	11	12	13	14	15	16	17	18
1	3	6	10	15	21	25	27	27	25	21	15	10	6	3	1

fréquence

Simulez les 216 lancés et comparez les fréquences que vous observez avec celles de la table.

Exercice 10.2 : La méthode de Monte-Carlo pour trouver une approximation de l'aire d'une région $A \subset \mathbb{R}^2$ fonctionne comme ceci : tout d'abord, nous choisissons un rectangle (de préférence petit) Q contenant A. Puis nous choisissons au hasard n points dans Q. Si m de ces points sont dans A, alors pour n suffisamment grand, on a :

$$\text{aire de } A \approx \frac{m}{n} \times \text{aire de } Q \ .$$

Soit $\mathtt{r()}$ un générateur de nombres uniformement aléatoires dans l'intervalle $[0, 1]$. Nous pouvons l'utiliser pour créer des vecteurs aléatoires uniformement distribués dans le rectangle

$Q = [0, a] \times [0, b]$ avec $\mathtt{[a*r(),b*r()]}$.

a) Considérez le quadrant en haut à droite du cercle unité autour de l'origine. Utilisez la simulation de Monte-Carlo avec $Q = [0, 1] \times [0, 1]$ pour trouver une approximation de son aire. Vous pouvez de cette façon obtenir des approximations aléatoires de π.

b) Soit $f : x \mapsto x \sin(x) + \cos(x) \exp(x)$. Déterminez une approximation pour $\int_0^1 f(x)\,dx$. Pour cela, trouvez une borne supérieure M pour f sur l'intervalle $[0, 1]$ et appliquez la simulation à $Q = [0, 1] \times [0, M]$. Comparez votre résultat à l'intégrale exacte.

---

[2] La valeur théorique de cette probabilité est $6/\pi^2 \approx 0.6079.. \cong 60.79\%$.

11. Graphiques

MuPAD propose divers outils graphiques pour montrer les objets mathématiques dans un espace à deux ou trois dimensions. Les fonctions de base sont `plotfunc`[1], `plot2d` et `plot3d`. De plus, la bibliothèque `plotlib` contient des routines spéciales de tracé. Dans ce qui suit, nous supposerons que vous avez une version de MuPAD pourvue d'une interface utilisateur graphique. Selon la version, le module graphique de MuPAD soit ouvre une fenêtre séparée après que vous ayez entré une commande graphique, ou bien le graphique apparaît dans votre blocnote immédiatement après l'appel, comme tous les autres résultats retournés par MuPAD.

---

[1] La fonction `plotfunc` est découpée en `plotfunc2d` et `plotfunc3d` dans les versions de MuPAD antérieures à la 2.0. Leur syntaxe d'appel peut différer légèrement de la description de ce chapitre ; consultez les pages d'aide `?plotfunc2d` et `?plotfunc3d` pour les détails.

11.1 Courbes de fonctions

La fonction `plotfunc` trace les courbes de fonctions avec un ou deux arguments. La commande

```
>> plotfunc(sin(x), x = 0..4*PI);
```

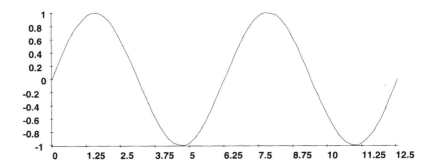

trace la fonction sinus dans l'intervalle $[0, 4\,\pi]$. Vous pouvez afficher les tracés de plusieurs fonctions simultanément en une seule « scène » :

```
>> plotfunc(sin(x), cos(x), x = 0..4*PI);
```

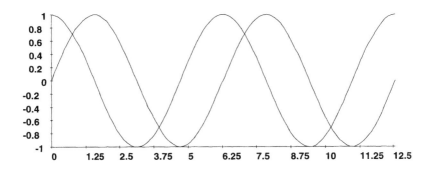

Vous pouvez aussi tracer des fonctions avec singularités :

```
>> plotfunc(1/(1 - x) + 1/(1 + x), x = -2..2);
```

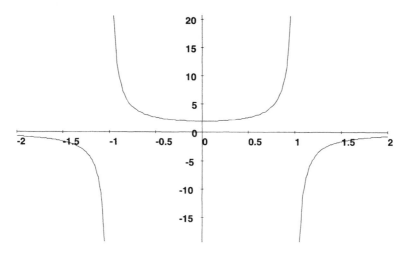

MuPAD génère des courbes en trois dimensions pour des fonctions à deux arguments :

```
>> plotfunc(sin(x^2 + y^2), cos(x^2 + y^2),
          x = 0..PI, y = 0..PI);
```

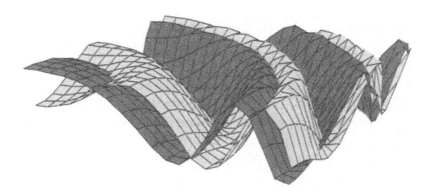

Lorsque vous appelez `plotfunc` vous spécifiez seulement les fonctions et leur intervalle (commun) de tracé. La figure en trois dimensions ci-dessus montre que les paramètres par défaut dans `plotfunc`

produisent souvent des résultats non satisfaisants : dans le cas ci-dessus la discrétisation par défaut avec 20×20 points pour la grille est trop grossière pour donner une image plaisante. Vous pouvez maintenant manipuler le tracé avec les boutons de menu de la fenêtre graphique : changer le nombre de points de la grille, choisir diverses sortes d'axes, changer les couleurs, etc. Dans un blocnote, ceci est aussi possible après un double clic sur le graphique.

Lorsque vous travaillez interactivement avec les figures, vous avez un contrôle visuel des paramètres du graphique. Ou bien, vous pouvez appeler directement les fonctions plus générales `plot2d` ou `plot3d` au lieu de `plotfunc`, avec les options appropriées. En interne `plotfunc` appelle ces fonctions et fournit des valeurs standards à divers paramètres. Une interface plus conviviale est décrite dans les sections suivantes.

11.2 Scènes graphiques

En principe un appel à `plot2d` ou `plot3d` ressemble à ceci :

```
>> plot2d(sceneOption1, sceneOption2, .. , Objet1,
        Objet2, ..);
>> plot3d(sceneOption1, sceneOption2, .. , Objet1,
        Objet2, ..);
```

Dans les sections suivantes, nous décrivons la structure de divers objets possibles. Une séquence MuPAD `Objet1,Objet2,..` d'objets graphiques est appelée une « scène ». Cette collection d'objets doit être tracée dans une figure unique.

Les options pour une scène déterminent la vue général : l'apparence des axes, la couleur du tracé, le titre de la figure et sa position, etc. Chaque option de la scène est une équation MuPAD de la forme `option=valeur`. La table 11.1 page 205 montre toutes les options possibles. Nous donnons quelques exemples dans les sections suivantes.

À la place de `plotfunc2d` et `plotfunc3d`, vous pouvez utiliser les fonctions `plot::Function2d` and `plot::Function3d` pour générer les tracés en deux et trois dimensions des fonction. Par exemple, la commande suivante crée le tracé de la fonction sinus dans l'intervalle $[0, 4\pi]$ de la section 11.1 :

```
>> plot(plot::Function2d(sin(x), x = 0..4*PI))
```

option	valeurs possibles	signification	par défaut
Arrows	TRUE/FALSE	axes comme des flèches ?	FALSE
Axes	NONE ORIGIN CORNER BOX	axes : aucun, centrés à l'origine, dans un coin, ou comme un cadre ?	CORNER
AxesOrigin	Automatic [x0,y0]	centre des axes	Automatic
AxesScaling	[Lin/Log, Lin/Log]	échelle linéaire ou logarithmique ?	[Lin,Lin]
BackGround	[R,G,B] (R,G,B ∈ [0,1])	couleur du fond	[0,0,0] (noir)
ForeGround	[R,G,B]	couleur des axes, du titre, etc.	[1,1,1] (blanc)
FontFamily	string	police pour le nom des axes et le titre	"Helvetica"
FontSize	7,8,..,36	taille de la police pour les axes, leurs noms, et le titre	10
FontStyle	string	style de la police pour les axes, leurs noms, et le titre	"Bold"
Labeling	TRUE/FALSE	nom des axes ?	FALSE
Labels	[Name,Name]	nom des axes	["x-axis",..]
LineStyle	SolidLines DashedLines	style de ligne : pleines, tiretées	SolidLines
LineWidth	0,1,2,..	largeur des lignes	0
PointStyle	Squares Circles FilledSquares FilledCircles	style de rendu des points : petits carrés, cercles, etc.	FilledSquares
PointWidth	1,2,3,..	largeur des points	3
PlotDevice	Screen string [string, format]	sortie à l'écran, sur fichier binaire, ou sur fichier formaté	Screen
Scaling	Constrained UnConstrained	échelles horizontale et verticale égales ? (les cercles deviennent soit des cercles soit des ellipses)	UnConstrained (cercles deviennent des ellipses)
Ticks	0,1,..,20	nombre (minimal) de marques sur les axes	10
Title	string	titre de la scène	"" (sans titre)
TitlePosition	Above Below [X,Y] (X,Y ∈ [0,10])	emplacement du titre : au dessus de la scène, au-dessous de la scène, ou aux coordonnées X,Y ([0,0] = en haut à gauche, [10,10] = en bas à droite)	Above

TAB. 11.1. *Options pour une scène graphique*

De même, la commande suivante trace la fonction graphique en trois dimensions des fonctions $\sin(x^2 + y^2)$ et $\cos(x^2 + y^2)$ pour $0 \leq x, y \leq \pi$ de la section 11.1 :

```
>> plot(plot::Function3d(sin(x^2 + y^2),
        x = 0..PI, y = 0..PI),
        plot::Function3d(cos(x^2 + y^2),
        x = 0..PI, y = 0..PI))
```

11.3 Courbes

En général les objets graphiques de `plot2d` sont *des courbes paramétriques*, c.-à-d. que vous donnez les coordonnées x et y des points de la courbe comme fonctions d'un paramètre. Le tracé d'une fonction $f(x)$ dans l'intervalle $a \leq x \leq b$ peut être obtenu par « paramétrisation »

$$x = u , \quad y = f(u) , \quad a \leq u \leq b.$$

Vous ne pouvez pas générer un cercle (complet) de rayon r autour de l'origine $(0,0)$ comme tracé d'une fonction. Cependant, il est facile de le définir sous forme paramétrique avec :

$$x = r \cos(u) , \quad y = r \sin(u) , \quad 0 \leq u \leq 2\pi.$$

Vous pouvez déclarer une courbe paramétrique à deux dimensions comme une liste MuPAD, comme ceci :

```
>> Object := plot::Curve2d([x(u), y(u)], u = a..b,
            objectOption1, objectOption2, ..):
```

La table 11.2 donne un résumé des options possibles permettant de définir un objet graphique de type « courbe ». Comme pour les options de scène, vous les spécifiez comme une suite d'équations MuPAD `option=valeur`. Utilisez les expressions MuPAD pour les paramétrisations $x(u)$ et $y(u)$. Vous pouvez créer le graphique de la fonction sinus dans l'intervalle $[0, 4\pi]$ ou un cercle comme ceci :

```
>> SineGraph := [Mode = Curve, [u, sin(u)],
                u = [0, 4*PI], Grid = [100]]:
>> Circle := [Mode = Curve, [cos(u), sin(u)],
            u = [0, 2*PI]]:
```

option	valeurs possibles	signification	par défaut
Color	[Flat] [Flat, [R,G,B]] [Height] ...	couleur : monochrome (« plate ») avec choix automatique ou spécifiée en couleur [R,G,B], couleur selon la coordonnée verticale, mais la définition des couleurs par l'utilisateur est possible	[Flat]
Grid	[2],[3],..	nombre de points de référence	[20]
Smoothness	[0],[1],...,[20]	points additionnels entre les points de référence pour lisser la courbe	[0]
Style	[Points]	représente la courbe par des points,	[Lines]
	[Lines] [LinesPoints] [Impulses]	une ligne, une ligne et des points, ou par des impulsions	
LineStyle	SolidLines DashedLines	style de la ligne	SolidLines
LineWidth	0,1,2,..	largeur de la ligne	0
PointStyle	Squares Circles FilledSquares FilledCircles	style de rendu du point : comme des petits carrés, des cercles, etc.	FilledSquares
PointWidth	1,2,3,..	largeur du point	3
Title	string	titre de la scène	"" (pas de titre)
TitlePosition	[X,Y] ($X,Y \in [0,10]$)	emplacement du titre ([0,0] = en haut à gauche, [10,10] = en bas à droite)	

TAB. 11.2. *Options pour le tracé d'une courbe*

Ici MuPAD calcule 100 points de référence pour le tracé de la fonction sinus et interpole linéairement entre eux, comme le demande l'option Grid=[100] de l'objet. Pour le cercle, le système utilise la valeur par défaut de 20 points de référence. L'option Title = "" supprime le titre des deux objets graphiques.

Avec les commandes graphiques suivantes, nous spécifions des options de scène permettant de choisir la couleur du fond « blanche (white) » et celle d'avant-plan (c.-à-d. celle des axes) « noire (black) », de supprimer les marques et les étiquettes sur les axes avec Ticks = None, et Labeling = FALSE, et de laisser les axes apparaître comme un cadre avec Axes = Box. Pour tous les autres paramètres MuPAD utilise les valeurs par défaut :

```
>> SceneOptions := BackGround = [1, 1, 1],
                   ForeGround = [0, 0, 0],
                   Ticks = 0, Axes = Box:
>> plot2d(SceneOptions, SineGraph);
```

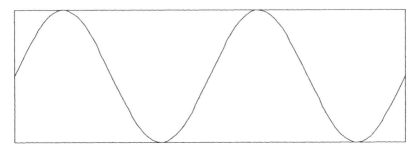

```
>> plot2d(SceneOptions, Circle);
```

L'option **Scaling = Constrained** choisit des échelles égales sur les deux axes, de telle sorte que le cercle ressemble vraiment à un cercle et pas à une ellipse.

Vous spécifiez les couleurs par des listes de valeur [R,G,B] de rouge (Red), vert (Green), et bleu (Blue) entre 0.0 et 1.0. Le noir et le blanc correspondent respectivement à [0,0,0] et [1,1,1],. La bibliothèque **RGB** contient de nombreux noms de couleur avec leurs valeurs RGB correspondantes. Vous pouvez en obtenir une liste avec **info(RGB)** :

```
>> RGB::Black, RGB::White, RGB::Red, RGB::SkyBlue;

   [0.0, 0.0, 0.0], [1.0, 1.0, 1.0], [1.0, 0.0, 0.0],

      [0.529405, 0.807794, 0.921598]
```

Si vous chargez la bibliothèque des couleurs avec **export(RGB)**, alors vous pourrez utiliser le nom des couleurs sous la forme abrégée **Black**, **White**, etc.

La scène suivante contient deux objets : l'objet 1 est un cercle de rayon 1 à tracer avec seulement quelques points de repère. Nous choisissons du rouge monochrome (**Flat**) comme couleur du projet :

```
>> Circle1 := plot::Curve2d([cos(u), sin(u)],
          u = 0..2*PI, Grid = [10],
          Title = "circle 1",
          TitlePosition = [1.7, 2],
          Color = [Flat, RGB::Red]):
```

L'objet 2 est un cercle de rayon $1/2$. Le paramètre u parcourt 100 points équidistants de l'intervalle $[0, 2\pi]$, comme requis par **Grid=[100]**. À cause du plus grand nombre de points de référence, le cercle semble plus lisse. La couleur choisie est le bleu :

```
>> Circle2 := plot::Curve2d([cos(u)/2, sin(u)/2],
          u = 0..2*PI, Grid = [100],
          Title = "circle 2",
          TitlePosition = [6.3, 2.8],
          Color = [Flat, RGB::Blue]):
```

Dans les options de scène, nous donnons à MuPAD une chaîne pour le titre. Nous choisissons une police plus grande pour les étiquettes, les axes sont centrés sur l'origine, et sont étiquetés grâce à **Labeling=TRUE** :

```
>> SceneOptions :=
        Title = "deux cercles", FontSize = 14,
        TitlePosition = [5, 0.7], Axes = Origin,
        Labeling = TRUE, Labels = ["x", "y"],
        BackGround = [1, 1, 1], ForeGround = [0, 0, 0]:
        Scaling = Constrained:
```

Vous pouvez voir clairement l'effet des différentes options de l'objet sur la figure :

```
>> plot2d(SceneOptions, cercle1, cercle2);
```

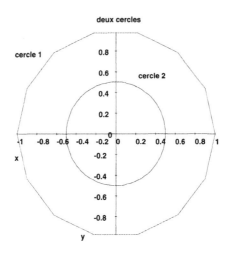

11.4 Surfaces

Les objets graphiques typiques en trois dimensions pour plot3d sont des *surfaces paramétriques* : les coordonnées x, y, z des points de la surface sont définies par des fonctions $x(u, v)$, $y(u, v)$, $z(u, v)$ de deux paramètres u, v. De cette façon, vous pouvez définir le graphique d'une fonction $f(x, y)$ à deux variables sur le rectangle $a \leq x \leq b$, $A \leq y \leq B$ sous la forme

$$x = u \ , \quad y = v \ , \quad z = f(u, v) \ , \quad a \leq u \leq b \ , \quad A \leq v \leq B.$$

Vous pouvez facilement tracer des surfaces plus complexes telle que celle d'une sphère de rayon r sous forme paramétrique

$$x = r \, \cos(u) \, \sin(v) \ , \ y = r \, \sin(u) \, \sin(v) \ , \ z = r \, \cos(v) \ ,$$

$$0 \leq u \leq 2\pi \ , \ 0 \leq v \leq \pi \ .$$

Vous définissez une surface paramétrique comme une liste MuPAD :

```
>> Objet := [Mode = Surface,
            [x(u, v), y(u, v), z(u, v)],
            u = [a, b], v = [A, B],
            objetOption1, objetOption2, ..
            ]:
```

Par exemple, la commande suivante trace le graphique de la fonction $f(x, y) = \sin(x^2 + y^2)$:

```
>> plot3d(BackGround = [1,1,1], ForeGround = [0,0,0],
        Title = "la fonction sin(x^2+y^2)",
        TitlePosition = Below, Axes = None,
        [ Mode = Surface, [x, y, sin(x^2 + y^2)],
          x = [0, PI], y = [0, PI], Grid = [20, 20],
          Smoothness = [2, 2], Color = [Height],
          Style = [ColorPatches, AndMesh]
        ]);
```

la fonction sin(x^2+y^2)

Dans cet exemple, nous avons choisi 20 points de référence équidistants pour chacun des deux paramètres de la surface u et v et deux points intermédiaires supplémentaires entre deux points de référence voisins pour lisser la courbe (`Smoothness=[2,2]`). Ainsi le système a calculé $60 \times 60 = 3600$ points de la surface au total. Le titre apparaît sous la figure (`TitlePosition=Below`). La couleur de chaque point de la surface est déterminée par la valeur z (`Color=[Height]`).

Les options pour les surfaces sont semblables à celles pour les courbes (voir la table 11.2 p. 207). Cependant, les valeurs de `Grid` et `Smoothness` sont maintenant des listes à deux entrées, afin que vous puissiez spécifier le nombre de points de référence et le nombre de points intermédiaires pour lisser indépendamment les deux paramètres de la surface. L'option `Style` peut prendre pour les surfaces les valeurs données dans la table 11.3 p. 212. `Style=[Wireframe,Mesh]` est la valeur par défaut. Les options de scène pour `plot3d` sont en accord avec celles pour `plot2d`[2] (table 11.1, p. 205), plus quelques options additionnelles :

---

[2] Spécifient les paramètres pour les axes par des listes à trois éléments, par exemple : `Labels=["x","y","z"]`, `AxesOrigin=[0,0,0]`, `AxesScaling=[Lin,Lin,Lin]`.

Style	Représentation de la surface
[Points]	uniquement des points
[WireFrame,Mesh]	cadre-fil des deux paramètres de lignes
[WireFrame,ULine]	cadre-fil du premier paramètre de lignes
[WireFrame,VLine]	cadre-fil du second paramètre de lignes
[HiddenLine,Mesh]	surface opaque avec les deux paramètres de lignes
[HiddenLine,ULine]	surface opaque avec le premier paramètre de lignes
[HiddenLine,VLine]	surface opaque avec le second paramètre de lignes
[ColorPatches,Only]	surface colorée sans paramètre de lignes
[ColorPatches,AndMesh]	surface colorée avec les deux paramètres de lignes
[ColorPatches,AndULine]	surface colorée avec le premier paramètre de lignes
[ColorPatches,AndVLine]	surface colorée avec le second paramètre de lignes
[Transparent,Only]	surface transparente sans paramètre de lignes
[Transparent,AndMesh]	surface transparente avec les deux paramètres de lignes
[Transparent,AndULine]	surface transparente avec le premier paramètre de lignes
[Transparent,AndVLine]	surface transparente avec le second paramètre de lignes

TAB. 11.3. *Options de style pour les surfaces*

Option des scènes 3D	Valeurs possibles	Signification	Par défaut
CameraPoint	Automatic [x,y,z]	position de l'observateur	Automatic
FocalPoint	Automatic [x,y,z]	point focal de l'observateur	Automatic

Ceci détermine les paramètres pour la perspective d'une image à trois dimensions : une caméra est placée au point CameraPoint, et son axe optique pointe dans la direction du point FocalPoint dans l'espace.

11.5 Autres possibilités

Jusqu'à présent nous avons présenté des objets graphiques de type « courbe » (en deux dimensions) et de type « surface » (en trois dimensions). plot3d offre en plus la possibilité de tracer des courbes dans l'espace avec (`Mode=Curve`). De plus, `plot2d` et `plot3d` peuvent toutes deux prendre des listes graphiques primitives (des points ou des polygones). Vous pouvez utiliser cette possibilité pour visualiser des données discrètes. Passez à `plot2d` les points dans une liste

`[point(x1,y1),point(x2,y2),..]`,

ainsi qu'à `plot3d` :

`[point(x1,y1,z1),point(x2,y2,z2),..]`.

```
>> PlotPoints := plot::Pointlist(
                [i, sin(i*6.28/50)] $ i = 0..50,
                PointStyle = FilledSquares,
                PointWidth = 30):
>> plot(PlotPoints, BackGround = [1, 1, 1],
       ForeGround = [0, 0, 0],
       Scaling = UnConstrained)
```

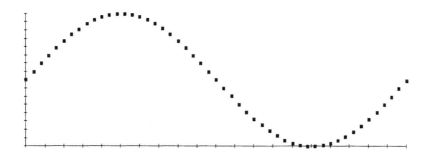

La bibliothèque `plotlib`[3] contient des algorithmes avancés pour les représentations graphiques :

```
>> info(plotlib);
```

```
   Library 'plotlib': Library routines for two- and
   three-dimensional plots.
   Interface:
   plotlib::contourplot,      plotlib::cylindricalplot,
   plotlib::dataplot,         plotlib::densityplot,
   plotlib::fieldplot,        plotlib::implicitplot,
```

---

[3] La bibliothèque `plotlib` a été reconstruite pour les versions de MuPAD postérieures à la 1.4. Consultez la page d'aide `?plot::intro`.

```
plotlib::polarplot,        plotlib::polygonplot,
plotlib::sphericalplot, plotlib::xrotate,
plotlib::yrotate
```

Nous vous renvoyons aux pages d'aide correspondantes pour une description détaillée et vous donnons quelques exemples ci-dessous.

La fonction `plotlib::contourplot` (voir `?plotlib::contourplot`)[4] trace les lignes de contour d'une surface dans un espace à trois dimensions. Dans l'exemple suivant, nous traçons la courbe solution de tous les points (x, y) satisfaisant l'équation

$$f(x, y) = (x^2 + y^2)^3 - (x^2 - y^2)^2 = const., \ -1 \le x \le 1, \ -1 \le y \le 1.$$

Nous utilisons `plotlib::contourplot` pour tracer les lignes de contour de la fonction $f(x, y)$. Dans l'exemple suivant MuPAD trace simultanément les courbes solutions pour $f(x, y) = -0.05$, $f(x, y) = 0$, et $f(x, y) = 0.05$. La courbe « en feuille de trèfle » correspond aux solutions de $f(x, y) = 0$.

---

[4] La fonction `plotlib::contourplot` est remplacée par `plot::contour` dans les versions de MuPAD postérieures à la 1.4.

```
>> SceneOptions :=  Axes = Box, Labeling = TRUE,
                    Labels = ["",""],
                    BackGround = [1, 1, 1],
                    ForeGround = [0, 0, 0]:
>> mySurface := [x, y, (x^2 + y^2)^3 - (x^2 - y^2)^2],
                x = [-1, 1], y = [-1, 1]:
>> Options :=  Contours = [-0.05, 0, 0.05],
              Grid = [100, 100]:
>> plotlib::contourplot(SceneOptions,
                        [mySurface, Options]);
```

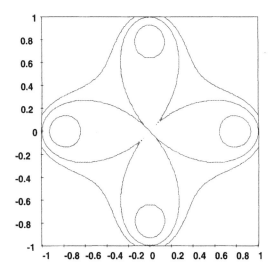

La fonction `plotlib::xrotate` génère la surface qui résulte de la rotation d'une courbe autour de l'axe des x :

```
>> myCurve := [x, sin(x)], x = [0, 3*PI]:
>> objetOptions := Color = [Height], Grid = [100, 20],
                   Style = [ColorPatches, AndMesh]:
>> RotationalSurface := [myCurve, angle = [0, 2*PI],
                         objetOptions]:
>> SceneOptions :=  Axes = Box, BackGround = [1, 1, 1],
                    ForeGround = [0, 0, 0]:
>> plotlib::xrotate(SceneOptions, RotationalSurface);
```

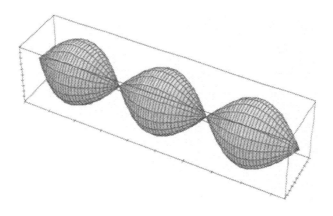

Finalement nous utilisons la fonction `plotlib::fieldplot` pour tracer le champ de vecteur

$$(x, y) \;\rightarrow\; \left(-y^2, x^2\right) :$$

```
>> sceneOptions := Axes = Origin, Ticks = 0,
                   BackGround = [1, 1, 1],
                   ForeGround = [0, 0, 0]:
   VectorField := [-y^2, x^2], x = [-4, 4], y = [-4, 4]:
   objetOptions := Grid = [20, 20]:

>> plotlib::fieldplot(sceneOptions,
                      [VectorField, objetOptions]);
```

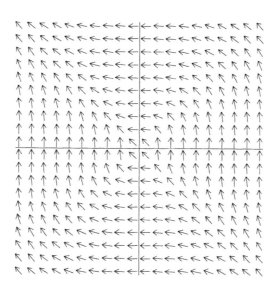

Vous trouverez une description plus détaillée des possibilités graphiques de MuPAD ainsi que d'autres exemples dans le manuel d'utilisation de MuPAD (User's Manual [MuP 96]), dans la démonstration [DPS 97], ou dans les pages d'aide de `plot2d` et `plot3d`.

11.6 Imprimer et sauvegarder les graphiques

Vous pouvez imprimer et sauvegarder des graphiques de façon interactive. Cliquez sur le bouton correspondant de la fenêtre graphique. Vous pouvez alors choisir différents formats de graphique tels que Postscript ou GIF depuis un menu. Le système crée un fichier externe contenant les données graphiques dans le format sélectionné. Les données de ce fichier peuvent alors être utilisées par un autre logiciel ou être envoyées à une imprimante. Ou encore, vous pouvez utiliser l'option de scène `PlotDevice` (voir la table 11.1) dans une commande de tracé pour créer un fichier externe.

Lorsque vous imprimez des graphiques en couleurs sur une imprimante monochrome, les couleurs sont souvent simulées par des valeurs sur une échelle de gris, ce qui peut amener des résultats insatisfaisants. Dans de tels cas, nous vous recommandons de laisser MuPAD générer directement des graphiques en noir et blanc.

Exercice 11.1 : Soit rd représentant la fonction d'arrondi appliquant un point réel x à l'entier le plus proche. Tracez la fonction

$$f(x) \; = \; \frac{|x - rd(x)|}{x}$$

dans l'invervalle $[1, 30]$.

Exercice 11.2 : Tracez la surface d'une sphère dans MuPAD.

Exercice 11.3 : Lisez la page d'aide de `plotlib::implicitplot` (`plot::implicit` dans les versions de MuPAD postérieures à la 1.4).

Quelle est la différence avec `plotlib::contourplot` ? Utilisez les deux routines pour tracer l'ensemble solution de

$$f(x, y) = (x^2 + y^2)(x^2 + y^2 - 1) = 0$$

sur le carré $-2 \leq x \leq 2$, $-2 \leq y \leq 2$.

12. Le mécanisme de l'historique

Chaque entrée dans MuPAD produit un résultat après évaluation par le système. Les objets calculés sont stockés en interne dans une *table de l'historique*. Notez que le résultat de toute instruction est stocké, même s'il n'apparaît pas à l'écran. Vous pouvez le récupérer par la suite avec la fonction `last`.

La commande `last(1)` retourne le résultat précédent, `last(2)` le pénultième, et ainsi de suite. À la place de `last(i)` vous pouvez utiliser la notation `%i`. `%` est donc un raccourci pour `%1` ou `last(1)`. Ainsi l'entrée

```
>> f := diff(ln(ln(x)), x): int(f, x);
```

peut être passée au système sous la forme équivalente :

```
>> diff(ln(ln(x)), x): int(%, x);
```

Ceci vous permet d'accéder aux résultats intermédiaires qui n'ont pas été associés à un identificateur.

Il est remarquable que l'utilisation de `last` puisse accélérer certaines évaluations.

Dans l'exemple suivant, nous essayons d'abord de calculer une intégrale définie symboliquement. Après avoir constaté que MuPAD ne peut calculer une telle valeur symbolique, nous demandons une approximation en virgule flottante :

```
>> f := int(sin(x)*exp(x^3)+x^2*cos(exp(x)), x=0..1)
                2                         3
       int(x  cos(exp(x)) + sin(x) exp(x ), x = 0..1)
```

```
>> startingTime := time():
   float(f);
   time() - startingTime
```

$$0.5356260737$$

$$1420$$

La fonction **time** retourne le temps total de calcul (en millisecondes) utilisé par le système depuis le début de la session. Ainsi la différence affichée est le temps de calcul de cette approximation. Dans cet exemple, nous pouvons réduire drastiquement ce temps de calcul en utilisant **last** :

```
>> f := int(sin(x)*exp(x^3)+x^2*cos(exp(x)), x=0..1);
```

$$int(x^2 \ cos(exp(x)) + sin(x) \ exp(x^3), \ x = 0..1)$$

```
>> startingTime := time():
   float(%2);
   time() - startingTime
```

$$0.5356260737$$

$$130$$

Dans ce cas la raison du gain en vitesse est que MuPAD *ne ré-évalue pas* les objets auxquels se réfèrent **last(i)**, **%i**, ou **%**[1]. Vous obtenez la même accélération en appelant **float(level(f,1))**.

Ainsi des appels à **last** forment une exception à l'évaluation complète usuelle au niveau interactif (section 5.2) :

```
>> unassign(x): sin(x): x := 0: %2;
```

```
   sin(x)
```

Vous pouvez forcer une évaluation complète avec **eval** :

```
>> unassign(x): sin(x): x := 0: eval(%2);
```

```
   0
```

---

[1] Notez que ce gain en vitesse n'est obtenu qu'en mode interactif, puisque les identificateurs sont évalués au niveau 1 dans les procédures (sect. 18.11 p. 280).

Notez que la valeur de last(i) peut différer de la $i^{\text{ème}}$ avant la dernière entrée *visible*, si vous avez supprimé la sortie sur écran de quelques résultats intermédiaires en terminant les commandes concernées par un deux-points. Notez aussi que la valeur de l'expression last(i) change en permanence pendant un calcul :

```
>> 1: last(1) + 1; last(1) + 1;
```

```
   2
```

```
   3
```

La variable d'environnement HISTORY détermine le nombre de résultats que MuPAD conserve durant une session et qui peuvent être accédés par last :

```
>> HISTORY;
```

```
   [20, 3]
```

Cette valeur par défaut signifie que MuPAD stocke les 20 précédentes expressions. Dans les versions de MuPAD 1.4 et antérieures, la valeur par défaut de HISTORY est [20, 3], ce qui signifie que 20 valeurs sont stockées interactivement, alors que vous ne pouvez utiliser que last(1), last(2), et last(3) dans les procédures (chapitre 18). Bien sûr vous pouvez changer cette valeur en affectant à HISTORY une liste contenant d'autres valeurs. Ceci peut être approprié lorsque MuPAD doit traiter d'énormes objets (telles que de très grandes matrices) qui rempliraient une partie significative de la mémoire principale de votre ordinateur. Des copies de ces objets sont stockées dans la table de l'historique, qui réclament davantage d'espace de stockage. Dans ce cas, vous devriez réduire la charge de la mémoire en choisissant de petites valeurs dans HISTORY. Dans les versions de MuPAD postérieures à la 1.4, HISTORY ne contient que la valeur de la « profondeur historique » interactive. Dans une procédures last n'accepte que les paramètres 1, 2, et 3.

Nous recommandons fortement d'utiliser last seulement en mode interactif. L'utilisation de la fonction last dans les procédures est considérée comme un mauvais style de programmation et devrait être évitée.

13. Entrées et sorties

13.1 Expressions en sortie

MuPAD n'affiche pas à l'écran tous les résultats calculés. Des exemples typiques en sont les commandes dans les boucles **for** (chapitre 16) ou les procédures (chapitre 18) : seul le résultat final (c.-à-d. le résultat de la dernière commande) est affichée et la sortie des résultats intermédiaires est supprimée. Néanmoins vous pouvez laisser MuPAD afficher les résultats intermédiaires ou changer le format de sortie.

13.1.1 Affichage des expressions à l'écran

La fonction `print` affiche les objets MuPAD à l'écran :

```
>> for i from 4 to 5 do
     print("The ", i, "th prime is ", ithprime(i))
   end_for;

   "The ", 4, "th prime is ", 7

   "The ", 5, "th prime is ", 11
```

Nous rappelons que `ithprime(i)` calcule le $i^{\text{ème}}$ premier. MuPAD entoure le texte de guillemets (doubles). Utilisez l'option `Unquoted` pour les supprimer :

```
>> for i from 4 to 5 do
     print(Unquoted,
           "The ", i, "th prime is ", ithprime(i))
   end_for;

   The , 4, th prime is , 7

   The , 5, th prime is , 11
```

Vous pouvez aussi éliminer les virgules dans la sortie au moyen des outils de traitement des chaînes qui sont présentés en section 4.11 p. 90 :

```
>> for i from 4 to 5 do
      print(Unquoted,
            "The " . expr2text(i) . "th prime is "
            expr2text(ithprime(i)) . ".")
   end_for;

   The 4th prime is 7.


   The 5th prime is 11.
```

Ici la fonction **expr2text** convertit les valeurs de i et **ithprime(i)** en chaînes. Alors l'opérateur de concaténation . les combine avec d'autres pour en faire une unique chaîne.

Vous pouvez aussi utiliser la fonction **fprint**, qui écrit des données sur un fichier ou à l'écran. Contrairement à **print**, elle ne sort pas ses arguments comme expressions individuelles. À la place, **fprint** les combine en une unique chaîne (si vous utilisez l'option **Unquoted**) :

```
>> a := one: b := string:
>> fprint(Unquoted, 0, "This is ", a, " ", b);

   This is one string
```

Le second argument 0 dit à **fprint** de diriger sa sortie sur l'écran. Notez que **fprint** n'utilise pas le « pretty printer » (qui est expliqué ci-dessous).

13.1.2 Modifier le format de sortie

En général MuPAD affiche les expressions sous une forme en deux dimensions avec de simples caractères (ASCII) :

```
>> diff(sin(x)/cos(x), x);

        2
     sin(x)
     ------- + 1
        2
     cos(x)
```

Ce format est connu sous le nom de *pretty print* (belle impression!).
Il ressemble à la notation mathématique usuelle. Il est donc souvent
plus facile à lire qu'une ligne unique de sortie. Cependant, MuPAD
n'utilise ce format « pretty print » que pour sa sortie et ce n'est pas un
format d'entrée valable : dans une interface utilisateur graphique vous
ne pouvez pas copier une sortie texte avec la souris et la coller ailleurs
en tant qu'entrée MuPAD.

La variable d'environnement PRETTYPRINT[1] contrôle le format de
sortie. La valeur par défaut de la variable est TRUE, c.-à-d. que le format
« pretty print » est utilisé pour la sortie. Si vous mettez cette variable
à FALSE, alors vous obtenez une forme de sortie uni-dimensionnelle qui
peut aussi être utilisée en entrée :

```
>> PRETTYPRINT := FALSE: diff(sin(x)/cos(x), x);

   cos(x)^(-2)*sin(x)^2 + 1
```

Si une sortie tend à dépasser la longueur des lignes, le système les coupe
automatiquement :

```
>> PRETTYPRINT := TRUE: taylor(sin(x), x = 0, 17);
        3     5       9        11           13
       x     x     7     x         x            x
   x - -- + --- - x   + ------ - -------- + ---------- -
       6    120   ---   362880   39916800   6227020800
                  5040

           15
          x                  17
     ------------- + O(x   )
     1307674368000
```

Vous pouvez définir la variable d'environnement TEXTWIDTH à la largeur
de ligne désirée. Sa valeur par défaut est 75 (caractères), et vous pouvez
lui donner toute valeur entière entre 10 et $2^{31} - 1$. [2]. Par exemple, si
vous calculez $(\ln \ln x)''$, vous obtenez la sortie :

---

[1] Cette variable était appelée PRETTY_PRINT dans les versions de MuPAD 1.4 et
antérieures.
[2] La limite supérieure est théorique, car MuPAD doit être capable d'allouer de la
mémoire pour construire la sortie. Il est peu probable que MuPAD pourra allouer
plus de 4 Go pour une sortie de deux lignes sur votre système.

```
>> diff(ln(ln(x)), x, x);

       1               1
 - --------- - ---------
       2          2    2
      x  ln(x)   x  ln(x)
```

Si vous réduisez la valeur de TEXTWIDTH, alors le système affiche la sortie sur deux lignes :

```
>> TEXTWIDTH := 20: diff(ln(ln(x)),x,x);

       1
 - --------- -
       2
      x  ln(x)


         1
    ---------
       2    2
      x  ln(x)
```

La valeur par défaut est rétablie par la commande unassign :

```
>> unassign(TEXTWIDTH):
```

Vous pouvez aussi contrôler la sortie à l'aide de préférences définies par l'utilisateur. Ceci est discuté à la section 14.1 p. 231.

13.2 Lire et écrire sur des fichiers

Vous pouvez sauvegarder les valeurs des identificateurs ou d'une session MuPAD complète dans un fichier et lire ce fichier plus tard dans une autre session MuPAD.

13.2.1 Les fonctions write et read

La fonction **write** enregistre les valeurs des identificateurs dans un fichier, de sorte que vous pouvez réutiliser les résultats calculés dans une autre session MuPAD. Dans l'exemple suivant nous gardons les valeurs des identificateurs a et b dans le fichier ab.mb :

```
>> a := 2/3: b := diff(sin(cos(x)), x):
>> write("ab.mb", a, b);
```

Vous passez le nom du fichier comme une chaîne (sect. 4.11 p. 90) entourée de guillemets doubles ". Le système crée alors un fichier de ce nom (sans "). Si vous lisez ce fichier dans une autre session MuPAD avec la fonction **read**, vous aurez alors accès aux valeurs des identificateurs a et b sans devoir les recalculer :

```
>> reset(): read("ab.mb"): a, b;

   2/3, - sin(x) cos(cos(x))
```

Si vous utilisez la fonction **write** comme dans l'exemple ci-dessus, elle crée un fichier dans le format binaire spécifique de MuPAD. Par convention, un fichier dans ce format devra avoir un nom avec l'extension « .mb ». Vous pouvez appeler la fonction **write** avec l'option **Text**. Ce qui crée un fichier au format texte lisible[3] :

```
>> a := 2/3: b := diff(sin(cos(x)), x):
>> write(Text, "ab.mu", a, b);
```

Le fichier **ab.mu** contient maintenant les deux commandes MuPAD suivantes syntaxiquement correctes :

```
   sysassign(a, hold(2/3)):
   sysassign(b, hold(-sin(x)*cos(cos(x)))):
```

Vous pouvez utiliser la fonction **read** pour lire ce fichier :

```
>> a := 1: b := 2: read("ab.mu"): a, b;

   2/3, -sin(x) cos(cos(x))
```

La fonction **sysassign** travaille comme **_assign** et l'opérateur d'affectation :=. Elle affecte une valeur à un identificateur. Ainsi les identificateurs a,b prennent les valeurs qu'ils avaient au moment de l'exécution de la commande **write**. Nous recommandons de ne pas utiliser **sysassign** directement; utilisez plutôt je vous prie :=, **_assign**, ou **assign**.

Les fichiers au format texte créés par **write** contiennent des commandes MuPAD valables. Évidemment, vous pouvez utiliser n'importe

---

[3] En général l'extension du nom du fichier pour les fichiers au format texte de MuPAD devrait être « .mu ».

quel éditeur pour créer un tel fichier texte « à la main » et le lire au cours d'une session MuPAD. En fait c'est un outil naturel pour le développement des procédures MuPAD plus complexes.

13.2.2 Sauvegarder une session MuPAD

Si vous appelez la fonction **write** sans lui donner d'identificateur comme argument, le système écrit alors les valeurs de *tous* les identificateurs ayant une valeur dans un fichier. Ainsi il est possible de rétablir ultérieurement l'état de la session actuelle avec **read** :

```
>> result1 := .. ; result2 := .. ; ...
>> write("results.mb");
```

La fonction **protocol** enregistre les entrées et les sorties d'écran d'une session dans un fichier. La commande **protocol(fichier)** crée un fichier au format texte. Entrées et sorties sont écrites dans ce fichier jusqu'à ce que vous entriez **protocol()** :

```
>> protocol("logfile"):
>> limit(sin(x)/x, x = 0);

   1

>> protocol():
```

Ces commandes génèrent un fichier texte nommé **logfile** ayant le contenu suivant[4] :

```
limit(sin(x)/x, x = 0)

              1

protocol():
```

Il n'est pas possible de lire un fichier créé par **protocol** lors d'une session MuPAD.

---

[4] La sortie montrée ici a été obtenue avec MuPAD 2.0. Elle peut être différente avec les versions précédentes.

13.2.3 Lire des données à partir d'un fichier texte

Souvent vous voudrez utiliser des données de MuPAD ayant été créées par différents logiciels (par exemple, vous pourriez désirer lire des valeurs statistiques pour un traitement ultérieur) ou avoir accès à tous les fichiers d'un certain répertoire automatiquement. C'est possible à l'aide de la fonction `import::readdata` de la bibliothèque `import`[5]. Elle convertit le contenu d'un fichier en une liste MuPAD imbriquée. Vous pouvez considérer le fichier comme une « matrice » avec des coupures de lignes indiquant le début d'une nouvelle rangée. Notez que les lignes peuvent avoir des longueurs différentes. Vous pouvez passer un caractère quelconque à `io::readdata` comme séparateur de colonne. Par exemple, supposons que le fichier nommé `directory` contienne les trois lignes suivantes :

```
prog1.mu
myLetter.txt
abc
```

Si vous prenez le point comme séparateur de colonne, vous obtenez :

```
>> io::readdata("directory", ".");

   [[prog1, mu], [myLetter, txt], [abc]]
```

Supposons que vous ayez un fichier `numericalData` avec les 4 lignes suivantes :

```
1      1.2  12
 2.34 234
34     345.6
 4      44  444
```

Par défaut, les caractères blancs sont des séparateurs de colonne. Vous pouvez alors lire ce fichier dans une session MuPAD comme ceci :

---

[5] Dans les versions de MuPAD 1.4 et antérieures vous trouvez cette fonction dans la bibliothèque `io` (« entrée-sortie »).

```
>> data := io::readdata("numericalData"):
>> data[1]; data[2]; data[3]; data[4];

   [1, 1.2, 12]

   [2.34, 234]

   [34, 345.6]

   [4, 44, 444]
```

La page d'aide de **io::readdata** donne d'autres informations.

14. Les utilitaires

Dans ce chapitre nous présentons quelques fonctions utiles. La place étant limitée, nous n'expliquerons pas leur fonctionnalité complète et vous renvoyons aux pages d'aide pour des informations plus détaillées.

14.1 Préférences définies par l'utilisateur

Vous pouvez personnaliser le comportement de MuPAD en utilisant les *préférences*. La commande suivante donne la liste de toutes les préférences :

```
>> Pref();
```

```
Pref::warnLexProcEnv  : FALSE
Pref::moduleTrace     : FALSE
Pref::verboseRead     : 0
Pref::timesDot        : " "
Pref::warnChanges     : FALSE
Pref::warnDeadProcEnv : TRUE
Pref::ignoreNoDebug   : FALSE
Pref::output          : NIL
Pref::maxTime         : 0
Pref::maxMem          : 0
Pref::postInput       : NIL
Pref::matrixSeparator : ", "
Pref::callOnExit      : NIL
Pref::noProcRemTab    : FALSE
Pref::kernel          : [2, 0, 0]
Pref::userOptions     : ""
Pref::promptString    : ">> "
Pref::trailingZeroes  : FALSE
```

```
Pref::echo           : TRUE
Pref::prompt         : TRUE
Pref::callBack       : NIL
Pref::floatFormat    : "g"
Pref::keepOrder      : DomainsOnly
Pref::alias          : proc()
  name Pref::alias;
  local tab;
  option noDebug;
begin
  tab := _parser_config();
  if tab <> null() and op(tab, 2) <> table()
   and args() <> null() then
    tab := map(op(op(tab, 2)), eval);
    subsex(args(), tab)
  else
    args()
  end_if
end_proc
Pref::typeCheck      : Interactive
Pref::report         : 0
Pref::postOutput     : NIL
```

Reportez-vous à la page d'aide **?Pref** pour une description complète de toutes les préférences. Quelques options spécifiques sont discutées ci-dessous.

Vous pouvez utiliser la préférence **report** pour avoir une information régulière sur la mémoire allouée à MuPAD, la mémoire réellement utilisée, et le temps de calcul écoulé. L'argument de **report** est un entier entre 0 et 9. La valeur par défaut 0 signifie qu'aucune information n'est affichée. Si vous choisissez la valeur 9, alors vous obtiendrez en permanence des informations sur l'état présent de MuPAD.

```
>> Pref::report(9): int(sin(x)/x, x = 0..1)

[used=2873k, reserved=2994k, seconds=4]

             / sin(x)           \
          int| ------, x = 0..1 |
             \   x              /
```

La préférence `floatFormat` contrôle la sortie des nombres en virgule flottante. Par exemple, si vous donnez l'argument `"e"` les nombres en virgule flottante seront alors affichés avec mantisse et exposant (p.ex., `1.234e-7` $= 1,234 \cdot 10^{-7}$). Si vous utilisez l'argument `"f"` MuPAD les affiche en représentation fixe :

```
>> Pref::floatFormat("e"): float(exp(-50));

   1.928749847e-22

>> Pref::floatFormat("f"): float(exp(-50));

   0.00000000000000000000001928749847
```

Plus généralement, vous pouvez utiliser les préférences pour contrôler la sortie sur écran. Par exemple, après l'appel `Pref::output(F)` MuPAD passe chaque résultat calculé par le noyau à la fonction `F` avant de l'afficher à l'écran. La sortie sur écran est alors le résultat de la fonction `F` et non celui calculé à l'origine par le noyau. Dans l'exemple suivant, nous utilisons ceci pour calculer et afficher la normalisation de toute expression requise. Nous définissons une procédure `F` (chapitre 18) et la passons à `Pref::output` :

```
>> F := proc(x) begin (x, normal(x)); end_proc:
>> Pref::output(F): 1+x/(x+1)-2/x;

                         2
     x       2     2 x  - x - 2
   ----- - - + 1, ------------
   x + 1   x           2
                    x + x
```

La bibliothèque **generate** contient des fonctions de conversion d'expressions MuPAD pour le format d'entrée d'autres langages de programmation (C, Fortran, ou TEX). Dans l'exemple suivant la sortie de MuPAD est convertie en une chaîne. Vous pourrez alors écrire cette chaîne dans un fichier texte pour un traitement ultérieur sous TEX :

```
>> Pref::output(generate::TeX): diff(f(x),x);

   "\\frac{d}{dx} f\\left(x\\right)"
```

La commande suivante rétablit la routine de sortie dans son état original :

```
>> Pref::output(NIL):
```

Quelques utilisateurs veulent obtenir des informations sur certaines caractéristiques de tous les calculs, par exemple sur les temps de calcul,
ce qui s'obtient avec `Pref::postInput` et `Pref::postOutput`. Toutes
deux prennent des procédures MuPAD en arguments, qui sont alors appelées après chaque entrée ou sortie, respectivement. Dans l'exemple
suivant, nous utilisons une procédure qui affecte le temps système retourné par `time()` à l'identificateur global `Time`. Ce qui lance une « horloge » (un « timer ») avant chaque calcul :

```
>> Pref::postInput(proc() begin Time := time() end_proc):
```

Nous définissons une procédure `myInformation` laquelle – parmi
d'autres choses – utilise cette horloge pour déterminer le temps pris par
le calcul. Elle emploie `expr2text` (sect. 4.11 p. 90) pour convertir la
valeur numérique du temps en une chaîne et la concatène avec certaines
autres chaînes. De plus, la procédure utilise `domtype` pour trouver le
type de domaine de l'objet et le convertir aussi en une chaîne. Enfin
elle concatène l'information de temps, quelques espaces `" "`, et le type
d'information, avec `_concat`. La fonction `strlen`, qui est renommée
`length` dans les versions de MuPAD au-delà de la 1.4, est utilisée pour
déterminer le nombre précis de blancs de telle sorte que le type de
domaine apparaisse justifié à droite à l'écran :

```
>> myInformation := proc() begin
       "domain type : ". expr2text(domtype(args()));
       "time : ". expr2text(time() - Time). " msec";
       _concat(%1,
               " " $ TEXTWIDTH-1-strlen(%1)-strlen(%2),
               %2)
   end_proc:
```

Nous passons cette procédure comme argument à `Pref::postOutput` :

```
>> Pref::postOutput(myInformation):
```

Après chaque résultat d'un calcul, le système affiche maintenant à
l'écran la chaîne créée par la procédure `myInformation` :[1]

---

[1] La fonction `Factor` est remplacée par `factor` dans les versions de MuPAD postérieures à la 1.4 ; voir la note en bas de la page 132.

```
>> Factor(x^3 - 1);

              2
   (x - 1) (x + x  + 1)


   time : 20 msec                    domain type : DOM_EXPR
```

Vous pouvez restaurer une préférence à sa valeur par défaut en spécifiant `NIL` comme argument. Par exemple, `Pref::report(NIL)` redonne à `Pref::report` la valeur de 0. De même, `Pref(NIL)` restaure *toutes* les préférences à leurs valeurs par défaut.

Dans les versions de MuPAD antérieures à la 1.4 vous deviez écrire `pref` au lieu de `Pref`. De plus, la syntaxe est quelque peu différente : consultez la page d'aide correspondante avec `?pref`.

Exercice 14.1 : La fonction MuPAD `bytes` retourne la quantité de mémoire logique et physique utilisée par la session MuPAD actuelle. Utilisez `Pref::postOutput` pour afficher cette information à l'écran après chaque sortie.

14.2 Informations sur les algorithmes de MuPAD

Certaines des fonctions système de MuPAD peuvent fournir des informations additionnelles concernant l'exécution. La commande suivante fait afficher cette information par toutes les procédures :

```
>> setuserinfo(Any, 1):
```

Comme exemple, nous inversons les matrices suivantes (sect. 4.15 p. 105) sur l'anneau des entiers modulo 11 :

```
>> M := Dom::Matrix(Dom::IntegerMod(11)):
>> A := M([[1,2,3], [3,2,1], [4,5,7]]):
>> B := M([[4,5,7], [3,2,1], [1,2,3]]):
>> C := M([[3,2,1], [4,5,7], [1,2,3]]):
```

```
>> A^(-1);
```

  perform (ordinary) Gaussian elimination

```
+-                                    -+
|  6 mod 11, 8 mod 11, 1 mod 11  |
|                                      |
|  7 mod 11, 4 mod 11, 9 mod 11  |
|                                      |
|  1 mod 11, 2 mod 11, 1 mod 11  |
+-                                    -+
```

Vous obtenez une information plus détaillée en augmentant le second argument de **setuserinfo** (le « niveau d'information »)[2] :

```
>> setuserinfo(Any, 3): B^(-1);
```

  perform (ordinary) Gaussian elimination
  search for pivot
    in column , 1
  pivot element is , 4 mod 11
  search for pivot
    in column , 2
  pivot element is , 1 mod 11

```
+-                                    -+
|  1 mod 11, 8 mod 11, 6 mod 11  |
|                                      |
|  9 mod 11, 4 mod 11, 7 mod 11  |
|                                      |
|  1 mod 11, 2 mod 11, 1 mod 11  |
+-                                    -+
```

Si vous entrez

```
>> setuserinfo(Any, 0):
```

alors le système arrête l'affichage des informations supplémentaires :

---

[2] Si vous appelez **A^(-1)** pour la seconde fois, le système retourne seulement le résultat, sans information additionnelle. La raison en est que la procédure d'inversion est implantée avec l'**option remember**, de sorte que le résultat est pris directement dans la table « remember » sans nouvelle exécution de l'algorithme.

```
>> C^(-1);

   +-                            -+
   |  8 mod 11, 1 mod 11, 6 mod 11  |
   |                              |
   |  4 mod 11, 9 mod 11, 7 mod 11  |
   |                              |
   |  2 mod 11, 1 mod 11, 1 mod 11  |
   +-                            -+
```

Le premier argument de **setuserinfo** peut être un nom de procédure quelconque ou celui d'une bibliothèque. La procédure correspondante donne des informations supplémentaires. Les programmeurs de fonctions système ont construit dans le code des appels à **userinfo**. Ces commandes sont activées par **setuserinfo**. Vous pouvez aussi utiliser ceci dans vos propres procédures (**?userinfo**).

14.3 Redémarrer une session MuPAD

La commande **reset()** réinitialise une session MuPAD à son état initial. Après cela tous les identificateurs que vous aviez définis précédemment n'ont plus de valeur et toutes les variables d'environnement ont repris leurs valeurs par défaut :

```
>> a := hello: DIGITS := 100: reset(): a, DIGITS;

   a, 10
```

14.4 Exécuter des commandes du système d'exploitation

Vous pouvez utiliser la fonction **system**, ou le point d'exclamation ! comme raccourci, pour exécuter une commande du système d'exploitation. Sur les plates-formes UNIX la commande suivante affiche le contenu du répertoire courant :

```
>> !ls

   changes/    demo/   examples/   mmg/    xview/   bin/
   copyright/  doc/    lib/        tex/
```

Vous ne pouvez ni utiliser la sortie d'une telle commande pour effectuer ultérieurement des calculs ni la sauver dans un fichier[3]. Le résultat retourné par `system` dans la version finale est le code d'erreur de la commande donné par le système d'exploitation. Motif évalue directement en entrée un appel système ; MuPAD, en interne, vous renvoie toujours 1 comme résultat.

La fonction `system` n'est pas disponible sur toutes les plates-formes. Par exemple, vous ne pouvez ni l'utiliser sur un système Windows ni sur un Macintosh.

---

[3] Si vous le désirez, vous pouvez néanmoins utiliser une autre commande du système d'exploitation pour écrire la sortie sur un fichier et le lire dans une session MuPAD à l'aide de `io::readdata`.

15. Les spécificateurs de type

La structure de donnée d'un objet MuPAD est son type de domaine, qui peut être obtenu au moyen de la fonction domtype. Le type de domaine reflète la structure que le noyau de MuPAD utilise en interne pour gérer les objets. Le concept de type mène aussi à une classification des objets selon leur sens mathématique : nombres, ensembles, expressions, développements en séries, polynômes, etc.

Dans cette section nous décrivons comment obtenir des informations détaillées sur la structure mathématique des objets. Par exemple, comment pouvez-vous déterminer efficacement si un entier de type de domaine DOM_INT est *positif* ou *pair*, ou si tous les éléments d'un ensemble sont des équations ?

De telles vérifications de types sont à peine utiles pour l'utilisation interactive de MuPAD, puisque vous pouvez contrôler le sens mathématique d'un objet par examen direct. Les vérifications de type sont surtout utilisées pour l'implantation d'algorithmes mathématiques, c.-à-d. la programmation de procédures MuPAD (chapitre 18). Par exemple, une procédure de différentiation d'expressions doit décider si son entrée est un produit, une composition de fonctions, un appel symbolique d'une fonction connue, etc. Chaque cas requiert une action différente, telle qu'appliquer la règle du produit, celle du chaînage, etc.

15.1 Les fonctions type et testtype

Pour la plupart des objets MuPAD la fonction type retourne, comme domtype, le type de domaine :

```
>> type([a, b]), type({a, b}), type(array(1..1));

   DOM_LIST, DOM_SET, DOM_ARRAY
```

Pour les expressions de type de domaine `DOM_EXPR` la fonction `type` donne une distinction plus fine selon le sens mathématique de l'expression : sommes, produits, appels de fonction, etc. :

```
>> type(a + b), type(a*b), type(a^b), type(a(b));

   "_plus", "_mult", "_power", "fonction"

>> type(a = b), type(a < b), type(a <= b);

   "_equal", "_less", "_leequal"
```

Le résultat retourné par `type` est l'appel de fonction qui a généré l'expression (en interne une somme ou un produit symbolique représenté respectivement par un appel de la fonction `_plus` ou `_mult`). Plus généralement le résultat d'un appel symbolique à une fonction système est l'identificateur de la fonction sous forme d'une chaîne :

```
>> type(ln(x)), type(diff(f(x), x)), type(fact(x));

   "ln", "diff", "fact"
```

Vous pouvez utiliser les deux types de domaine `DOM_INT`, `DOM_EXPR`, etc. ou les chaînes retournées par `type` comme *spécificateurs de type*. Il existe une quantité d'autres spécificateurs de type en plus du « typage standard » d'un objet MuPAD donné par `type`. Un exemple en est `Type::Numeric`[1]. Ce type contient tous les objets « numériques » (de type de domaine `DOM_INT`, `DOM_RAT`, `DOM_FLOAT`, ou `DOM_COMPLEX`).

L'appel `testtype(objet,spécificateur_de_type)` vérifie si un objet appartient au type spécifié. Le résultat est soit `TRUE` (vrai) ou `FALSE` (faux). À un objet peuvent correspondre plusieurs spécificateurs de type :

```
>> testtype(2/3, DOM_RAT), testtype(2/3, NUMERIC);

   TRUE, TRUE

>> testtype(2 + x, "_plus"), testtype(2 + x, DOM_EXPR);

   TRUE, TRUE

>> testtype(f(x), "function"), testtype(f(x), DOM_EXPR);

   TRUE, TRUE
```

---

[1] Dans les versions de MuPAD jusqu'à la 1.4, `Type::Numeric` est appelé `NUMERIC`.

Exercice 15.1 : Considérez l'expression

$$f(i) \;=\; \frac{i^{5/2} + i^2 - i^{1/2} - 1}{i^{5/2} + i^2 + 2\,i^{3/2} + 2\,i + i^{1/2} + 1}$$

Comment MuPAD peut-il décider si l'ensemble

```
>> S := {f(i) $ i = -1000..-2} union {f(i) $ i=0..1000}:
```

contient seulement des nombres rationnels ?
Indication : pour un entier spécifique i utilisez la fonction **normal** pour simplifier les sous-expressions de f(i) contenant des racines carrées.

Exercice 15.2 : Considérez les expressions $\sin(i\,\pi/200)$ pour les valeurs entières de i entre 0 et 100. Parmi elles, lesquelles seront simplifiées par la fonction **sin** de MuPAD, lesquelles seront retournées comme valeurs symboliques **sin(..)** ?

15.2 Test de type avec la bibliothèque Type

Les spécificateurs de type présentés ci-dessus sont utiles seulement pour la vérification de structures relativement simples. Par exemple, comment pouvez-vous tester sans inspection directe si l'objet [1,2,3,..] est une liste d'entiers positifs ?

Pour cela la bibliothèque **Type** propose d'autres spécificateurs et constructeurs de types. Vous pouvez les utiliser pour créer vos propres spécificateurs de type, qui seront reconnus par **testtype** :

```
>> info(Type);
```

```
Domain 'Type': Type expressions for testing types
Interface:
Type::AnyType,        Type::Complex,
Type::Divs,           Type::Even,
Type::Fraction,       Type::IV,
Type::Imaginary,      Type::IntImaginary,
Type::Integer,        Type::Irrational,
Type::ListOf,         Type::ListOfIdents,
Type::ListProduct,    Type::NegInt,
Type::NegRat,         Type::Negative,
```

```
Type::NonNegInt,     Type::NonNegRat,
Type::NonNegative,   Type::Odd,
Type::PolyOf,        Type::PosInt,
Type::PosRat,        Type::Positive,
Type::Prime,         Type::Product,
Type::Rational,      Type::RealNum,
Type::Relation,      Type::SequenceOf,
Type::Series,        Type::SetOf,
Type::Singleton,     Type::TableOfEntry,
Type::TableOfIndex,  Type::Union,
Type::Zero
```

Par exemple, le spécificateur de type `Type::PosInt` représente l'ensemble des entiers positifs $n > 0$, `Type::NonNegInt` correspond aux entiers non négatifs $n \geq 0$, `Type::Even` et `Type::Odd` représentent respectivement les entiers pairs et impairs. Ces spécificateurs de type ont le type de domaine `Type` :

```
>> domtype(Type::Even);
```

```
   Type
```

Vous pouvez utiliser de tels spécificateurs pour vous enquérir de la structure mathématique des objets MuPAD avec **testtype**. Dans l'exemple suivant, nous extrayons tous les entiers pairs d'une liste d'entiers avec **select** (section 4.6) :

```
>> select([i $ i = 1..20], testtype, Type::Even);
```

```
   [2, 4, 6, 8, 10, 12, 14, 16, 18, 20]
```

Vous pouvez utiliser les constructeurs tels que `Type::ListOf` ou `Type::SetOf` pour exécuter une vérification de type pour les listes ou les ensembles : une liste d'entiers est de type `Type::ListOf(DOM_INT)`, un ensemble d'équations correspond au spécificateur `Type::SetOf("_equal")`, et un ensemble d'entiers impairs est de type `Type::SetOf(Type::Odd)`.

```
>> T := Type::ListOf(DOM_INT):
>> testtype([-1, 1], T), testtype({-1, 1}, T),
   testtype([-1, 1.0], T);
```

```
   TRUE, FALSE, FALSE
```

Le constructeur **Type::Union** génère des spécificateurs de type correspondant à l'union de types plus simples. Par exemple, le spécificateur :

```
>> T := Type::Union(DOM_FLOAT, Type::NegInt, Type::Even):
```

représente l'union de l'ensemble des nombres en virgule flottante, celui des entiers négatifs, et celui des entiers pairs :

```
>> testtype(-0.123, T), testtype(-3, T),
   testtype(2, T), testtype(3, T);

   TRUE, TRUE, TRUE, FALSE
```

Nous décrirons une application de vérification de type pour l'implantation des procédures MuPAD dans la section 18.7 p. 271.

Exercice 15.3 : Comment pouvez-vous calculer l'intersection d'un ensemble avec l'ensemble des entiers positifs ?

Exercice 15.4 : Utilisez **?Type::ListOf** pour consulter la page d'aide pour ce constructeur de type. Construisez un spécificateur de type correspondant à une liste de deux éléments tel que chaque élément soit encore une liste de trois éléments quelconques.

16. Les boucles

Les boucles sont des éléments importants du langage de programmation de MuPAD.

L'exemple suivant illustre la forme la plus simple d'une boucle **for** :

```
>> for i from 1 to 4 do
       x := i^2;
       print("The square of", i, "is", x)
   end_for:
```

La sortie sur écran est :

```
"The square of", 1, "is", 1

"The square of", 2, "is", 4

"The square of", 3, "is", 9

"The square of", 4, "is", 16
```

La variable de boucle i parcourt automatiquement toutes les valeurs $1, 2, 3, 4$. Pour chaque valeur de i toutes les commandes entre **do** et **end_for** sont exécutées. Il peut y avoir arbitrairement beaucoup de commandes, séparées par des point-virgules ou des deux-points. *Le système n'affiche pas à l'écran les résultats calculés dans chaque boucle d'itération, même si vous terminez les commandes par des point-virgules.* Pour cette raison nous avons utilisé la commande **print** pour créer une sortie dans l'exemple précédent.

La variante suivante compte en arrière. Nous utilisons les outils de la section 4.11 p. 90 pour rendre la sortie plus attrayante :

```
>> for j from 4 downto 2 do
      print(Unquoted,
            "The square of ".expr2text(j)." is ".
            expr2text(j^2))
   end_for:

   The square of 4 is 16

   The square of 3 is 9

   The square of 2 is 4
```

Vous pouvez utiliser le mot-clé **step** pour incrémenter (ou décrémenter) la variable de boucle pour de plus grands pas :

```
>> for x from 3 to 8 step 2 do print(x, x^2) end_for:

   3, 9

   5, 25

   7, 49
```

Notez qu'à la fin de l'itération avec $x = 7$ la valeur de x passe à 9, ce qui dépasse la borne supérieure 8, et la boucle se termine. Voici une autre variante de la boucle **for** :

```
>> for i in [5, 27, y] do print(i, i^2) end_for:

   5, 25

   27, 729

         2
   y, y
```

La variable de boucle ne parcourt que les valeurs de la liste $[5, 27, y]$. Comme vous pouvez le voir, une telle liste peut contenir des éléments symboliques telle que la variable y.

Dans une boucle **for** la variable de boucle change selon des règles fixées (elle est typiquement incrémentée ou décrémentée). La boucle **repeat** est une alternative plus flexible dans laquelle vous pouvez arbitrairement modifier beaucoup de variables à chaque pas. Dans l'exemple suivant nous calculons les carrés des entiers $i = 2, 2^2, 2^4, 2^8, \ldots$ jusquà ce que $i^2 > 100$ soit vraie pour la première fois :

```
>> x := 2:
>> repeat
       i := x; x := i^2; print(i, x)
   until x > 100 end_repeat:

   2, 4

   4, 16

   16, 256
```

Le système exécute en permanence les commandes entre **repeat** et **until**. La boucle se termine lorsque la condition énoncée entre **until** et **end_repeat** devient vraie. Dans cet exemple nous avons $i = 4$ et $x = 16$ à la fin du second pas. Donc le troisième est exécuté, et nous avons alors $i = 16, x = 256$. Maintenant la condition de terminaison $x > 100$ est vraie et la boucle se termine.

Une autre variante dans MuPAD est la boucle **while** :

```
>> x := 2:
>> while x <= 100 do
       i := x; x := i^2; print(i, x)
   end_while:

   2, 4

   4, 16

   16, 256
```

Dans une boucle **repeat**, le système vérifie la condition de terminaison *après* chaque itération. Dans une boucle **while**, cette condition est vérifiée *avant* chaque itération. Dès que la condition s'évalue à **FALSE**, le système termine la boucle **while**.

Vous pouvez utiliser **break** pour terminer explicitement une boucle. Cela se fait typiquement dans une construction **if** (chapitre 17) :

```
>> for i from 3 to 100 do
       print(i);
       if i^2 > 20 then break end_if
   end_for:

   3

   4

   5
```

Après un appel à **next**, le système saute toutes les commandes jusqu'à **end_for**. Il retourne immédiatement au début de la boucle et redémarre l'itération avec la valeur suivante de la variable de boucle :

```
>> for i from 2 to 5 do
       x := i;
       if i > 3 then next end_if;
       y := i;
       print(x, y)
   end_for:

   2, 2

   3, 3
```

Pour $i > 3$ seule la première affectation x:=i est exécutée :

```
>> x, y;

   5, 3
```

Rappelons que toute commande MuPAD retourne un objet. Pour une boucle c'est la valeur de retour de la commande la plus récemment exécutée. Si vous terminez la commande de boucle par un point-virgule (et non par un deux-points comme dans tous les exemples précédents), alors MuPAD affiche cette valeur :

```
>> unassign(x): for i from 1 to 3 do x.i := i^2 end_for;

   9
```

Vous pouvez traiter cette valeur par la suite. En particulier, vous pouvez l'affecter à un identificateur ou l'utiliser comme la valeur de retour d'une procédure MuPAD (chapitre 18) :

```
>> factorial := proc(n)
     local result;
     begin
       result := 1;
       for i from 2 to n do
         result := result * i
       end_for
     end_proc:
```

La valeur de retour de la procédure ci-dessus est la valeur de retour de la boucle **for**, qui à son tour est la valeur de la dernière affectation à **result**.

En interne les boucles sont des appels de fonctions système. Par exemple, MuPAD traite une boucle **for** en évaluant la fonction **_for** :

```
>> _for(i, first_i, last_i, increment, command):
```

Ce qui est équivalent à

```
>> for i from first_i to last_i step increment do
     command
   end_for:
```

17. Les branchements : `if-then-else` et `case`

Les *instructions de branchement* sont un élément important de tout langage de programmation. Selon la valeur ou le sens des variables, différentes commandes seront exécutées. La variante la plus simple dans MuPAD est l'instruction `if` :

```
>> for i from 2 to 4 do
      if isprime(i)
         then print(expr2text(i)." is prime")
         else print(expr2text(i)." is not prime")
      end_if
   end_for:

   "2 is prime"

   "3 is prime"

   "4 is not prime"
```

Ici le test de primalité `isprime(i)` retourne soit **TRUE** soit **FALSE**. Si la valeur est **TRUE**, alors le système exécute les commandes entre **then** et **else** (dans ce cas la seule commande **print**). Si elle est **FALSE**, ce sont les commandes entre **else** et **end_if** qui sont exécutées. La branche **else** est optionnelle :

```
>> for i from 2 to 4 do
      if isprime(i)
         then text := expr2text(i)." is prime";
              print(text)
      end_if
   end_for:
   "2 is prime"

   "3 is prime"
```

Ici la branche **then** contient deux commandes séparées par un point-virgule (ou parfois par un deux-points). Vous pouvez imbriquer arbitrairement des commandes, des boucles, et des instructions de branchement :

```
>> primes := []: evenNumbers := []:
>> for i from 30 to 50 do
     if isprime(i)
        then primes := primes.[i]
        else if testtype(i,Type::Even)
                then evenNumbers := evenNumbers.[i]
             end_if
     end_if
   end_for:
```

Dans cet exemple, nous examinons les entiers entre 30 et 50. Si nous rencontrons un premier alors nous l'ajoutons à la liste **primes**. Autrement nous utilisons **testtype** pour vérifier si i est pair (voir les sections 15.1 p. 239 et 15.2 p. 241). Si oui, nous ajoutons i à la liste **evenNumbers**. À la fin la liste **primes** contient tous les nombres premiers entre 30 et 50, et **evenNumbers** contient tous les nombres pairs dans cette fourchette :

```
>> primes, evenNumbers;

  [31, 37, 41, 43, 47], [30, 32, 34, 36, 38, 40, 42, 44,

     46, 48, 50]
```

Vous pouvez créer des conditions plus complexes pour l'instruction if avec les opérateurs booléens **and**, **or**, et **not** (sect. 4.10 p. 89). La boucle **for** suivante extrait les nombres premiers jumeaux $[i, i+2]$. La condition alternative **not** (i>3) donne de plus la paire $[2, 4]$:

```
>> for i from 2 to 100 do
     if (isprime(i) et isprime(i+2)) or not (i>3)
        then print([i,i+2])
     end_if
   end_for:
   [2, 4]

   [3, 5]
```

```
[5, 7]

...
```

En interne une instruction `if` est juste un appel à la fonction système `_if` :

```
>> _if(condition, command1, command2):
```

est équivalente à

```
>> if condition then command1 else command2 end_if:
```

Ainsi les commandes

```
>> x := 1234567:
>> _if(isprime(x), print("prime"), print("not prime")):
```

donnent la sortie :

```
   "not prime"
```

La valeur de retour d'une instruction `if` – et plus généralement de toute procédure MuPAD – est le résultat de la commande la plus récemment exécutée entre `if` et `end_if`[1] :

```
>> x := -2: if x > 0 then x else -x end_if;

   2
```

Par exemple, vous pouvez utiliser l'opérateur flèche `->` (sect. 4.12 p. 93) pour afficher la valeur absolue des nombres, comme ceci :

```
>> Abs := y -> (if y > 0 then y else -y end_if):
>> Abs(-2), Abs(-2/3), Abs(3.5);

   2, 2/3, 3.5
```

Comme vous pouvez le voir vous pouvez utiliser les commandes `if` dans MuPAD aussi bien au niveau interactif que dans les procédures. La programmation des procédures MuPAD en est une application typique, où les instructions `if` et les boucles contrôlent le flot de l'algorithme. Un exemple simple est la fonction `Abs`. Vous trouverez d'autres exemples au chapitre 18.

---

[1] Si aucune commande n'est exécutée alors le résultat est `NIL`.

Si vous avez plusieurs constructions imbriquées `if .. else if ..`, vous pouvez les abréger à l'aide de l'instruction `elif` :

```
>> if condition1 then
     statements1
   elif condition2 then
     statements2
   elif ...
   else
     statements
   end_if:
```

Ce qui est équivalent à l'instruction imbriquée `if` suivante :

```
>> if condition1 then
     statements1
   else if condition2 then
         statements2
       else if ...
           else
             statements
           end_if
       end_if
   end_if:
```

Une application typique en est la vérification de type dans les procédures (chapitre 18). La version suivante de **Abs** calcule la valeur absolue si l'entrée est un entier, un nombre rationnel, un nombre en virgule flottante, ou un nombre complexe, et affiche un message d'erreur autrement :

```
>> Abs := proc(y) begin
     if (domtype(y) = DOM_INT) or (domtype(y) = DOM_RAT)
       or (domtype(y) = DOM_FLOAT) then
         if y > 0 then y else -y end_if;
     elif (domtype(y) = DOM_COMPLEX) then
         sqrt(Re(y)^2 + Im(y)^2);
     else "Invalid argument type" end_if:
   end_proc:
>> unassign(x): Abs(-3), Abs(5.0), Abs(1+2*I), Abs(x);
```

$$3, \ 5.0, \ 5 \ \frac{1}{2} \ , \ \text{"Invalid argument type"}$$

Dans notre exemple, nous distinguons plusieurs cas selon l'évaluation d'une unique expression. Nous pouvons aussi implanter cela en utilisant une instruction `case`, qui est souvent plus facile à lire :

```
>> case domtype(y)
   of DOM_INT do
   of DOM_RAT do
   of DOM_FLOAT do
     if y > 0 then y else -y end_if;
     break;
   of DOM_COMPLEX do
     sqrt(Re(y)^2 + Im(y)^2);
     break;
   otherwise
     "Invalid argument type";
   end_case:
```

Les mots-clé `case` et `end_case` indiquent respectivement le début et la fin de l'instruction. MuPAD évalue l'expression après le `case`. Si le résultat correspond à l'une des expressions entre `of` et `do`, alors le système exécute toutes les commandes depuis le premier `of` concordant jusqu'à la rencontre d'un `break` ou du mot-clé `end_case`. Le style est le même que celui de l'instruction `switch` du langage C. Si aucune des branches `of` ne convient et s'il y a une branche `otherwise`, alors le code entre `otherwise` et `end_case` est exécuté. La valeur de retour d'une instruction `case` est la valeur de la dernière commande exécutée. Nous vous renvoyons à la page d'aide correspondante `?case` pour une description plus détaillée.

Comme pour les boucles et l'instruction `if`, il y a un équivalent fonctionnel pour l'instruction `case` : la fonction système `_case`. En interne MuPAD convertit l'instruction `case` ci-dessus en la forme équivalente suivante :

```
>> _case(domtype(y),
      DOM_INT, NIL,
      DOM_RAT, NIL,
      DOM_FLOAT,
        (if y > 0 then y else -y end_if; break),
      DOM_COMPLEX, (sqrt(Re(y)^2 + Im(y)^2); break),
      "Invalid argument type"):
```

Exercice 17.1 : Dans les instructions `if` ou les conditions terminales des boucles `while` et `repeat`, le système évalue les conditions composées d'opérateurs booléens l'un après l'autre. La routine d'évaluation stoppe prématurément dès qu'elle peut décider si le résultat final est `TRUE` ou `FALSE` (« évaluation paresseuse »). Y a-t-il des problèmes avec les instructions suivantes ? Que se passe-t-il lorsque les conditions sont évaluées ?

```
>> A := x/(x-1) > 0: x := 1:
>> (if x <> 1 et A then right else wrong end_if),
   (if x = 1 or A then right else wrong end_if);
```

18. Les procédures dans MuPAD

MuPAD fournit les constructions indispensables d'un langage de programmation. L'utilisateur peut implanter confortablement dans MuPAD des algorithmes complexes. En fait, la plus grande partie de l'intelligence mathématique de MuPAD n'est pas implantée en C ou C++ dans le noyau mais dans le langage de programmation de MuPAD au niveau des bibliothèques. Les possibilités de la programmation sont plus extensives que dans d'autres langages tels que C, Pascal, ou Fortran, car MuPAD offre des constructions plus générales et plus souples.

Nous avons déjà présenté les structures de base telles que les boucles (chapitre 16), les instructions de branchement (chapitre 17), et les fonctions « simples » (sect. 4.12 p. 93).

Dans ce chapitre, nous considérons la « programmation » comme l'écriture de procédures MuPAD complexes. En principe l'utilisateur ne voit pas de différence entre des « fonctions simples » générées par -> (sect. 4.12 p. 93) et des « procédures plus complexes » comme celles présentées plus loin. Les procédures, comme les fonctions, retournent des valeurs. Seule la façon de générer ces objets « procédures » avec `proc-end_proc` est un peu plus compliquée. Les procédures procurent des fonctionnalités additionnelles : une distinction est faite entre variables locales et globales, vous pouvez utiliser un nombre quelconque de commandes d'une manière claire et commode, etc.

Vous pouvez appeler une procédure sous la forme

```
Nom_de_la_procedure(arguments)
```

dès qu'elle est implantée, comme toute autre fonction MuPAD. Après exécution de cet algorithme il retourne une valeur de sortie.

Vous pouvez définir et utiliser les procédures de MuPAD dans une session interactive, comme tout autre objet MuPAD. Cependant, vous voudrez souvent utiliser à nouveau ces procédures dans des sessions ultérieures, en particulier lorsqu'elles implantent des algorithmes plus complexes. Il est alors utile d'écrire la définition de la procédure avec votre éditeur de texte préféré, de la stocker dans un fichier texte, et de la relire dans une session MuPAD avec **read** (sect. 13.2.1 p. 226). Sauf en ce qui concerne le niveau d'évaluation, le noyau de MuPAD traite les commandes de ce fichier exactement de la même façon que si elles avaient été entrées interactivement. À partir de la version 2.0, MuPAD Pro contient un éditeur avec syntaxe mise en évidence pour les programmes MuPAD.

18.1 Définir des procédures

La fonction suivante, qui compare deux nombres et retourne leur maximum, est un exemple simple d'une définition de procédure avec **proc-end_proc** :

```
>> Max := proc(a, b) /* comment: maximum of a et b */
        begin
          if a<b then return(b) else return(a) end_if
        end_proc:
```

Le texte entre /* et */ est un commentaire[1] qui est complètement ignoré par le système. C'est un outil utile servant à documenter le code source lorsque vous écrivez la définition de la procédure dans un fichier texte.

L'exemple de procédure ci-dessus contient une instruction **if** comme seule commande. Des procédures plus réalistes contiennent beaucoup de commandes (séparées par des deux-points ou des point-virgules). La commande **return** termine une procédure et passe son argument comme valeur de sortie au système.

---

[1] Vous pouvez aussi commencer un commentaire par //, qui indique implicitement qu'il se termine à la fin de la ligne. Entourer les commentaires de #, comme c'était commun dans les premières versions de MuPAD, n'est plus valable dans les versions postérieures à la 1.4.

Un objet MuPAD généré par `proc-end_proc` est du type de domaine `DOM_PROC` :

```
>> domtype(Max);
```

```
DOM_PROC
```

Vous pouvez décomposer et manipuler une procédure comme tout autre objet MuPAD. En particulier, vous pouvez l'affecter à un identificateur, comme ci-dessus. La syntaxe de l'appel de fonction est la même que pour les autres fonctions MuPAD :

```
>> Max(3/7, 0.4);
```

```
3/7
```

Les instructions entre `begin` et `end_proc` peuvent être des commandes MuPAD quelconques. En particulier vous pouvez appeler des fonctions système ou d'autres procédures depuis une procédure. Une procédure peut même s'appeler elle-même, ce qui est utile pour implanter des algorithmes récursifs. L'exemple favori d'un algorithme récursif est la factorielle $n! = 1 \cdot 2 \cdot \ldots \cdot n$ d'un entier non négatif, qui peut être définie par la règle $n! = n \cdot (n-1)!$ pourvue de la condition initiale $0! = 1$. La réalisation comme procédure récursive pourrait ressembler à ceci :

```
>> factorial := proc(n)  begin
      if n = 0
         then return(1)
         else return(n*factorial(n - 1))
      end_if
   end_proc:
>> factorial(10);
```

```
3628800
```

La variable d'environnement `MAXDEPTH` détermine le nombre maximal d'imbrications d'appels de procédures. Sa valeur par défaut est 500. Avec celle-ci la fonction factorielle ci-dessus ne fonctionne que pour $n \leq 500$. Pour de plus grandes valeurs elle suppose après `MAXDEPTH` pas qu'il y a récursivité infinie et elle s'arrête avec un message d'erreur. Après augmentation de la valeur de `MAXDEPTH` vous pouvez calculer des factorielles de plus grandes valeurs.

18.2 Valeur de retour d'une procédure

Lorsque vous appelez une procédure le système exécute son corps, c.-à-d. la suite d'instructions entre `begin` et `end_proc`. Toute procédure retourne une certaine valeur, soit explicite avec `return` ou à défaut *la valeur de la commande la plus récemment exécutée dans la procédure*[2]. Vous pouvez ainsi implanter la fonction factorielle ci-dessus sans utiliser `return` :

```
>> factorial := proc(n) begin
       if n = 0 then 1 else n*factorial(n - 1) end_if
   end_proc:
```

L'instruction `if` retourne soit 1 soit $n\,(n-1)!$, et c'est alors la valeur de sortie de l'appel `factorial(n)`.

Dès que le système rencontre une instruction `return` il termine la procédure :

```
>> factorial := proc(n) begin
       if n = 0 then return(1) end_if;
       n*factorial(n - 1)
   end_proc:
```

Pour $n = 0$, MuPAD n'exécute pas la dernière instruction (l'appel récursif de `n*factorial(n-1)`) après avoir retourné 1. Pour $n \neq 0$ la valeur la plus récemment calculée est `n*factorial(n-1)`, qui est donc la valeur retournée de l'appel `factorial(n)`.

Une procédure peut retourner un objet MuPAD quelconque, tels qu'une expression, une séquence, un ensemble, une liste, ou même une fonction ou une procédureCependant, si la procédure retournée utilise des variables locales de la procédure externe, alors vous devez déclarer cette dernière avec l'option `escape`[3]. Autrement cela amène un message d'avertissement de MuPAD ou à des effets non désirés. La procédure suivante retourne une fonction qui utilise le paramètre `power` de la procédure externe :

---

[2] Si aucune commande n'a été exécutée, la valeur retournée est `NIL`.
[3] Ce n'est pas nécessaire dans les versions de MuPAD jusqu'à la 1.4.

```
>> generatePowerFunction := proc(power)
        begin
          x -> (x^power)
        end_proc:
>> f := generatePowerFunction(2);

   x -> (x^2)

>> g := generatePowerFunction(5);

   x -> (x^5)

>> f(a), g(b);

    2   5
    a , b
```

18.3 Retourner des appels de fonctions symboliques

Beaucoup de fonctions système se retournent « elles-mêmes » en tant qu'appels de fonction symbolique, si elles ne peuvent trouver une représentation simple du résultat requis :

```
>> sin(x), max(a, b), int(exp(x^3), x);
                             3
    sin(x), max(a, b), int(exp(x ), x)
```

Vous obtenez le même comportement avec vos propres procédures, lorsque vous encapsulez le nom de la procédure dans un `hold` au retour. Le `hold` (sect. 5.2 p. 139) empêche la fonction de s'appeler elle-même récursivement et de s'engager dans une récursion infinie. La fonction suivante calcule la valeur absolue des entrées numériques (entiers, nombres rationnels, nombres en virgule flottante, et nombres complexes). Pour toutes les autres sortes d'entrées, elle se retourne elle-même non évaluée[4] :

---

[4] Dans les versions de MuPAD postérieures à la 1.4, `NUMERIC` est remplacé par `Type::Numeric`.

```
>> Abs := proc(x) begin
    if testtype(x, Type::Numeric) then
        if domtype(x) = DOM_COMPLEX
            then return(sqrt(Re(x)^2 + Im(x)^2))
            else if x >= 0
                    then return(x)
                    else return(-x)
                end_if
        end_if
    end_if;
    hold(Abs)(x)
    end_proc:
>> Abs(-1), Abs(-2/3), Abs(1.234), Abs(2 + I/3),
    Abs(x + 1);
```

$$1, \ 2/3, \ 1.234, \ \frac{37^{1/2}}{3}, \ Abs(x + 1)$$

Une façon plus élégante consiste à utiliser l'objet MuPAD procname, qui retourne le nom de la procédure appelante. Ainsi vous n'avez pas besoin de donner un nom a priori lorsque vous définissez une procédure.

```
>> proc(x) begin
    if testtype(x, Type::Numeric) then
        if domtype(x) = DOM_COMPLEX
            then return(sqrt(Re(x)^2 + Im(x)^2))
            else if x >= 0
                    then return(x)
                    else return(-x)
                end_if
        end_if
    end_if;
    procnom(args())
    end_proc:
>> Abs := %: AbsValeur := %2: Abs(x + 1), AbsValeur(x + 1);
```

$$Abs(x + 1), \ AbsValeur(x + 1)$$

Ici nous utilisons l'expression **args**(), qui retourne la suite des arguments passés à la procédure (sect. 18.8 p. 273).

18.4 Variables locales et globales

Vous pouvez utiliser des identificateurs arbitraires dans les procédures. Ils sont ausi appelés des *variables globales* :

```
>> a := b: f := proc() begin a := 1 + a^2 end_proc:
>> f(); f(); f();
```

$$
b^2 + 1
$$

$$
(b^2 + 1)^2 + 1
$$

$$
((b^2 + 1)^2 + 1)^2 + 1
$$

La procédure **f** modifie la valeur de a, qui a été fixée en dehors de la procédure. Lorsque cette dernière se termine, a a une nouvelle valeur, qui sera encore changée par des appels ultérieurs à **f**.

Le mot-clé **local** déclare les identificateurs comme *variables locales* qui ne sont valables que dans la procédure :

```
>> a := b: f := proc() local a; begin a := 2 end_proc:
>> f(): a;
```

```
                b
```

Bien qu'elles portent le même nom l'affectation **a:=2** de la variable locale n'affecte pas la valeur de l'identificateur global **a** qui a été défini en dehors de la procédure. Vous pouvez déclarer un nombre quelconque de variables locales en spécifiant une suite d'identificateurs après **local** :

```
>> f := proc(x, y, z) local A, B, C;
        begin
            A:= 1; B:= 2; C:= 3; A*B*C*(x + y + z)
        end_proc:
>> f(A, B, C);
```

$$
6 A + 6 B + 6 C
$$

Nous vous recommandons de tenir compte de la règle empirique suivante :

```
L'utilisation des variables globales est généralement
considérée comme un mauvais style de programmation.
Utilisez des variables locales chaque fois que c'est
possible.
```

La raison de ce principe est que les procédures implantent des fonctions mathématiques, qui doivent retourner une unique valeur en sortie pour un ensemble donné de valeurs en entrée. Si vous utilisez des variables globales alors, selon leurs valeurs, le même appel de procédure peut amener des résultats différents :

```
>> a := 1: f := proc(b) begin a := a + 1; a + b end_proc:
>> f(1), f(1), f(1);

    3, 4, 5
```

De plus, un appel de procédure peut modifier de façon subtile l'environnement de l'appel en redéfinissant les variables globales (« effet de bord »). Dans des programmes plus complexes, ceci peut provoquer des effets non désirés difficiles à déboguer. Dans les versions de MuPAD 2.0 et ultérieures, une importante différence entre variables globales et locales est qu'une variable globale non initialisée est considérée comme un *symbole*, dont la valeur est son propre nom, alors que la valeur d'une variable locale non initialisée est NIL.[5] Utiliser une variable locale sans initialisation amène un message d'avertissement de MuPAD et devrait être évité :

```
>> IAmGlobal := 5: IAmGlobal

                5

>> delete IAmGlobal: IAmGlobal

                IAmGlobal

>> f := proc()
    local IAmLocal;
    begin
      IAmLocal + 1
    end_proc:
```

---

[5] Dans les versions de MuPAD jusqu'à la 1.4, les variables locales non initialisées sont aussi considérées comme des symboles.

```
>> f()

    Warning: Uninitialized variable 'IAmLocal' used;
    during evaluation of 'f'
    Error: Illegal operand [_plus];
    during evaluation of 'f'
```

La raison de cette erreur est que MuPAD ne peut ajouter la valeur
NIL de la variable locale au nombre 1. Une autre différence est que les
identificateurs globaux sont du type de domaine DOM_IDENT, alors que
les variables locales et les paramètres des procédures ont leur propre
domaine DOM_VAR.

Nous présentons maintenant un exemple concret d'écriture d'une
procédure. Si nous utilisons des tableaux de type de domaine DOM_ARRAY
pour représenter des matrices, alors nous sommes confrontés au problème de la multiplication des matrices par de tels tableaux, qui n'existe
pas dans MuPAD[6]. La procédure suivante résoud ce problème : vous
pouvez calculer le produit de matrices $C = A \cdot B$ avec la simple
commande C := MatrixProduct(A,B). Nous voulons que la procédure fonctionne pour des dimensions arbitraires des matrices A et B
– pourvu que le résultat soit mathématiquement défini. Si A est une
matrice $m \times n$, alors B peut être une matrice $n \times r$, où m, n, r sont des
entiers positifs quelconques. Le résultat est la matrice C $m \times r$ avec les
entrées

$$C_{ij} = \sum_{k=1}^{n} A_{ik} B_{kj} , \quad i = 1,\ldots,m, \quad j = 1,\ldots,r.$$

La procédure de multiplication ci-dessous extrait automatiquement les
paramètres de dimension m, n, r à partir des arguments, à savoir depuis le 0e opérande des tableaux en entrée (sect. 4.9 p. 86). Si B est
une matrice $q \times r$ avec $q \neq n$, alors la multiplication n'est pas mathématiquement définie. Dans ce cas la procédure s'arrête sur un message d'erreur. Pour cela nous employons la fonction **error**, qui suspend
l'exécution de la procédure appelante et écrit la chaîne passée en argument à l'écran. Nous stockons le résultat composant par composant
dans la variable locale C. Nous initialisons cette variable comme un tableau de dimension $m \times r$, de sorte que le résultat de notre procédure

---

[6] Si vous utilisez à la place le type de donnée Dom::Matrix(), vous pouvez immédiatement utiliser les opérateurs standards +, -, *, ^, / pour l'arithmétique sur
les matrices (sect. 4.15.2 p. 112).

soit du type de donnée désiré DOM_ARRAY. Nous pourrions réaliser la
somme sur k dans le calcul de C_{ij} dans une boucle de la forme for
k from 1 to n do .. À la place, nous utilisons la fonction système
_plus qui retourne la somme de ses arguments. Nous recommandons
généralement d'utiliser ces fonctions système, si possible, car elles sont
particulièrement efficaces. La valeur retournée de l'expression finale C
est la valeur de sortie de MatrixProduct :

```
>> MatrixProduct := /* multiplication C=AB of an m x n */
   proc(A, B)        /* matrix A by an n x r Matrix B   */
   local m, n, r, i, j, k, C; /* with arrays A, B of    */
   begin                      /* domain type DOM_ARRAY */
       m := op(A, [0, 2, 2]);
       n := op(A, [0, 3, 2]);
       if n <> op(B, [0, 2, 2]) then
          error("incompatible matrix dimensions")
       end_if;
       r := op(B, [0, 3, 2]);
       C := array(1..m, 1..r);       /* initialization */

       for i from 1 to m do
         for j from 1 to r do
           C[i, j] := _plus(A[i, k]*B[k, j] $ k = 1..n)
         end_for
       end_for;
       C
   end_proc:
```

Une remarque générale à propos du style de programmation dans Mu-
PAD : vous devriez toujours faire une vérification des arguments des
procédures destinées à être utilisées interactivement. Lorsque vous écrivez une procédure, vous savez en général quels types d'entrée sont valables (tel que DOM_ARRAY dans l'exemple ci-dessus). Si quelqu'un passe
par erreur des paramètres du mauvais type, ceci amène d'ordinaire des
appels de fonctions système avec des arguments incorrects, et votre
procédure s'arrête avec un message d'erreur venant d'une fonction système. Dans l'exemple ci-dessus la fonction op retourne la valeur FAIL
lorsqu'elle accède le 0e opérande de A ou B et que l'un d'eux n'est pas
du type DOM_ARRAY. Cette valeur est alors affectée à m,n ou r, et la
boucle for qui suit s'arrête avec un message d'erreur, car FAIL n'est
pas une valeur autorisée comme paramètre de boucle.

Dans une telle situation il est souvent difficile de localiser la source
de l'erreur. Cependant, un scénario encore pire peut même se produire :
si la procédure ne s'arrête pas, alors le résultat sera probablement faux !
Ainsi la vérification de type aide à éviter des erreurs.

Dans l'exemple ci-dessus nous pourrions ajouter un test de type de
la forme

```
>> if domtype(A) <> DOM_ARRAY or domtype(B) <> DOM_ARRAY
     then error("arguments must be of type DOM_ARRAY")
   end_if;
```

dans le corps de la procédure. En section 18.7 p. 271 nous discuterons
d'un concept de vérification de type plus simple.

18.5 Les sous-procédures

Les mêmes tâches se répètent fréquemment dans une procédure et vous
voudriez les implanter à nouveau sous forme d'une procédure. Le code
du programme en sera ainsi mieux structuré et simplifié . Dans bien
des cas, une telle procédure est utilisée seulement à l'intérieur d'une
unique procédure. Il semble alors raisonnable de définir cette procédure localement comme sous-procédure seulement dans la portée de la
procédure appelante. Dans MuPAD vous pouvez utiliser des variables
locales pour implanter des sous-procédures. Si vous voulez faire

```
g := proc() begin ... end_proc:
f := proc() begin ... end_proc
```

une procédure locale de

```
f := proc() begin ... end_proc
```

définissez f comme ceci :

```
>> f := proc()
   local g;
   begin
     g := proc() begin ... end_proc;   /* subprocedure */

     /* main part of f, which calls g(..): */
     ...
   end_proc:
```

Alors **g** est une procédure *locale* de **f** et vous ne pouvez l'utiliser que dans **f**.

Voici un exemple simple. Vous pouvez implanter la multiplication de matrices au moyen des multiplications convenables colonne×ligne :

$$\begin{pmatrix} 2 & 1 \\ 5 & 3 \end{pmatrix} \cdot \begin{pmatrix} 4 & 6 \\ 2 & 3 \end{pmatrix} = \begin{pmatrix} (2,1) \cdot \begin{pmatrix} 4 \\ 2 \end{pmatrix} & (2,1) \cdot \begin{pmatrix} 6 \\ 3 \end{pmatrix} \\ (5,3) \cdot \begin{pmatrix} 4 \\ 2 \end{pmatrix} & (5,3) \cdot \begin{pmatrix} 6 \\ 3 \end{pmatrix} \end{pmatrix} = \begin{pmatrix} 10 & 15 \\ 26 & 39 \end{pmatrix}.$$

Plus généralement, si nous décomposons les matrices d'entrée en lignes A_i et colonnes B_j, alors

$$\begin{pmatrix} A_1 \\ \vdots \\ A_m \end{pmatrix} \cdot (B_1, \ldots, B_n) = \begin{pmatrix} A_1 \cdot B_1 & \ldots & A_1 \cdot B_n \\ \vdots & \ddots & \vdots \\ A_m \cdot B_1 & \ldots & A_m \cdot B_n \end{pmatrix},$$

avec le produit interne

$$A_i \cdot B_j = \sum_k (A_i)_k \, (B_j)_k \; .$$

Nous écrivons maintenant une procédure **MatrixMult** qui attend comme arguments des tableaux A et B de la forme **array(1..m,1..k)** et **array(1..k,1..n)**, respectivement, et retourne $m \times n$, produit matriciel $A \cdot B$. Un appel de la sous-procédure **RowTimesColumn** avec les arguments i, j extrait la $i^{\text{ème}}$ ligne et la $j^{\text{ème}}$ colonne des matrices d'entrée A et B, respectivement, et calcule le produit interne de la ligne et de la colonne. La sous-procédure utilise les tableaux **A**, **B** ainsi que les paramètres de dimension déclarés localement **m**, **n**, et **k** comme variables « globales » :

```
>> MatrixMult := proc(A, B)
   local m, n, k, K,     /* variables locales */
         RowTimesColumn; /* subprocedure locale */
   begin
     /* subprocedure */
     RowTimesColumn := proc(i, j)
     local row, column, r;
     begin
       /* ith row of A: */
```

```
        row := array(1..k, [A[i,r] $ r=1..k]);
        /* jth column of B: */
        column := array(1..k, [B[r,j] $ r=1..k]);
        /* row times column */
        _plus(row[r]*column[r] $ r=1..k)
    end_proc;

    /* main part of the procedure MatrixMult: */
    m := op(A, [0, 2, 2]); /* number of rows of A */
    k := op(A, [0, 3, 2]); /* number of columns of A */
    K := op(B, [0, 2, 2]); /* number of rows of B */
    n := op(B, [0, 3, 2]); /* number of columns of B */

    if k <> K then
        error("# of columns of A <> # of rows of B")
    end_if;

    /* matrix A*B: */
    array(1..m, 1..n,
          [[RowTimesColumn(i, j) $ j=1..n] $ i=1..m])
end_proc:
```

L'exemple suivant retourne le résultat désiré :

```
>> A := array(1..2, 1..2, [[2, 1], [5, 3]]):
>> B := array(1..2, 1..2, [[4, 6], [2, 3]]):
>> MatrixMult(A, B);

    +-        -+
    |  10, 15  |
    |          |
    |  26, 39  |
    +-        -+
```

Attention : pour le lecteur ayant une expérience de la programmation nous notons que MuPAD 1.4 implante la « portée dynamique » (nous vous renvoyons au manuel de MuPAD [MuP 96] pour plus d'information). Les versions postérieures de MuPAD implantent la « portée lexicale ». Ainsi vous ne devriez pas exploiter la portée dynamique de MuPAD 1.4 afin d'assurer la compatibilité avec les versions futures.

18.6 Portée des variables

Contrairement aux versions précédentes, les versions 2.0 et ultérieures de MuPAD implantent la *portée lexicale*. Ceci signifie essentiellement que la portée des variables locales et des paramètres d'une procédure peuvent déjà être déterminée dès que la procédure est définie[7]. Nous commençons par un exemple simple pour expliquer ce concept.

```
>> p := proc() begin x end_proc:
>> x := 3: p(); x := 4: p()
```

$$3$$

$$4$$

```
>> q := proc() local x;
     begin x := 5; p(); end_proc:
>> q()
```

$$4$$

Sur la première ligne une procédure p sans argument est définie. Elle utilise une variable x, qui n'est pas déclarée comme variable locale de p. Ainsi l'appel p() retourne la valeur de la variable global x, comme montré dans les deux appels suivants. Cependant, dans la procédure q, la variable x est déclarée comme locale, et la valeur 5 lui est affectée. La variable globale x n'est pas visible de l'intérieur de la procédure q, seule la variable locale x y est accessible. Néanmoins, l'appel q() retourne la valeur de la variable *globale* x, et *non* la valeur actuelle de la variable locale x dans p[8]. Nous pourrions, par exemple, définir une sous-procédure dans q pour obtenir le comportement suivant :

---

[7] En *portée dynamique* telle qu'implantée précédemment, la portée ne peut être déterminée qu'à l'exécution.

[8] Dans les versions de MuPAD jusqu'à la 1.4, l'appel q() retourne la valeur 5.

```
>> x := 4:
>> q := proc()
      local x, p;
      begin
        x := 5;
        p := proc() begin x; end_proc;
        x := 6;
        p()
      end_proc:
>> q(), p()
```

$$6, 4$$

La procédure globale p ne peut être accédée depuis q. L'appel à la procédure locale p depuis q retourne en fait maintenant la valeur courante de la variable locale x, comme le montre l'appel q(). La dernière commande p() exécute cependant la procédure globale p définie ci-dessus, qui retourne encore la valeur courante de la variable globale x.

Voici un autre exemple :

```
>> p := proc(x) begin 2 * cos(x) + 1; end_proc:
>> q := proc(y)
      local cos;
      begin
        cos := proc(z) begin z + 1; end_proc;
        p(y) * cos(y)
      end_proc:
>> p(PI), q(PI)
```

$$-1, - PI - 1$$

Nous avons défini une sous-procédure locale cos dans la procédure q. Cette sous-procédure ajoute 1 à son argument et retourne le résultat. Par contraste, la procédure p utilise la fonction cosinus définie globalement, même lorsqu'appelée depuis q.

18.7 Déclaration de type

Depuis la version 1.4, MuPAD propose une vérification de type facile à utiliser pour les arguments des procédures. Par exemple, vous pou-

vez restreindre les arguments de la procédure `MatrixProduct` de la
section 18.4 p. 263 au type de domaine `DOM_ARRAY` comme ceci :

```
>> MatrixProduct := proc(A:DOM_ARRAY, B:DOM_ARRAY)
                   local m, n, r, i, j, k, C;
                   begin ...
```

Si vous déclarez le type des paramètres d'une procédure sous la
forme `argument:spécificateur_de_type`, alors un appel à la procédure avec des paramètres de type incompatible provoque un message
d'erreur. Dans l'exemple ci-dessus, nous avons utilisé le type de domaine `DOM_ARRAY` comme spécificateur de type.

Nous avons discuté du concept de type de MuPAD au chapitre 15. Le
type `Type::NonNegInt` de la bibliothèque `Type` correspond à l'ensemble
des entiers non négatifs. Si nous l'utilisons dans la variante suivante de
la factorielle

```
>> factorial := proc(n:Type::NonNegInt) begin
    if n = 0
       then return(1)
       else n*factorial(n - 1)
    end_if
   end_proc:
```

alors seuls les entiers non négatifs sont permis pour l'argument n :

```
>> factorial(4);

    24

>> factorial(4.0);

   Error: Wrong type of argument n (type Type::NonNegInt
          expected) in procedure factorial. Actual
          argument is 4.000000000.

>> factorial(-4);

   Error: Wrong type of argument n (type Type::NonNegInt
          expected) in procedure factorial. Actual
          argument is -4.
```

18.8 Procédures à nombre variable d'arguments

La fonction système `max` recherche le plus grand de ses arguments, ceux-ci pouvant être en nombre arbitrairement grand :

```
>> max(1), max(3/7, 9/20), max(-1, 3, 0, 7, 3/2, 7.5);

   1, 9/20, 7.5
```

Vous pouvez aussi implanter ce comportement dans vos propres procédures. La fonction **args** retourne les arguments passés à la procédure appelante :

args(0)   : le nombre d'arguments,

args(i)   : le $i^{\text{ème}}$ argument, $1 \leq i \leq$ args(0),

args(i..j) : la séquence des arguments de i à j,
             $1 \leq i \leq j \leq$ args(0),

args()   : la séquence args(1),args(2),.. de tous
             les arguments.

La fonction suivante simule le comportement de la fonction système `max` :

```
>> Max := proc() local m, i; begin
     m := args(1);
     for i from 2 to args(0) do
         if m < args(i) then m := args(i) end_if
     end_for:
     m
   end_proc:
>> Max(1), Max(3/7, 9/20), Max(-1, 3, 0, 7, 3/2, 7.5);

   1, 9/20, 7.5
```

Ici nous initialisons `m` avec le premier argument. Puis nous testons chacun des arguments restants pour voir s'il est plus grand que `m`, et si c'est le cas, nous remplaçons `m` par cet argument. Ainsi `m` contient à la fin de la boucle le maximum. Notez que si vous appelez `Max` avec un seul argument (de sorte que `args(0)=1`) alors la boucle `for i from 2 to 1 do ...` n'est pas du tout exécutée.

Vous pouvez utiliser deux paramètres formels et y accéder par **args** dans une procédure :

```
>> f := proc(x, y) begin
        if args(0) = 3
            then x^2 + y^3 + args(3)^4
            else x^2 + y^3
        end_if
     end_proc:
>> f(a, b), f(a, b, c);
```

$$a^2 + b^3 \,, \; a^2 + b^3 + c^4$$

L'exemple suivant est une fonction triviale se retournant symboliquement elle-même :

```
>> f := proc() begin procnom(args()) end_proc:
>> f(a + b + sin(x));
```

```
   f(a + b + sin(x))
```

18.9 Options : la table « remember »

Lors de la déclaration des procédures MuPAD vous pouvez spécifier des *options* qui vont affecter l'exécution d'un appel de la procédure. En plus de l'option hold[9] l'option remember peut être intéressante pour l'utilisateur. Dans cette section, nous examinons de plus près cette option et montrons son effet sur un exemple simple.

La suite des nombres de Fibonacci est définie par la relation de récurrence
$$F_n = F_{n-1} + F_{n-2}\,, \quad F_0 = 0, \quad F_1 = 1.$$

Il est facile de la traduire en une procédure MuPAD :

```
>> F := proc(n) begin
        if n < 2 then n else F(n - 1) + F(n - 2) end_if
     end_proc:
>> F(i) $ i = 0..10;
```

```
   0, 1, 1, 2, 3, 5, 8, 13, 21, 34, 55
```

---

[9] Cette option change la sémantique d'appel des paramètres d'« appel par valeur » à « appel par nom » : les arguments ne sont plus évalués. En particulier, si vous passez un identificateur comme argument, la procédure reçoit le *nom* de l'identificateur et non sa *valeur*.

Cette façon de calculer F_n est hautement inefficace pour de plus grandes valeurs de n. Pourquoi ? Traçons les appels récursifs à F pour le calcul de F_4. Vous pouvez regarder ceci comme une structure d'arbre : F(4) appelle F(3) et F(2), F(3) appelle F(2) et F(1), etc. :

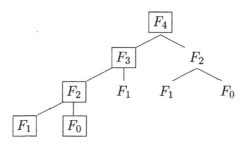

On peut voir que l'appel F(n) mène à approximativement $1.45.. \cdot (1.618..)^n$ appels de F pour n grand. Ces « coûts » croissent dramatiquement vite pour des valeurs croissantes de n :

```
>> time(F(10)), time(F(15)), time(F(20)), time(F(25));
```

```
   80, 910, 10290, 113600
```

Nous rappelons que la fonction **time** retourne le temps en millisecondes utilisé pour évaluer son argument.

Nous voyons que beaucoup d'appels (tel que, par exemple, F(1)) sont exécutés plusieurs fois. Pour évaluer F(4), il est suffisant d'exécuter seulement les appels de fonction F(0),..,F(4) dans la figure ci-dessus et de conserver ces valeurs. Tous les autres calculs de F(0),F(1),F(2) sont redondants puisque leurs résultats sont déjà connus. C'est précisément ce que fait MuPAD lorsque vous déclarez F avec l'option **remember** :

```
>> F := proc(n)
        /* local x, y; (declare local variables here) */
        option remember;
        begin
           if n < 2 then n else F(n - 1) + F(n - 2) end_if
        end_proc:
```

Le système crée en interne une table « remember » (de mémorisation) pour la procédure F, qui est initialement vide. À chaque appel à F, MuPAD vérifie s'il y a une entrée pour la séquence actuelle d'arguments dans cette table. Si c'est le cas, la procédure n'est pas du tout exécutée, et le résultat est pris dans la table. Si l'argument courant n'est pas dans la table, le système exécute le corps de la procédure comme d'habitude et retourne son résultat. Puis il ajoute la séquence d'arguments et la valeur retournée à la table de mémorisation. Ce qui garantit qu'une procédure n'est pas exécutée deux fois sans nécessité avec les mêmes arguments.

Dans l'exemple de Fibonacci, l'appel F(n) n'exige plus que $n+1$ appels pour calculer F(0),...,F(n). De plus, le système cherche dans la table de mémorisation $n - 2$ fois. Cependant, ceci se fait très vite. Dans cet exemple le bénéfice en vitesse amené par l'utilisation de l'option remember est vraiment dramatique :

```
>> time(F(10)), time(F(15)), time(F(20)), time(F(25)),
   time(F(500));

   0, 10, 0, 10, 390
```

Les temps d'exécution réels sont si courts que le système ne peut les mesurer exactement, ce qui explique les temps (arrondis) de 0 milliseconde pour F(10) et F(20).

> Utiliser l'option remember est prometteur partout où une procédure est appelée fréquemment avec les mêmes arguments.

Bien sûr vous pouvez simuler ce comportement pour les nombres de Fibonacci F_n directement en utilisant l'itération au lieu de la récursion et en stockant les valeurs déjà calculées dans une table[10] :

```
>> F := proc(n) local i, F; begin
      F[0] := 0: F[1] := 1:
      for i from 2 to n do
         F[i] := F[i - 1] + F[i - 2]
      end_for
   end_proc:
>> time(F(10)), time(F(15)), time(F(20)), time(F(25)),
   time(F(500));

   10, 0, 10, 0, 400
```

---

[10] La procédure suivante n'est pas correctement implantée : que se passe-t-il lorsque vous appelez F(0) ?

La fonction `numlib::fibonacci` de la bibliothèque de la théorie des nombres est encore plus rapide pour les grands arguments.

Attention : le mécanisme « remember » ne reconnaît que les entrées précédemment traitées, mais n'examine pas les valeurs des variables globales éventuellement utilisées. Lorsque les valeurs de ces variables globales changent, alors les valeurs mémorisées retournées sont en général fausses. En particulier, c'est le cas des variables globales d'environnement telle que `DIGITS` :

```
>> floatexp := proc(x) option remember;
            begin float(exp(x)) end_proc:
>> DIGITS := 20:
>> floatexp(1); DIGITS := 50: floatexp(1); float(exp(1));

   2.7182818284590452353

   2.7182818284590452353602874713449239270

   2.7182818284590452353602874713526624977572470936999
```

Ici le système sort la valeur mémorisée de `floatexp(1)` avec une plus grande précision après avoir passé `DIGITS` de 20 à 50. Néanmoins c'est encore la valeur calculée avec `DIGITS=20` ; la sortie montre seulement tous les chiffres qui furent utilisés *en interne*[11] dans ce calcul. Le dernier des trois nombres est la vraie valeur de `exp(1)` calculée avec 50 chiffres. Elle diffère de la valeur faussement mémorisée à partir du 30e chiffre décimal.

Vous pouvez ajouter explicitement de nouvelles entrées à la table de mémorisation d'une procédure. Dans l'exemple suivant, f est la fonction $x \mapsto \sin(x)/x$, qui a une singularité en $x = 0$. La limite est $f(0) := \lim_{x \to 0} \sin(x)/x = 1$:

```
>> f := proc(x) begin sin(x)/x end_proc: f(0);

   Error: division by zero;
            in procedure 'f'
```

Vous pouvez facilement ajouter la valeur pour $x = 0$:

---

[11] En interne MuPAD utilise un certain nombre de « chiffres de garde » additionnels dépassant le nombre de chiffres requis par `DIGITS`. Cependant, pour cette sortie le système a tronqué la valeur calculée en interne au nombre de chiffres désirés.

```
>> f(0) := 1: f(0);
```

```
        1
```

L'affectation `f(0) := 1` crée une table de mémorisation pour `f`, de sorte qu'un appel ultérieur à `f(0)` n'essaiera pas d'évaluer la valeur de $\sin(x)/x$ pour $x = 0$. Vous pouvez maintenant utiliser `f` sans courir de danger à $x = 0$ (par exemple, vous pouvez en tracer la courbe).

Attention : l'appel :

```
>> delete f: f(x) := x^2:
```

ne génère *pas* la fonction $f : x \mapsto x^2$, mais crée plutôt une table de mémorisation pour l'identificateur `f` avec l'entrée `x^2` *seulement pour l'identificateur symbolique* `x`. Tout autre appel à `f` retourne un appel symbolique de fonction :

```
>> f(x), f(y), f(1);
```

```
        2
       x , f(y), f(1)
```

18.10 Les paramètres en entrée

Les arguments formels déclarés d'une procédure peuvent être utilisés comme des variable locales additionnelles :

```
>> f := proc(a, b) begin a := 1; a + b end_proc:
>> a := 2: f(a, 1): a;
```

```
        2
```

Modifier `a` dans une procédure n'affecte pas l'identificateur `a` qui est utilisé hors de la procédure. Vous devriez être prudent lorsque vous accédez aux arguments de l'appel avec **args** (sect. 18.8 p. 273) dans une procédure après avoir changé un quelconque paramètre d'entrée. Dans les versions de MuPAD jusqu'à la 1.4, **args** retournait le paramètre d'entrée inchangé :

```
>> f := proc(a) begin a := 1; a, args(1) end_proc: f(abc);
```

```
        1, abc
```

Dans les versions ultérieures de MuPAD, **args** retourne la valeur modifiée, de sorte que **f(abc)** retourne **1,1** dans l'exemple ci-dessus. L'affectation d'un paramètre formel change la valeur de retour de **args** :

```
>> f := proc(a) begin a := 1; a, args(1) end_proc: f(abc)
```

$$1, 1$$

En principe tous les objets MuPAD peuvent être les paramètres d'entrée d'une procédure. Vous pouvez ainsi utiliser des ensembles, des listes, des expressions, ou même des procédures et des fonctions :

```
>> p := proc(f) local i; begin
        [f(1), f(2), f(3)]
      end_proc:
>> p(g);
```

```
    [g(1), g(2), g(3)]
```

```
>> p(proc(x) begin x^2 end_proc);
```

```
  [1, 4, 9]
```

```
>> p(x -> (x^3));
```

```
  [1, 8, 27]
```

En général les procédures définies par l'utilisateur évaluent leurs arguments (« appel par valeur ») : lorsque vous appelez **f(x)** la procédure **f** ne connaît que la valeur de l'identificateur **x**. Si vous déclarez une procédure avec l'**option hold**, alors le procédé d'« appel par nom » est utilisé : l'expression ou le nom de l'identificateur spécifié comme argument dans l'appel est passé à la procédure. Dans ce cas, vous pouvez utiliser **context** pour obtenir la valeur de l'expression :

```
>> f := proc(x) option hold;
        begin x = context(x) end_proc:
>> x := 2: y := 3:
>> f(x), f(y), f(sin(0)), f(sin(0.5)), f(sin(PI));
```

```
  x = 2, y = 3, sin(0) = 0, sin(0.5) = 0.4794255386,
```

```
    sin(PI) = 0
```

18.11 Évaluation dans les procédures

Dans le chapitre 5, nous avons présenté la stratégie d'évaluation de
MuPAD : évaluation complète au niveau interactif. Ainsi tous les identificateurs sont remplacés *récursivement* par leurs valeurs jusqu'à ce
qu'il ne reste que des identificateurs symboliques sans valeur (ou que la
profondeur d'évaluation donnée par la variable d'environnement LEVEL
soit atteinte) :

```
>> delete a, b, c: x := a + b: a := b + 1: b := c: x;
```

```
   2 c + 1
```

Au contraire, le système accomplit une évaluation dans les procédu-
ńres non pas complètement mais avec une profondeur d'évaluation de
seulement 1. C'est similaire au remplacement interne de chaque identificateur par level(identificateur,1) : chaque identificateur est remplacé par sa valeur, mais *pas récursivement*. La section 5.1 p. 137 nous
a montré la distinction entre la *valeur* d'un identificateur (l'évaluation
au moment de l'affectation) et son *évaluation* (la « valeur actuelle », où
les identificateurs symboliques qui ont entre temps reçu une valeur sont
également remplacés par leurs valeurs). En mode interactif, appeler un
objet mène à sa complète évaluation, alors que dans les procédures
seule est retournée la valeur de l'objet. Ce qui explique la différence
entre le résultat interactif ci-dessus et le résultat suivant :

```
>> f := proc() begin
        delete a, b, c:
        x:= a + b: a:= b + 1: b:= c:
        x
     end_proc:
>> f();
```

```
   a + b
```

La raison pour laquelle deux comportements différents ont été implantés est que la stratégie d'évaluation incomplète rend l'évaluation dans
les procédures plus rapide et augmente l'efficacité des procédures de
MuPAD considérablement. Pour un débutant en programmation Mu-
PAD, cet concept d'évaluation a ses embûches. Cependant, après un peu
de pratique vous aurez acquis un style de programmation convenable
qui vous permettra de travailler avec le niveau d'évaluation restreint
sans problème.

Attention : si vous ne travaillez pas en mode interactif avec MuPAD mais utilisez à la place un éditeur pour écrire vos commandes dans un fichier texte et les lisez dans une session MuPAD avec `read` (sect. 13.2.1 p. 226), ces commandes sont exécutées dans une procédure (à savoir, dans `read`). Par conséquent, la profondeur d'évaluation sera de 1. Vous pouvez au besoin utiliser la fonction système `level` (sect. 5.2 p. 139) pour contrôler la profondeur d'évaluation et pour forcer l'évaluation complète au besoin :

```
>> f := proc() begin
        delete a, b, c:
        x:= a + b: a:= b + 1: b:= c:
        level(x)
      end_proc:
>> f();

   2 c + 1
```

Attention : dans les versions de MuPAD postérieures à la 1.4, `level` n'évalue pas les variables locales. De plus vous ne pouvez utiliser celles-ci en tant qu'identificateurs symboliques ; vous devez les initialiser avant de les utiliser. La procédure suivante, dans laquelle un identificateur symbolique x est passé à la fonction d'intégration, n'est plus valable dans les versions de MuPAD postérieures à la 1.4 :

```
>> f := proc(n) local x; begin int(exp(x^n), x) end_proc:
```

Vous pouvez passer le nom de la variable d'intégration comme argument supplémentaire à la procédure. Ainsi les variantes suivantes sont correctes :

```
>> f := proc(n, x) begin int(exp(x^n), x) end_proc:
>> f := proc(n, x) local y; begin
        y := x; int(exp(y^n), y) end_proc:
```

Si vous avez besoin d'identificateurs symboliques pour des résultats intermédiaires, vous pouvez générer un identificateur sans valeur avec `genident()` et l'affecter à une variable locale.

18.12 Les environnements de fonction

MuPAD propose une diversité d'outils de traitement des fonctions mathématiques standards intégrées telles que `sin`, `cos`, `exp`. Ces outils
concrétisent les propriétés mathématiques de ces fonctions. Des exemples typiques en sont la routine de conversion `float`, la fonction de
différentiation `diff`, ou la fonction `expand`, que vous utilisez pour manipuler les expressions :

```
>> float(sin(1)), diff(sin(x), x, x, x),
   expand(sin(x + 1));

   0.8414709848, -cos(x), cos(x) sin(1) + sin(x) cos(1)
```

En ce sens, la connaissance mathématique concernant ces fonctions
standards est distribuée sur plusieurs fonctions système : la fonction
`float` doit savoir comment calculer des approximations numériques
de la fonction sinus, `diff` doit connaître ses dérivées, et `expand` doit
connaître les théorèmes d'addition des fonctions trigonométriques.

Vous pouvez inventer de nouvelles fonctions arbitraires aux noms
symboliques ou les mettre dans des procédures. Comment pouvez-vous
passer à d'autres fonctions système la connaissance du sens mathématique et les règles de manipulation de ces nouvelles fonctions ? Par
exemple, comment pouvez-vous dire à la routine de différentiation `diff`
quelle est la dérivée de votre fonction nouvellement crée ? Si la fonction
est composée de fonctions standards connues de MuPAD, telle que par
exemple, $f : x \mapsto x \sin(x)$, alors ce n'est plus un problème. L'appel

```
>> f := x -> (x*sin(x)): diff(f(x), x);

   sin(x) + x cos(x)
```

donne immédiatement la bonne réponse. Cependant, il y a souvent
des situations où la fonction nouvellement implantée ne peut pas être
composée d'objets standards. Un exemple tiré de la physique mathématique est la « fonction de Airy », Ai, qui peut être définie par l'équation
différentielle

$$\frac{d^2}{dx^2} Ai(x) = x \, Ai(x)$$

avec quelques conditions initiales pour les valeurs de la fonction et
de sa dérivée en $x = 0$. C'est une « fonction spéciale » comme sin,

cos, ln, etc., mais elle ne peut être représentée en termes de ces fonctions standards. Néanmoins elle satisfait certaines règles. L'équation différentielle implique que vous pouvez exprimer la seconde dérivée en termes de la fonction, la troisième dérivée en termes de la fonction et de sa première dérivée, et ainsi de suite. Nous pouvons en ce sens la calculer symboliquement : si les identificateurs `Ai` et `Ai1` de MuPAD représentent respectivement la fonction de Airy et sa première dérivée, alors nous aimerions que MuPAD exprime automatiquement les dérivées supérieures en termes de `Ai` et `Ai1`.

Ainsi notre but est de passer les règles de manipulation (approximation en virgule flottante, différentiation, etc.) des identificateurs de fonction *symbolique* aux fonctions de MuPAD `float`, `diff`, etc. C'est un réel défi lorsque vous implanter une nouvelle fonction mathématique dans MuPAD que de distribuer la connaissance concernant le sens mathématique du symbole aux outils standards de MuPAD. Mais il est vrai que c'est une tâche nécessaire : par exemple, si vous voulez différencier une expression plus complexe contenant à la fois la nouvelle fonction et des fonctions standards, alors ce n'est possible que via la routine de différentiation du système. Celle-ci doit donc apprendre comment traiter les nouveaux symboles.

Dans ce but MuPAD propose le type de domaine `DOM_FUNC_ENV` (contraction pour : environnement de fonction). En fait, toutes les fonctions mathématiques standards intégrées sont de ce type afin de permettre à `float`, `diff`, `expand`, etc. de les traiter :

```
>> domtype(sin);

   DOM_FUNC_ENV
```

Vous pouvez appeler un environnement de fonction comme toute fonction ou procédure « normale » :

```
>> sin(1.7);

   0.9916648104
```

Un environnement de fonction est fait de trois opérandes. Le premier est une procédure qui calcule la valeur retournée par un appel de fonction. Le second est une procédure d'affichage à l'écran d'un appel de fonction symbolique. Le troisième est une table contenant des informations sur la façon dont les fonctions système `float`, `diff`, `expand`, etc. devront traiter les appels de fonctions symboliques.

Vous pouvez examiner avec op(.,1) la procédure pour évaluer un appel de fonction. Ou encore avec la fonction **expose** qui affiche le code source :

```
>> expose(sin);

   proc(x)
     nom sin;
     local f;
   begin
     if x::sin <> FAIL then
     ...
   end_proc
```

Dans ce qui suit nous montrons la réalisation de la fonction spéciale de Airy Ai définie par l'équation différentielle $Ai''(x) = x\,Ai(x)$ et les conditions initiales[12] $Ai(0) = 0$ et $Ai'(0) = 1$. Nous représentons la fonction et sa première dérivée par les identificateurs **Ai** et **Ai1**, respectivement. Pour un appel symbolique **Ai1(x)** nous voulons que le système affiche **Ai'(x)** à l'écran.

Nous définissons en premier les fonctions **Ai** et **Ai1** qui traitent l'évaluation :

```
>> Ai := proc(x) begin
           if x = 0 then 0 else procname(x) end_if
         end_proc:
>> Ai1 := proc(x) begin
           if x = 0 then 1 else procname(x) end_if
         end_proc:
```

Puisque les valeurs des fonctions ne sont connues qu'à l'origine, nous utilisons **procname** (sect. 18.3 p. 261) pour retourner les expressions symbolique **Ai(x)** et **Ai1(x)**, respectivement, pour tous les arguments $x \neq 0$. Ce qui donne :

```
>> Ai(0), Ai(1), Ai(x + y), Ai1(0), Ai1(1), Ai1(x + y);

   0, Ai(1), Ai(x + y), 1, Ai1(1), Ai1(x + y)
```

---

[12] Ce n'est pas la notation usuelle dans la théorie des fonctions spéciales, où Ai est une solution de l'équation différentielle pour un ensemble différent de conditions initiales. Nous utilisons les conditions initiales ci-dessus parce qu'elles sont plus simples.

Vous générez un nouvel environnement de fonction au moyen de funcenv[13] :

```
>> Ai := funcenv(Ai, NIL, NIL):
>> Ai1Output := proc(f) begin "Ai'(".expr2text(op(f)).")"
                end_proc:
>> Ai1 := funcenv(Ai1, Ai1Output, NIL):
```

Ces commandes convertissent les procédures `Ai` et `Ai1` en environnements de fonction. Les premiers arguments sont respectivement les procédures `Ai` et `Ai1`, pour évaluation. Le second argument de **funcenv** est la procédure de sortie écran. Nous ne spécifions pas une telle procédure pour `Ai`, et par conséquent le système affiche tout appel restant de fonction symbolique `Ai(x)` de la façon standard à l'écran. Nous voulons qu'une expression symbolique `Ai1(x)` soit affichée comme `Ai'(x)`. Ceci est obtenu par le second argument de **funcenv**, que vous devriez interpréter comme une routine de conversion. Á l'entrée de `Ai1(x)` il retourne l'objet MuPAD à afficher au lieu de `Ai1(x)`. L'argument `f`, qui représente `Ai1(x)`, est converti en la chaîne `Ai'(x)` (notez que `x=op(f)` pour `f=Ai1(x)`). Le système sort cette chaîne à l'écran au lieu de `Ai1(x)`[14] :

```
>> Ai(0), Ai(1), Ai(x + y), Ai1(0), Ai1(1), Ai1(x + y);

   0, Ai(1), Ai(x + y), 1, Ai'(1), Ai'(x + y)
```

Le troisième argument de **funcenv** est une table d'*attributs de fonction*. Elle dit aux fonctions système **float**, **diff**, **expand**, etc. comment traiter des appels symboliques de la forme `Ai(x)` et `Ai1(x)`. Dans l'exemple ci-dessus nous ne fournissons aucun attribut de fonction. Donc les fonctions système ne savent pas encore comment procéder et par défaut retournent symboliquement soit l'expression, soit elles-mêmes :

---

[13] Cette fonction est nommée `func_env` dans les versions de MuPAD jusqu'à la 1.4.

[14] Au lieu de cette routine de sortie vous pouvez aussi utiliser la routine du noyau `builtin(1101,...)` (`built_in` pour les versions avant la 2.0) qui est responsable des sorties écran. Son dernier argument est une chaîne contenant le nom de la fonction symbolique devant être retourné :

```
>> Ai1 := funcenv(Ai1, builtin(1101, 0, NIL, "Ai'"), NIL):
```

Ce qui a pour bénéfice supplémentaire que les appels tels que `Ai1(2*x^2)` sont affichés avec formatage de sortie.

```
>> float(Ai(1)), expand(Ai1(x + y)),
   diff(Ai(x), x), diff(Ai1(x), x);

   Ai(1), Ai'(x + y), diff(Ai(x), x), diff(Ai'(x), x)
```

Nous utilisons maintenant la fonction slot[15], elle ajoute de nouvelles entrées dans la table des attributs, pour en définir certains. Dans l'exemple ci-dessous le second argument "diff" concerne la routine de différentiation diff :

```
>> Ai := funcattr(Ai, "diff",
                  proc(f,x) begin
                      Ai1(op(f))*diff(op(f),x)
                  end_proc):
```

Ceci dit à diff que diff(f,x) avec un appel de fonction symbolique f=Ai(y), où y dépend de x, devra appliquer la procédure passée en troisième argument à funcattr. La règle bien connue de la différentiation de la composée de deux fonctions donne

$$\frac{d}{dx} Ai(y) = Ai'(y) \frac{dy}{dx}.$$

La procédure spécifiée implante cette règle, où la fonction interne dans l'expression f=Ai(y) est donnée par y=op(f). Comme le symbole Ai1 représente la dérivée de *Ai*, nous l'utilisons au lieu de *Ai'* dans la procédure spécifiée. *Maintenant MuPAD sait que la dérivée de la fonction représentée par l'identificateur **Ai1** est la fonction représentée par l'identificateur **Ai1**.* Nous avons déjà implanté la sortie d'écran de Ai1 comme Ai' :

```
>> diff(Ai(z), z), diff(Ai(y(x)), x),
   diff(Ai(x*sin(x)), x);

   Ai'(z), Ai'(y(x)) diff(y(x), x),

       Ai'(x*sin(x)) (sin(x) + x cos(x))
```

Le dernier pas consiste à dire à diff comment évaluer un appel diff(f,x) lorsque f=Ai1(y) est un appel de fonction symbolique. L'équation différentielle de définition implique que

---

[15] Cette fonction est nommée funcattr dans les versions de MuPAD jusqu'à la 1.4.

$$\frac{d}{dx} Ai'(y) = Ai''(y)\,\frac{dy}{dx} = y\,Ai(y)\,\frac{dy}{dx}\ .$$

Nous définissons l'attribut `"diff"` de `Ai1` comme suit :

```
>> proc(f, x) local y; begin
     y := op(f); y*Ai(y)*diff(y, x)
   end_proc:
>> Ai1 := funcattr(Ai1, "diff", %):
```

En ce qui concerne `diff` l'implantation de la fonction de Airy `Ai` est maintenant complète :

```
>> diff(Ai(x), x, x);

   x Ai(x)
>> diff(Ai1(2*x + 3), x, x, x);

                                   2
   16 Ai'(x*2 + 3) + 8 (2 x + 3)  Ai(2 x + 3)
```

Comme application, nous voulons maintenant que MuPAD calcule les premiers termes du développement de Taylor de la fonction de Airy autour de $x = 0$. Nous pouvons utiliser la fonction `taylor` puisqu'elle appelle `diff` en interne :

```
>> taylor(Ai(x), x = 0, 12);

              4    7       10
             x    x       x            12
       x + -- + --- + ----- + O(x  )
            12   504   45360
```

Pour les versions de MuPAD avant la 2.0, `taylor` retournait une somme avec des appels non évalués à `Ai` et `Ai1`. Vous pouvez obtenir le résultat ci-dessus avec `expr`.

Exercice 18.1 : Étendre la définition de la fonction de Airy de telle sorte que l'objet MuPAD `Ai(x,a,b)` représente la solution de l'équation différentielle

$$\frac{d^2}{dx^2}\,Ai(x) = x\,Ai(x)$$

avec les conditions initiales $Ai(0) = a$, $Ai'(0) = b$. `Ai1(x,a,b)` représente sa dérivée par rapport à x. Elle devra être affichée à l'écran comme `Ai'(x,a,b)`. Calculez la 10e dérivée de Ai pour $a = 1$ et $b = 0$. Calculez les premiers termes du développement de Taylor de Ai autour de $x = 0$ avec des valeurs symboliques arbitraires a et b.

Exercice 18.2 : Écrivez une fonction « valeur absolue » `Abs` comme environnement de fonction. L'appel `Abs(x)` devra retourner la valeur absolue des nombres réels `x` de type de domaine `DOM_INT`, `DOM_RAT`, ou `DOM_FLOAT`. Pour tous les autres arguments, la sortie symbolique `|x|` devra apparaître à l'écran. La valeur absolue est différentiable sur $\mathbb{R}\backslash\{0\}$. Sa dérivée est

$$\frac{d\,|y|}{d\,x} = \frac{|y|}{y}\,\frac{dy}{dx}\,.$$

Définissez en fonction de cela l'attribut `"diff"` et calculez la dérivée de `Abs(x^3)`. Comparez votre résultat avec la dérivée correspondante de la fonction système `abs`.

18.13 Un exemple de programmation : différentiation

Dans cette section, nous présentons un exemple simple montrant le fonctionnement typique d'une procédure MuPAD symbolique. Nous implantons une routine de différentiation symbolique qui calcule les dérivées d'expressions algébriques composées d'additions, de multiplications, d'exponentiations, de quelques fonctions mathématiques (exp, ln, sin, cos, ..), de constantes, et d'identificateurs symboliques.

Cet exemple n'est destiné qu'à illustrer ce but car MuPAD possède déjà une telle fonction : la routine `diff`. Cette fonction est implantée dans le noyau de MuPAD et est donc très rapide. Ainsi une fonction définie par l'utilisateur qui est écrite dans le langage de programmation de MuPAD peut difficilement atteindre l'efficacité de `diff`.

Les règles suivantes de différentiation algébrique sont valables pour la classe des expressions que nous considérons :

1) $\dfrac{d\,f}{dx} = 0$, si f ne dépend pas de x,

2) $\dfrac{dx}{dx} = 1$,

3) $\dfrac{d\,(f+g)}{dx} = \dfrac{d\,f}{dx} + \dfrac{dg}{dx}$ (linéarité),

4) $\dfrac{d\,a\,b}{dx} = \dfrac{da}{dx}\,b + a\,\dfrac{db}{dx}$ (règle du produit),

5) $\dfrac{d\,a^b}{dx} = \dfrac{d}{dx}e^{b\,\ln(a)} = e^{b\,\ln(a)}\,\dfrac{d}{dx}\,(b\,\ln(a))$

$\qquad = a^b\,\ln(a)\,\dfrac{db}{dx} + a^{b-1}\,b\,\dfrac{da}{dx}\,,$

6) $\dfrac{d}{dx}\,F(y(x)) = F'(y)\,\dfrac{dy}{dx}$ (règle de la différenciation de fonctions composées).

De plus, pour certaines fonctions F la dérivée est connue, et nous voulons tenir compte de cela dans notre implantation. Pour une fonction F inconnue, nous retournons l'appel de fonction symbolique de la routine de différentiation.

La procédure de la table 18.1 implante les propriétés ci-dessus dans l'ordre indiqué. Sa syntaxe d'appel est `Diff(expr,ident)`. Nous avons inclus dans (0) une vérification automatique du type du second argument, qui doit être un identificateur symbolique du type de domaine `DOM_IDENT`. Dans (1) la fonction MuPAD `has` vérifie si l'expression f à différentiée dépend de x. La linéarité de la différentiation est implantée dans (3) au moyen de la fonction MuPAD `map` :

```
>> map(f1(x) + f2(x) + f3(x), Diff, x);

   Diff(f1(x), x) + Diff(f2(x), x) + Diff(f2(x), x)
```

Dans (4) nous décomposons une expression produit $f = f_1 \cdot f_2 \cdot \ldots$: la commande `a:=op(f,1)` détermine le premier facteur $a = f_1$, puis `subsop(f,1=1)` remplace ce facteur par 1, de façon que b prenne la valeur $f_2 \cdot f_3 \cdot \ldots$. Nous appelons alors `Diff(a,x)` et `Diff(b,x)`. Si $b = f_2 \cdot f_3 \cdot \ldots$ est lui-même un produit, ceci amène à une autre exécution du pas (4) au prochain niveau de récursivité. Ainsi (4) traite des produits de longueur arbitraire.

Le pas (5) différentie les puissances. Pour $f = a^b$ l'appel `op(f,1)` retourne la base a et `op(f,2)` l'exposant b. En particulier, ceci couvre toutes les expressions monomiales de la forme $f = x^n$ pour la constante n. Les appels récursifs à `Diff` pour $a = x$ et $b = n$ donnent alors

```
>> Diff := proc(f, x:DOM_IDENT)                                      //0)
     local a, b, F, y; begin
        if not has(f, x) then return(0) end_if;                      //1)
        if f = x then return(1) end_if;                              //2)
        if type(f) = "_plus" then return(map(f, Diff, x)) end_if;    //3)
        if type(f) = "_mult" then
           a := op(f, 1); b := subsop(f, 1 = 1);
           return(Diff(a, x)*b + a*Diff(b, x))                       //4)
        end_if;
        if type(f) = "_power" then
           a := op(f, 1); b := op(f, 2);
           return(f*ln(a)*Diff(b, x) + a^(b - 1)*b*Diff(a, x))       //5)
        end_if;
        if op(f, 0) <> FAIL then
           F := op(f, 0); y := op(f, 1);                             //6)
           if F = hold(exp) then return( exp(y)*Diff(y, x)) end_if;  //6)
           if F = hold(ln)  then return( 1/y  *Diff(y, x)) end_if;   //6)
           if F = hold(sin) then return( cos(y)*Diff(y, x)) end_if;  //6)
           if F = hold(cos) then return(-sin(y)*Diff(y, x)) end_if;  //6)
           /* ... specify further known functions here ... */
        end_if;
        procname(args())                                            //7)
     end_proc:
```

TAB. 18.1. *Une routine de différentiation symbolique.*

respectivement `Diff(a,x)=1` et `Diff(b,x)=0`, et l'expression retournée dans (5) est simplifiée et donne le résultat correct $x^{n-1}\, n$.

Si l'expression f est un appel de fonction symbolique de la forme $f = F(y)$, alors nous extrayons la fonction « externe » F dans (6) avec `F:=op(f,0)` (autrement `F` prendrait en général la valeur `FAIL`). Ensuite nous traitons le cas où F est une fonction d'un seul argument y et extrayons la fonction « interne » avec `y := op(f,1)`. Si F est le nom d'une fonction dont la dérivée est connue (telles que $F = \exp, \ln, \sin, \cos$), nous appliquons alors la règle de la chaîne. Il est facile d'étendre cette liste de fonctions F à dérivées connues. En particulier, vous pouvez ajouter une formule pour différentier les expressions symboliques de la forme `int(..)`. Des extensions aux fonctions F de plus d'un argument sont aussi possibles.

Finalement, le pas (7) retourne `Diff(f,x)` symboliquement si aucune simplification de l'expression f n'apparaît aux pas (1) à (6). Le mode opératoire de `Diff` est adopté de la fonction système `diff`. Comparez les résultats suivants à ceux retournés par `diff` :

```
>> Diff(x*ln(x + 1/x), x);

                    /       1   \
                x | 1 -  --  |
                    |         2 |
     /       1 \     \      x   /
   ln| x + - | + ------------
     \     x /              1
                      x + -
                          x
>> Diff(f(x)*sin(x^2), x);

             2                          2
   2 x f(x)  cos(x ) + Diff(f(x), x)  sin(x )
```

18.14 Exercices de programmation

Exercice 18.3 : (du chapitre 13)
Écrivez une courte procédure **date** qui prend trois entiers **mois, jour, année** en entrée et affiche la date de la façon habituelle. Par exemple, l'appel **date(5,3,1990)** devrait afficher à l'écran **5/3/1990**.

Exercice 18.4 : (du chapitre 18)
Nous définissons la fonction $f : \mathbb{N} \to \mathbb{N}$ par

$$f(x) = \begin{cases} 3\,x + 1 \text{ pour } x \text{ impair} \;, \\ x/2 \text{ pour } x \text{ pair} \;. \end{cases}$$

Le « problème $(3\,x+1)$ » demande si pour une valeur initiale arbitraire $x_0 \in \mathbb{N}$, la suite récursive définie par $x_{i+1} := f(x_i)$ contient la valeur 1. Écrivez un programme qui sur l'entrée x_0 retourne le plus petit indice i avec $x_i = 1$.

Exercice 18.5 :

Implantez une fonction **Gcd** calculant le pgcd de deux entiers positifs. Évidemment vous ne devrez pas utiliser les fonctions système **gcd** et **igcd**.

Indication : l'algorithme d'Euclide de calcul du pgcd est basé sur l'observation

$$pgcd(a,\, b) \;=\; pgcd(a \bmod b,\, b) \;=\; pgcd(b,\, a \bmod b)$$

et le fait que $pgcd(0,\, b) = pgcd(b,\, 0) = b$.

Exercice 18.6 : Implantez une fonction `Quadrature`. Pour une fonction `f` et une liste MuPAD `X` de valeurs numériques

$$x_0 < x_1 < \ldots < x_n$$

l'appel `Quadrature(f,X)` devra calculer une approximation numérique de l'intégrale

$$\int_{x_0}^{x_n} f(x)\, dx \;\approx\; \sum_{i=0}^{n-1} (x_{i+1} - x_i)\, f(x_i).$$

Exercice 18.7 : La méthode de Newton pour trouver numériquement une racine d'une fonction $f : \mathbb{R} \mapsto \mathbb{R}$ emploie l'itération $x_{i+1} = F(x_i)$, où $F(x) = x - f(x)/f'(x)$. Ecrire une procédure `Newton`. L'appel `Newton(f,x0,n)`, avec une expression `f`, devra retourner les $n+1$ premiers éléments $x_0, \ldots, x_n$ de la suite de Newton.

Exercice 18.8 : Le *triangle de Sierpinski* est une fractale bien connue. Nous définissons une de ses variantes comme ceci. Le triangle de Sierpinski est l'ensemble de tous les points $(x, y) \in \mathbb{N} \times \mathbb{N}$ ayant la propriété suivante : il existe au moins une position dans le développement binaire de x et y telle que tous deux ont un bit 1 à cette position. Écrivez un programme `Sierpinski` qui sur l'entrée `xmax,ymax` trace l'ensemble de tous ces points ayant des coordonnées entières dans la plage $1 \leq x \leq$ `xmax`, $1 \leq y \leq$ `ymax`.
Indication : la fonction `numlib::g_adic` calcule le développement binaire d'un entier. La fonction `plot2d` avec l'option `Mode=List` trace des listes de points.

Exercice 18.9 : Une *formule logique* est composée d'identificateurs et des opérateurs **and**, **or**, et **not**. Par exemple :

```
>> formula := (x and y) or
              ( (y or z) and (not x) and y and z );
```

Une telle formule est dite *satisfiable* s'il est possible d'affecter des valeurs TRUE et FALSE à tous les identificateurs de telle sorte que la formule puisse être évaluée à TRUE. Écrivez un programme qui vérifie si une formule logique quelconque est satisfiable.

Solutions des exercices

Exercice 2.1 : La page d'aide `?diff` vous apprend comment calculer des dérivées d'ordre supérieur :

```
>> diff(sin(x^2), x, x, x, x, x);
        5       2                 2          3        2
   32 x   cos(x ) - 120 x cos(x ) + 160 x   sin(x )
```

Vous pouvez aussi utiliser `diff(diff(.., x), x)`, mais la commande est plus longue.

Exercice 2.2 : Les représentations exactes sont :

```
>> sqrt(27) - 2*sqrt(3), cos(PI/8);
          1/2      1/2
    1/2  (2    + 2)
   3    , -------------
             2
```

Les approximations numériques sont :

```
>> DIGITS := 5:
>> float(sqrt(27) - 2*sqrt(3)), float(cos(PI/8));
   1.732, 0.92388
```

Elles sont exactes jusqu'au 5ème chiffre.

Exercice 2.3 :

```
>> expand((x^2 + y)^5);
     5    10       8        2 4        4 3        6 2
    y  + x   + 5 x  y + 5 x  y  + 10 x  y  + 10 x  y
```

Exercice 2.4 :

```
>> normal((x^2 - 1)/(x + 1));

   x - 1
```

Exercice 2.5 :   Vous pouvez tracer la fonction singulière $f(x) = 1/\sin(x)$ sur l'intervalle $[1, 10]$ sans aucun problème puisque les points (équidistants) du graphique dans cet intervalle ne contiennent pas de singularité :

```
>> plotfunc(1/sin(x), x = 1..10);
```

Cependant, dans l'intervalle $[0, 10]$, vous rencontrerez des problèmes. Les bornes appartiennent aux points représentatifs, et une erreur se produit lorsque le système tente d'évaluer $1/\sin(0) = 1/0$ à la borne gauche.

Exercice 2.6 :   MuPAD retourne immédiatement les limites demandées :

```
>> limit(sin(x)/x, x = 0),
   limit((1 - cos(x))/x, x = 0),
   limit(ln(x), x = 0, Right);
   1, 0, -infinity
>> limit(x^sin(x), x = 0),
   limit((1 + 1/x)^x, x = infinity),
   limit(ln(x)/exp(x), x = infinity);
   1, exp(1), 0
>> limit(x^ln(x), x = 0),
   limit((1 + PI/x)^x, x = infinity),
   limit(2/(1 + exp(-1/x)), x = 0, Left);
   infinity, exp(PI), 0
```

Le résultat **undefined** indique une limite inexistante :

```
>> limit(sin(x)^(1/x), x = 0);

   undefined
```

Exercice 2.7 : Vous obtenez le premier résultat sous la forme voulue
en factorisant :

```
>> sum(k^2 + k + 1 , k = 1..n): % = Factor(%);
```

$$\frac{5n}{3} + n^2 + \frac{n^3}{3} = \frac{n(3n + n^2 + 5)}{3}$$

```
>> sum((2*k - 3)/((k + 1)*(k + 2)*(k + 3)),
      k = 0..infinity);
```

   -1/4

```
>> sum(k/(k - 1)^2/(k + 1)^2, k = 2..infinity);
```

   5/16

Exercice 2.8 :

```
>> A := Dom::Matrix()([[1,2,3], [4,5,6], [7,8,0]]):
>> B := Dom::Matrix()([[1,1,0], [0,0,1], [0,1,0]]):
>> 2*(A + B), A*B;
```

$$\begin{pmatrix} 4, & 6, & 6 \\ 8, & 10, & 14 \\ 14, & 18, & 0 \end{pmatrix}, \begin{pmatrix} 1, & 4, & 2 \\ 4, & 10, & 5 \\ 7, & 7, & 8 \end{pmatrix}$$

```
>> (A - B)^(-1);
```

$$\begin{pmatrix} -5/2, & 3/2, & -5/7 \\ 5/2, & -3/2, & 6/7 \\ -1/2, & 1/2, & -2/7 \end{pmatrix}$$

Exercice 2.9 :   a) La fonction `numlib::mersenne` retourne une liste de valeurs pour p donnant les 38 nombres premiers de Mersenne actuellement connus qui ont été trouvés par des superordinateurs. Le calcul pour $1 < p \leq 1000$ peut être facilement exécuté sous MuPAD :

```
>> select([$1..1000], isprime):
>> select(%, p -> (isprime(2^p - 1)));
```

Après quelque temps vous obtenez la liste attendue des valeurs de p :

```
[2, 3, 5, 7, 13, 17, 19, 31, 61, 89, 107, 127, 521, 607]
```

Les premiers de Mersenne correspondants sont :

```
>> map(%, p -> (2^p-1));
```

```
[3, 7, 31, 127, 8191, 131071, 524287, 2147483647,

   2305843009213693951, 618970019642690137449562111,

   162259276829213363391578010288127, ... ]
```

b) Selon la vitesse de votre ordinateur vous ne pourrez tester que les premiers 11 ou 12 nombres de Fermat en un temps raisonnable. Notez que le 12e nombre de Fermat a déjà 1234 chiffres décimaux.

```
>> Fermat := n -> (2^(2^n) + 1): isprime(Fermat(10));
```

```
FALSE
```

Les seuls nombres premiers de Fermat connus sont les quatre premiers nombres de Fermat. En fait, si MuPAD teste les premiers 12 nombres de Fermat, après un certain temps il retourne les quatre valeurs suivantes :

```
>> select([Fermat(i) $ i= 1..12], isprime);
```

```
[5, 17, 257, 65537]
```

Exercice 4.1 :   Le premier opérande d'une puissance est la base, le second est l'exposant. Les premier et second opérandes d'une équation sont respectivement la partie gauche et la partie droite. Les opérandes d'une fonction sont appelés ses arguments :

```
>> op(a^b, 1), op(a^b, 2);
```

```
a, b
```

```
>> op(a=b, 1), op(a=b, 2);

   a, b

>> op(f(a,b), 1), op(f(a,b), 2);

   a, b
```

Exercice 4.2 : L'ensemble avec les deux équations est `op(set,1)`. Son second opérande est l'équation y=.., dont le second opérande est la partie droite :

```
>> set := solve({x+sin(3)*y = exp(a),
                 y-sin(3)*y = exp(-a)}, {x,y});

   { {                  sin(3) exp(-a)        exp(-a)    } }
   { { x = exp(a) -  --------------, y =  ---------- } }
   { {                   1 - sin(3)          1 - sin(3) } }

>> y := op(set, [1, 2, 2]);

     exp(-a)
   ----------
   1 - sin(3)
```

Utilisez `assign(op(set))` pour effectuer les affectations des deux inconnues x et y simultanément.

Exercice 4.3 : Si au moins un nombre d'une expression numérique est un nombre en virgule flottante, alors le résultat est un nombre en virgule flottante :

```
>> 1/3 + 1/3 + 1/3, 1.0/3 + 1/3 + 1/3;

   1, 1.0
```

Exercice 4.4 : Vous obtenez immédiatement les nombres en virgule flottante cherchés :

```
>> float(PI^(PI^PI)), float(exp(PI*sqrt(163)/3));

   1340164183025859352.0, 640320.0
```

Notez que seuls les 10 premiers chiffres de ces valeurs sont sûrs car c'est la précision par défaut. En fait, pour de plus grandes valeurs de `DIGITS` vous trouvez :

```
>> DIGITS := 100:
>> float(PI^(PI^PI)), float(exp(PI*sqrt(163)/3));
```

   1340164183006357435.29744912964013141509937497457349\
   23778792751658603409261909406814826947261130142,

   640320.00000000060486373504901603947174181881853947577\
   1485760366591819465221825828694253634081582264646

Nous calculons 235 chiffres décimaux de PI pour obtenir le 234e chiffre correct après la virgule[1]. Après la valeur DIGITS:= 235 le résultat est le dernier chiffre affiché de float(PI). Une méthode plus élégante est de multiplier par 10^{234}. Alors le chiffre recherché est le premier chiffre avant la virgule, et nous l'obtenons en tronquant les chiffres après la virgule :

```
>> DIGITS := 235: trunc(10^234*PI) - 10*trunc(10^233*PI);
```

   6

Exercice 4.5 :   a) En interne, MuPAD calcule exactement avec quelques chiffres supplémentaires non montrés en sortie.

```
>> DIGITS := 10: x := 10^50/3.0; floor(x);
```

   3.333333333e49

   33333333333333333333328377425726486687616038891527680

b) Après avoir augmenté DIGITS MuPAD affiche les chiffres supplémentaires. Cependant, tous ne sont pas corrects :

```
>> DIGITS := 40: x;
```

   3.3333333333333333333261053188e49

Recommencez le calcul avec la valeur augmentée de DIGITS pour obtenir la précision requise :

```
>> DIGITS := 40: x := 10^50/3.0;
```

   3.333333333333333333333333333333333333333e49

---

[1] NDT : qui reste un point décimal dans MuPAD

Exercice 4.6 :   Les noms `caution!-!`, `x-y`, et `Jack&Jill` sont incorrects puisqu'ils contiennent un caractère spécial : `!`, `-`, et `&`, respectivement. Comme un nom d'identificateur ne doit pas commencer par
un nombre, `2x` n'est pas non plus valable. Les noms `diff` et `exp` sont
des noms d'identificateurs valables. Cependant, vous ne pouvez pas
leur affecter de valeurs puisqu'ils sont des noms (protégés) de fonctions
MuPAD.

Exercice 4.7 :   Nous utilisons l'opérateur de séquence `$` (sect. 4.5
p. 67) pour créer l'ensemble des équations et celui des inconnues. Puis
un appel à **solve** retourne un ensemble d'équations plus simples :

```
>> equations := {(x.i + x.(i+1) = 1) $ i = 1..19,
                 x20 = PI}:
>> unknowns := {x.i $ i = 1..20}:
>> solutions := solve(equations, unknowns);

  {{x17 = 1 - PI, x19 = 1 - PI, x2 = PI, x10 = PI,

    x4 = PI, x20 = PI, x12 = PI, x1 = 1 - PI, x6 = PI,

    x14 = PI, x3 = 1 - PI, x8 = PI, x11 = 1 - PI,

    x16 = PI, x5 = 1 - PI, x13 = 1 - PI, x18 = PI,

    x7 = 1 - PI, x15 = 1 - PI, x9 = 1 - PI}}
```

Nous utilisons la fonction **assign** pour affecter les valeurs calculées aux
identificateurs :

```
>> assign(op(solutions, 1)): x1, x2, x3, x4, x5, x6;

  1 - PI, PI, 1 - PI, PI, 1 - PI, PI
```

Exercice 4.8 :

MuPAD   stocke   l'expression   `a^b-sin(a/b)`   sous   la   forme
`a^b+(-1)*sin(a*b^(-1))`. Son arbre des expressions est :

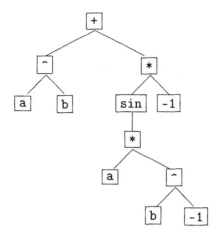

Exercice 4.9 : Nous observons que :

```
>> op(2/3); op(x/3);
```

    2, 3

    x, 1/3

La raison en est que 2/3 fait partie du type de domaine **DOM_RAT**, dont les opérandes sont le numérateur et le dénominateur. Le type de domaine de l'expression symbolique x/3 est **DOM_EXPR** et sa représentation interne est x*(1/3). La situation est semblable pour 1+2*I et x+2*I :

```
>> op(1 + 2*I); op(x + 2*I);
```

    1, 2

    x, 2 I

Le premier objet est de type de domaine **DOM_COMPLEX**. Ses opérandes sont les parties réelle et imaginaire. Les opérandes de l'expression symbolique x+2*I sont le premier et le second terme de la somme.

Exercice 4.10 : L'arbre des expressions de condition = (not a) and (b or c) est :

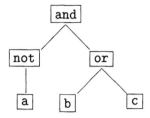

Ainsi op(condition,1) = not a et op(condition,2) = b or c. Nous obtenons les atomes a, b, c comme ceci :

```
>> op(condition, [1,1]), op(condition, [2,1]),
   op(condition, [2,2]);

   a, b, c
```

Exercice 4.11 :   Vous pouvez utiliser aussi bien la fonction d'affectation _assign présentée dans la section 4.3 et l'opérateur d'affectation :=.

```
>> _assign(x.i, i) $ i = 1..100:
>> (x.i := i) $ i = 1..100:
```

Vous pouvez aussi passer un ensemble d'équations d'affectation à la fonction assign :

```
>> assign({x.i = i $ i = 1..100}):
```

Exercice 4.12 :   Comme une suite est un argument valable de l'opérateur de séquence, vous pouvez obtenir le résultat désiré comme ceci :

```
>> (x.i $ i ) $ i = 1..10;

   x1, x2, x2, x3, x3, x3, x4, x4, x4, x4, ...
```

Exercice 4.13 : Nous utilisons la fonction addition _plus et générons son argument avec $:

```
>> _plus(((i+j)^(-1) $ j = 1.. i) $ i=1..10);

   1464232069/232792560
```

Exercice 4.14 :

```
>> L1 := [a, b, c, d]: L2 := [1, 2, 3, 4]:
>> L1.L2, zip( L1, L2, _mult);

   [a, b, c, d, 1, 2, 3, 4]  ,  [a, 2 b, 3 c, 4 d]
```

Exercice 4.15 : La fonction _mult multiplie ses arguments :

```
>> map([1, x, 2], _mult, multiplier);

   [multiplier, x multiplier, 2 multiplier]
```

Nous utilisons map pour appliquer à la liste imbriquée la fonction
L -> map(L,_mult,multiplier) :

```
>> L := [[1, x, 2], [PI], [2/3, 1]]:
   map(L, map, _mult, 2);

   [[2, 2 x, 4], [2 PI], [4/3, 2]]
```

Exercice 4.16 : Pour :

```
>> X := [x1, x2, x3]: Y := [y1, y2, y3]:
```

les produits sont donnés immédiatement par

```
>> _plus(op(zip(X, Y, _mult)));

   x1 y1 + x2 y2 + x3 y3
```

La fonction suivante f multiplie chaque élément de la liste Y par son
paramètre d'entrée x et retourne la liste résultante :

```
>> f := x -> (map(Y, _mult, x)):
```

La commande suivante remplace chaque élément de X par la liste retournée par f :

```
>> map(X, f);

   [[x1 y1, x1 y2, x1 y3], [x2 y1, x2 y2, x2 y3],

    [y1 x3, x3 y2, x3 y3]]
```

Exercice 4.17 : Pour chaque m, nous utilisons le générateur de séquences $ pour créer une liste de tous les entiers à vérifier. Puis nous extrayons tous les premiers de la liste avec `select(.,isprime)`. Le nombre de premiers est juste **nops** de la liste résultante. Nous calculons cette valeur pour tous les m entre 0 et 41 :

```
>> nops(select([(n^2 + n + m) $ n = 1..100], isprime))
     $ m = 0..41;
```

```
  1, 32, 0, 14, 0, 29, 0, 31, 0, 13, 0, 48, 0, 18, 0, 11,

     0, 59, 0, 25, 0, 14, 0, 28, 0, 28, 0, 16, 0, 34,

     0, 35, 0, 11, 0, 24, 0, 36, 0, 17, 0, 86
```

Il y a une explication simple pour les valeurs zéro des m pairs > 0. Comme $n^2 + n = n(n+1)$ est toujours pair, $n^2 + n + m$ est un entier pair plus grand que 2 et donc n'est pas premier.

Exercice 4.18 : Nous stockons les enfants dans une liste C et ôtons celui qui a été sorti à la fin de chaque tour. Pour des raisons techniques, nous représentons les positions $1, 2, \ldots, n$ dans une liste de n enfants par les entiers $0, 1, \ldots, n-1$. Soit **out** $\in \{0, 1, \ldots, n-1\}$ la position du dernier enfant qui a été sorti. Au tour suivant, nous sommes à la position **out+m-1** dans la liste courante (qui est plus petite de 1 de la précédente) après m mots. Comme nous comptons cycliquement, nous prenons cette valeur modulo le nombre d'enfants restants :

```
>> m := 9: n := 12: C := [$ 1..n]: out := 0:
>> out := (out + m - 1) mod nops(C):
>> C[out + 1]; unassign(C[out + 1]):
```

```
   9
```

```
>> out := (out + m - 1) mod nops(C):
>> C[out + 1]; unassign(C[out + 1]):
```

```
   6
```

Il est utile d'implanter ceci sous forme d'une boucle (chapitre 16) :

```
>> m := 9: n := 12: C := [$ 1..n]: out := 0:
```

```
>> repeat
     out := (out + m - 1) mod nops(C):
     print(C[out + 1]):
     unassign(C[out + 1])
   until nops(C) = 0 end_repeat:
     9

     6

     . . .

     1

     2
```

Exercice 4.19 :   Les deux conversions suivantes $list \mapsto set \mapsto list$ changent en général l'ordre des éléments de la liste :

```
>> set := {op(list)}:  list := [op(set)]:
```

Exercice 4.20 :

```
>> A := {a, b, c}: B := {b, c, d}: C := {b, c, e}:
>> A union B union C, A intersect B intersect C,
   A minus (B union C);

   {a, b, c, d, e}, {b, c}, {a}
```

Exercice 4.21 :   Vous obtenez l'union avec _union :

```
>> M := {{2, 3}, {3, 4}, {3, 7}, {5, 3}, {1, 2, 3, 4}}:
>> _union(op(M));

   {1, 2, 3, 4, 5, 7}
```

et l'intersection avec _intersect :

```
>> _intersect(op(M));

   {3}
```

Exercice 4.22 :   La fonction `combinat::choose(M, k)` retourne la suite de tous les sous-ensembles de k éléments d'un ensemble M :

```
>> M := {i $ i = 5..20}:
>> subsets := combinat::choose(M, 3):
```

Le nombre de tels sous-ensembles est :

```
>> nops(subsets);
```
```
   560
```

Comme le nombre de sous-ensembles ayant n éléments d'un ensemble de m éléments est le coefficient binomial $\binom{m}{n}$, vous n'avez pas besoin de créer les sous-ensembles pour les compter :

```
>> binomial(nops(M), 3);
```
```
   560
```


Exercice 4.23 :

```
>> telephoneDirectory := table(Ford = 1815,
    Reagan = 4711, Bush = 1234, Clinton = 5678):
```

Un appel indexé retourne le numéro de Ford :

```
>> telephoneDirectory[Ford];
```
```
   1815
```

Vous pouvez extraire toutes les entrées de la table contenant le nombre 5678 avec `select` :

```
>> select(telephoneDirectory, has, 5678);
```
```
   table(
     Clinton = 5678
   )
```


Exercice 4.24 :   La commande `[op(Table)]` retourne une liste de toutes les équations d'affectation. L'appel `map(.,op,i)` ($i = 1, 2$) extrait les parties gauche et droite, respectivement, des équations :

```
>> T := table(a = 1, b = 2,
            1 - sin(x) = "derivative of x + cos(x)" ):
```

```
>> indices := map([op(T)], op, 1);

   [a, b, 1 - sin(x)]
>> valeurs := map([op(T)], op, 2);

   [1, 2, "derivative of x + cos(x)"]
```

Exercice 4.25 :   Les chronométrages suivants (en millisecondes) montrent que générer une table prend plus de temps :

```
>> n := 100000:
>> time( (T := table( (i=i) $ i=1..n)) ),
   time( (L := [i $ i=1..n]) );

   3750, 820
```

Cependant, travailler avec des tables est notablement plus rapide. Les affectations suivantes créent respectivement une entrée additionnelle dans la table et ajoutent un élément à la liste :

```
>> time( (T[n + 1] := New) ), time( (L := L.[New]) );

   10, 140
```

Exercice 4.26 :   Nous utilisons le générateur de séquences $ pour créer une liste imbriquée et la passer à **array** :

```
>> n := 20: array(1..n, 1..n,
                 [[1/(i + j -1) $ j = 1..n] $ i = 1..n]):
```

Exercice 4.27 :

```
>> TRUE and (FALSE or not (FALSE or not FALSE));

   FALSE
```

Exercice 4.28 :   Nous utilisons la fonction **zip** pour générer une liste de comparaisons. Nous passons la fonction système **_less** en troisième argument, qui génère des inégalités de la forme a<b. Puis nous extrayons la séquence des inégalités avec **op** et la passons à **_and** :

```
>> L1 := [ 10*i^2 - i^3 $ i = 1..10]:
>> L2 := [ i^3 + 13*i $ i = 1..10]:
```

```
>> _and(op(zip(L1, L2, _less)));
```

   9 < 14 et 32 < 34 et 63 < 66 et 96 < 116 and

      125 < 190 et 144 < 294 et 147 < 434 et 128 < 616

      et 81 < 846 et 0 < 1130

Finalement, évaluer cette expression au moyen de **bool** répond à la question :

```
>> bool(%);
```

   TRUE

Exercice 4.29 :   La fonction **sort** ne trie pas les identificateurs alphabétiquement par leurs noms mais selon un ordre interne (sect. 4.6 p. 71). Aussi nous les convertissons en chaînes avec **expr2text** avant le tri :

```
>> [op(anames(3))]: map(%, expr2text): sort(%);
```

   ["Ax", "Axiom", "AxiomConstructor", "BackSubstitution",

      "Cat", "Category", ... , "zeta", "zip"]

Exercice 4.30 :   Nous calculons le « reflet » du palindrome

```
>> text := "Never odd or even":
```

en passant la séquence réfléchie de caractères individuels à la fonction **_concat**, qui la convertit à nouveau en une chaîne :

```
>> n := strlen(text): _concat(text[n - i] $ i = 1..n);
```

   "neve ro ddo reveN"

Ceci peut aussi être obtenu par l'appel **revert(text)**.

Exercice 4.31 :

```
>> f := x -> (x^2): g := x -> (sqrt(x)):
>> (f@f@g)(2), (f@@100)(x);
```

      1267650600228229401496703205376
   4, x

Exercice 4.32 :   Si vous utilisez l'opérateur flèche pour définir une fonction dans la version 1.4 de MuPAD, alors vous devriez utiliser `hold` pour empêcher l'évaluation immédiate des fonctions système :

```
>> f := L -> hold([L[nops(L) + 1 - i] $ i = 1..nops(L)]);

   L -> [(nops(L) + 1) - i] $ i = 1..nops(L)]
```

```
>> f([a, b, c]);

   [c, b, a]
```

Dans les versions de MuPAD postérieures à la 1.4, la définition

```
>> f := L -> [L[nops(L)+1-i] $ i = 1..nops(L)]:
```

fournit la fonction voulue.

Cependant, la solution la plus simple consiste à utiliser `f := revert`.

Exercice 4.33 :   Vous pouvez utiliser la fonction `last` (chapitre 12) pour créer les polynômes de Tchebychev en tant qu'expressions :

```
>> T0 := 1: T1 := x:
>> T2 := 2*x*% - %2; T3:= 2*x*% - %2; T4:= 2*x*% - %2;

      2
   2 x  - 1


        2
   2 x (2 x  - 1) - x


             2                 2
   2 x (2 x (2 x  - 1) - x) - 2 x  + 1
```

Un façon bien plus élégante est de traduire la définition récursive en une fonction récursive :

```
>> T := (k, x) ->
        (if k < 2
            then x^k
            else 2*x*T(k - 1, x) - T(k - 2, x)
        end_if):
```

Alors nous obtenons :

```
>> T(i, 1/3) $ i = 2..5;

  -7/9, -23/27, 17/81, 241/243

>> T(i, 0.33) $ i = 2..5;

  -0.7822, -0.846252, 0.22367368, 0.9938766288


>> T(i, x) $ i = 2..5;

     2              2
  2 x  - 1, 2 x (2 x  - 1) - x,


           2                    2
  2 x (2 x (2 x  - 1) - x) - 2 x  + 1,


            2                          2
  x - 2 x (2 x  - 1) + 2 x (2 x (2 x (2 x  - 1) - x) -


    2
  2 x  + 1)
```

Vous pouvez obtenir des représentations développées des polynômes en insérant un appel à **expand** (sect. 9.1 p. 178) dans la définition de la fonction. Les polynômes de Tchebychev sont déjà contenus dans la bibliothèque **orthpoly** des polynômes orthogonaux. Le $i^{\text{ème}}$ polynôme de Tchebychev est retourné par l'appel **orthpoly::chebyshev1(i,x)**.

Exercice 4.34 :   En principe, vous pouvez calculer les dérivées de f dans MuPAD et y substituer $x = 0$. Cependant, il est plus simple de faire une approximation de la fonction par série de Taylor dont les premiers termes décrivent son comportement dans le voisinage de $x = 0$:

```
>> taylor(tan(sin(x)) - sin(tan(x)), x = 0, 10);

    7       9
   x    29 x         10
   -- + ----- + O(x  )
   30    756
```

Ainsi, $f(x) = x^7/30 \cdot (1 + O(x^2))$, et par conséquent f a une racine d'ordre 7 en $x = 0$.

Exercice 4.35 : Voici la raison de la différence entre les deux résultats suivants :

```
>> taylor(cos(x), x), diff(taylor(sin(x), x), x);

       2    4                 2    4
      x    x       6         x    x       5
  1 - -- + -- + O(x ),   1 - -- + -- + O(x )
      2    24                2    24
```

avec la variable d'environnement ORDER ayant la valeur par défaut 6. Le premier appel calcule le développement en série du cosinus jusqu'à $O(x^6)$, et il se trouve qu'il n'y a pas de terme d'ordre x^5. L'appel

```
>> taylor(sin(x), x);

        3    5
       x    x        6
   x - -- + --- + O(x )
       6    120
```

ne réalise pas que la série du sinus n'a pas de terme d'ordre x^6 et que O(x^7) serait aussi correct. Le O(x^5) apparaît lorsque le terme O(x^6) (n'existant pas en réalité) est différentié.

Exercice 4.36 : Un développement asymptotique donne :

```
>> f := sqrt(x + 1) - sqrt(x - 1):
>> g := series(f, x = infinity, 10);


                   / 1 \5/2      / 1 \9/2       / 1 \13/2
                   | - |       7 | - |       33 | - |
      / 1 \1/2     \ x /         \ x /          \ x /
      | - |     + --------- + ----------- + ------------ +
      \ x /           8           128           1024


            / / 1 \17/2 \
         0| | - |       |
            \ \ x /     /
```

Ainsi

$$f \approx \frac{1}{\sqrt{x}} \left(1 + \frac{1}{8\,x^2} + \frac{7}{128\,x^4} + \frac{33}{1024\,x^6} + \cdots \right),$$

et donc $f(x) \approx 1/\sqrt{x}$ pour tous les réels $x \gg 1$. La meilleure approximation est ensuite $f(x) \approx \dfrac{1}{\sqrt{x}} \left(1 + \dfrac{1}{8\,x^2} \right)$.

Exercice 4.37 :   La commande `?revert` demande la page d'aide correspondante.

```
>> f := taylor(sin(x + x^3), x); g := revert(%);
          3       5
      5 x     59 x        6
  x + ---- - ----- + O(x )
       6      120


          3        5
      5 x     103 x       6
  x - ---- + ------ + O(x )
       6       40
```

Pour vérifier ce résultat, nous considérons la composition de f et g, dont le dévelopement en séries est celui de la fonction identité $x \mapsto x$:

```
>> g@f;
          6
  x + O(x)
```

Exercice 4.38 :   Nous exécutons le calcul sur l'anneau standard des coefficients (sect. 4.15.1 p. 106), qui contient à la fois les nombres rationnels et en virgule flottante :

```
>> n := 15:
>> H := Dom::Matrix()(n, n, (i, j) -> ((i + j -1)^(-1))):
>> e := Dom::Matrix()(n, 1, 1): b := H*e:
```

Nous calculons d'abord la solution du système d'équations $H\,\mathbf{x} = \mathbf{b}$ en arithmétique exacte sur les nombres rationnels. Puis nous convertissons toutes les entrées de H et b en nombres en virgule flottante et résolvons le système numériquement :

```
>> exact = H^(-1)*b, numerical = float(H)^(-1)*float(b);
```

$$
\text{exact} = \begin{bmatrix} 1 \\ 1 \\ \dots \\ 1 \\ 1 \end{bmatrix}, \quad \text{numerical} = \begin{bmatrix} 5.390556572 \\ -3.634783148 \\ \dots \\ -185.125 \\ 27.40625 \end{bmatrix}
$$

Les erreurs dans la solution numérique proviennent des erreurs d'arrondi, qui dépendent de la version. Pour le démontrer, nous répétons le calcul numérique avec une plus grande précision. Comme des parties de l'algorithme d'inversion sont intégrées dans **option remember** (sect. 18.9 p. 274), un nouveau calcul sans redémarrage utiliserait les valeurs déjà calculées avec une précision inférieure. Pour cette raison, nous redémarrons la session MuPAD avec **reset()** (sect. 14.3 p. 237) :

```
>> reset(): DIGITS := 20: n :=15:
>> H := Dom::Matrix()(n, n, (i, j) -> ((i + j -1)^(-1))):
>> e := Dom::Matrix()(n, 1, 1): b := H*e:
>> numerical = float(H)^(-1)*float(b);
```

$$
\text{numerical} = \begin{bmatrix} 0.99999999914389632441 \\ 1.0000000101239311378 \\ \dots \\ 0.99999994249083101749 \\ 1.0000000081854523159 \end{bmatrix}
$$

Exercice 4.39 :   Nous recherchons les valeurs pour lesquelles le déterminant de la matrice disparaît :

```
>> Dom::Matrix()([[1, a, b], [1, 1, c ], [1, 1, 1]]):
>> Factor(linalg::det(%));

   (a - 1) (c - 1)
```

Ainsi la matrice peut être inversée sauf si $a = 1$ ou $c = 1$.

Exercice 4.40 :   Nous stockons d'abord la matrice des données dans des tableaux. Ceux-ci seront utilisés plus tard pour créer des matrices sur différents anneaux des coefficients :

```
>> a := array(1..3, 1..3, [[ 1, 3, 0],
                           [-1, 2, 7],
                           [ 0, 8, 1]]):
>> b := array(1..3, 1..2, [[7, -1], [2, 3], [0, 1]]):
```

Pour simplifier les appels à la fonction suivante nous exportons la bibliothèque Dom :

```
>> export(Dom):
```

Nous définissons maintenant le constructeur MQ pour des matrices sur les nombres rationnels et convertissons les tableaux en les matrices correspondantes :

```
>> MQ := Matrix(Rational): A := MQ(a): B := MQ(b):
```

La méthode **transpose** du constructeur détermine la transposée de la matrice B avec MQ::transpose(B) :

```
>> (2*A + B*MQ::transpose(B))^(-1);

   +-                                    -+
   |   34/1885,   7/1508,    -153/7540   |
   |                                      |
   |   11/3770,  -31/3016,   893/15080   |
   |                                      |
   |  -47/3770, 201/3016,   -731/15080   |
   +-                                    -+
```

Le calcul sur l'anneau de la classe des résidus modulo 7 nous donne :

```
>> Mmod7 := Matrix(EntierMod(7)):
>> A := Mmod7(a): B := Mmod7(b):
>> C := (2*A + B*Mmod7::transpose(B)): C^(-1);
```

```
    +-                            -+
    |  3 mod 7, 0 mod 7, 1 mod 7  |
    |                             |
    |  1 mod 7, 3 mod 7, 2 mod 7  |
    |                             |
    |  4 mod 7, 2 mod 7, 2 mod 7  |
    +-                            -+
```

Nous vérifions ceci en multipliant l'inverse par la matrice originale, ce qui donne la matrice identité sur l'anneau des coefficients :

```
>> %*C;
```

```
    +-                            -+
    |  1 mod 7, 0 mod 7, 0 mod 7  |
    |                             |
    |  0 mod 7, 1 mod 7, 0 mod 7  |
    |                             |
    |  0 mod 7, 0 mod 7, 1 mod 7  |
    +-                            -+
```

Exercice 4.41 :   Nous calculons sur l'anneau des coefficients en nombres rationnels :

```
>> MQ := Dom::Matrix(Dom::Rational):
```

Pour définir la matrice nous passons une fonction associant les indices aux entrées de la matrice au constructeur :

```
>> A := MQ(3, 3, (i, j) -> (if i=j then 0 else 1 end_if));
```

```
    +-          -+
    |  0, 1, 1  |
    |           |
    |  1, 0, 1  |
    |           |
    |  1, 1, 0  |
    +-          -+
```

Le déterminant de A est

```
>> linalg::det(A);

   2
```

Les valeurs propres sont les racines du polynôme caractéristique p (la structure de donnée de MuPAD `poly` pour les polynômes est présentée dans la section 4.16)[2] :

```
>> p := linalg::charPolynomial(A, x);

        3
   poly(x  + (-3) x - 2, [x])
>> solve(p = 0, x);

   {-1, 2}
```

Ou encore, le progiciel `linalg` propose une fonction pour le calcul des valeurs propres :

```
>> linalg::eigenValues(A);

   {-1, 2}
```

Soit E la matrice identité 3×3. L'espace propre pour la valeur propre $\lambda \in \{-1, 2\}$ est l'espace de résolution du système d'équations linéaires $(A - \lambda \cdot E)\, \mathbf{x} = \mathbf{0}$. Les vecteurs solution traversent l'espace « null » (le « noyau ») de la matrice $A - \lambda \cdot E$. La fonction `linalg::nullSpace`[3] calcule une base pour le noyau d'une matrice :

```
>> Id := MQ(3, 3, 1, Diagonal):
>> lambda := -1: linalg::nullSpace(A - lambda*Id);

   -- +-     -+ +-     -+ --
   |  | -1 |  |  | -1 |  |
   |  |    |  |  |    |  |
   |  |  1 |, |  |  0 |  |
   |  |    |  |  |    |  |
   |  |  0 |  |  |  1 |  |
   -- +-     -+ +-     -+ --
```

---

[2] Dans les versions de MuPAD postérieures à la 1.4, la fonction `linalg::charPolynomial` est renommée en `linalg::charpoly`. De plus, elle retourne toujours un polynôme de type de domaine `Dom::DistributedPolynomial`.

[3] Dans les versions de MuPAD postérieures à la 1.4, les trois fonctions `linalg::eigenValues`, `linalg::eigenVectors`, et `linalg::nullSpace` sont renommées respectivement en `linalg::eigenvalues`, `linalg::eigenvectors`, et `linalg::nullspace`.

Il y a deux vecteurs de base linéairement indépendants. Par conséquent l'espace propre pour la valeur propre $\lambda = -1$ a deux dimensions.
L'autre valeur propre est simple :

```
>> lambda := 2: linalg::nullSpace(A - lambda*Id);
```

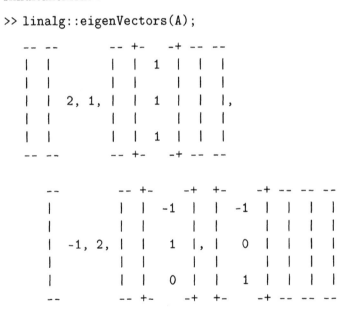

Alternativemen `linalg::eigenVectors` calcule tous les espaces propres
simultanément :

```
>> linalg::eigenVectors(A);
```

La valeur retournée est une liste imbriquée. Pour chaque valeur propre
λ, elle contient une liste de la forme

$$[\,\lambda\,,\ \text{multiplicité de }\lambda\,,\ \text{base de l'espace propre}\,].$$

Exercice 4.42 :

```
>> p := poly(x^7 - x^4 + x^3 - 1): q := poly(x^3 - 1):
>> p - q^2;
           7         6         4       3
   poly(x  + (-1) x  + (-1) x  + 3 x  - 2, [x])
```

Le polynôme p est un multiple de q :

```
>> p/q;
           4
   poly(x  + 1, [x])
```

Ce qui est confirmé par une factorisation :

```
>> Factor(p);
                           2
   poly(x - 1, [x]) poly(x  + x + 1, [x])


              4
      poly(x  + 1, [x])
>> Factor(q);
                           2
   poly(x - 1, [x]) poly(x  + x + 1, [x])
```

Exercice 4.43 : Nous n'avons besoin que d'essayer les restes possibles $0, 1, 2$ modulo 3 pour les coefficients a, b, c dans $a x^2 + b x + c$. Nous créons une liste de tous les 18 polynômes quadratiques avec $a \neq 0$ comme ceci :

```
>> p := 3: K := Dom::IntegerMod(p):
>> [((poly(a*x^2 + b*x + c, [x], K) $ a = 1..p-1
    ) $ b = 0..p-1) $ c = 0..p-1]:
```

La commande **select(.,irreducible)** extrait les 6 polynômes irréductibles :

```
>> select(%, irreducible);

         2
  [poly(x  + 1, [x], Dom::IntegerMod(3)),

            2
     poly(2 x  + x + 1, [x], Dom::IntegerMod(3)),

            2
     poly(2 x  + 2 x + 1, [x], Dom::IntegerMod(3)),
            2
     poly(2 x  + 2, [x], Dom::IntegerMod(3)),

            2
     poly(x  + x + 2, [x], Dom::IntegerMod(3)),

            2
     poly(x  + 2 x + 2, [x], Dom::IntegerMod(3))]
```

Exercice 5.1 :   La valeur de x est l'identificateur a1. L'évaluation de x donne l'identificateur c1. La valeur de y est l'identificateur b2. L'évaluation de y donne l'identificateur c2. La valeur de z est l'identificateur a3. L'évaluation de z donne 10.

L'évaluation de u1 provoque une récursion infinie, que MuPAD abandonne avec un message d'erreur. L'évaluation de u2 donne l'expression v2^2 - 1.

Exercice 6.1 :   Le résultat de subsop(b+a,1=c) est b+c et non c+a, comme vous pourriez l'avoir attendu. En effet, subsop évalue ses arguments. Le système réordonne la somme en interne lorsqu'il l'évalue, et ainsi subsop traite a+b au lieu de b+a. Au retour, le résultat c+b est à nouveau réordonné.

Exercice 6.2 :   La plus haute dérivée présente dans g est la $6^{\text{ème}}$ diff(f(x),x$6). Nous passons la séquence d'équations de remplacement :

$$\text{diff}(f(x), x \ \$ \ 6) = f6, \text{diff}(f(x), x \ \$ \ 5) = f5, \ \dots \ , f(x)$$
$$= f0$$

à la fonction de substitution de MuPAD. Notez qu'en accord avec la notation mathématique usuelle, diff retourne la fonction elle-même en tant que 0e dérivée :

diff(f(x),x$0)=diff(f(x))=f(x).

```
>> unassign(f): g := diff(f(x)/diff(f(x),x), x $ 5):
>> subs(g, (diff(f(x), x $ 6-i) = f.(6-i)) $ i = 0..6);
```

$$
\frac{25\ f2\ f4}{f1^2} - \frac{4\ f5}{f1} - \frac{f0\ f6}{f1^2} + \frac{10\ f0\ f2\ f5}{f1^3} + \frac{20\ f0\ f3\ f4}{f1^3} +
$$

$$
\frac{20\ f3^2}{f1^2} + \frac{60\ f2^4}{f1^4} - \frac{100\ f2^2\ f3}{f1^3} - \frac{120\ f0\ f2^5}{f1^6} -
$$

$$
\frac{90\ f0\ f2^2\ f3}{f1^4} - \frac{60\ f0\ f2\ f4}{f1^4} + \frac{240\ f0\ f2^3\ f3}{f1^5}
$$

Exercice 7.1 :   Les commandes suivantes donnent l'évaluation recherchée de la fonction :

```
>> f := sin(x)/x: x := 1.23: f;
```

0.7662510584

Cependant, x a maintenant une valeur. L'appel suivant diff(f,x) devrait mener à une commande non valable diff(0.7662510584,1.23), puisque diff évalue ses arguments. Vous pouvez contourner ce problème en empêchant une évaluation complète de ces arguments avec level ou hold (sect. 5.2 p. 139) :

```
>> g := diff(level(f,1), hold(x)); g;

   cos(x)    sin(x)
   ------ - ------
     x          2
                x


   -0.3512303507
```

Ici l'évaluation de `hold(x)` est l'identificateur `x` et non sa valeur. Écrire `hold(f)` au lieu de `level(f,1)` amènerait le mauvais résultat `diff(hold(f),hold(x))=0` puisque `hold(f)` ne contient pas `hold(x)`. L'expression `level(f,1)` remplace `f` par sa valeur `sin(x)/x` (sect. 5.2 p. 139). L'appel suivant de `g` retourne l'évaluation de `g`, c.-à-d. la valeur de la dérivée en `x=1.23`. Alternativement vous pouvez supprimer la valeur de `x` :

```
>> unassign(x): diff(f,x): subs(%, x = 1.23); eval(%);

   0.81300813 cos(1.23) - 0.6609822195 sin(1.23)


   -0.3512303507
```

Exercice 7.2 : Les trois premières dérivées du numérateur et du dénominateur s'annulent au point $x = 0$:

```
>> Z := x -> (x^3*sin(x)): N := x -> ((1 - cos(x))^2):
>> Z(0), N(0), Z'(0), N'(0), Z''(0), N''(0),
   Z'''(0), N'''(0);

   0, 0, 0, 0, 0, 0, 0, 0
```

Pour les dérivées quatrièmes, nous avons :

```
>> Z''''(0), N''''(0);

   24, 6
```

Donc la limite est $Z''''(0)/N''''(0) = 4$, selon la règle de de L'Hospital. La fonction `limit` calcule le même résultat :

```
>> limit(Z(x)/N(x), x = 0);

   4
```

Exercice 7.3 : Les dérivées partielles du premier ordre de f_1 sont :

```
>> f1 := sin(x1*x2): diff(f1, x1), diff(f1, x2);

   x2 cos(x1 x2), x1 cos(x1 x2)
```

Celles du second ordre sont :

```
>> diff(f1, x1, x1), diff(f1, x1, x2),
   diff(f1, x2, x1), diff(f1, x2, x2);

       2
   - x2  sin(x1 x2), cos(x1 x2) - x1 x2 sin(x1 x2),

                                     2
     cos(x1 x2) - x1 x2 sin(x1 x2), - x1  sin(x1 x2)
```

La dérivée totale de f_2 par rapport à t est :

```
>> f2 := x^2*y^2: x := sin(t): y := cos(t): diff(f2, t);

         3                    3
   2 cos(t)  sin(t) - 2 cos(t) sin(t)
```

Exercice 7.4 :

```
>> int(sin(x)*cos(x), x = 0..PI/2),
   int(1/(sqrt(1 - x^2)), x = 0..1),
   int(x*atan(x), x = 0..1);

         PI  PI
   1/2, --, -- - 1/2
         2   4
```

La fonction **atan** est appelée **arctan** dans les versions de MuPAD postérieures à la 1.4. Dans MuPAD 1.4.2, le système retourne une représentation complexe de l'intégrale suivante :

```
>> s := int(1/x, x = -2..-1);

   I PI - ln(-2)
```

La fonction **rectform** (sect. 9.1 p. 178) décompose le résultat en ses parties réelle et imaginaire, et nous voyons qu'en fait il est réel :

```
>> rectform(s);

   -ln(2)
```

Exercice 7.5 :

```
>> int(x/(2*a*x - x^2)^(3/2), x);
```

```
         2
    x (x  - 2 a x)
  - -----------------
                2 3/2
    a (2 a x - x )
```

```
>> int(sqrt(x^2 - a^2), x);
```

```
       2    2 1/2    2              2    2 1/2
   x (x  - a )       a  ln(x + (x  - a )   )
   --------------  - -----------------------
         2                    2
```

```
>> int(1/(x*sqrt(1 + x^2)), x);
```

```
         /     1      \
   - atanh| ----------- |
          |   2     1/2 |
          \ (x  + 1)    /
```

Exercice 7.6 :   La fonction `intlib::changevar` n'exécute qu'un changement de variables, sans faire appel à l'intégration :

```
>> intlib::changevar(int(sin(x)*sqrt(1 + sin(x)),
                      x=-PI/2..PI/2), sin(x) = t);
```

```
     /            1/2          \
     | t (t + 1)               |
   int| -------------, t = -1..1 |
     |         2 1/2            |
     \ (1 - t )                /
```

Seule une autre évaluation activera la routine d'intégration :

```
>> eval(%): % = float(%);
```

```
     1/2
    2 2
    ------ =   0.9428090415
       3
```

La quadrature numérique retourne le même résultat :

```
>> numeric::quadrature(sin(x)*sqrt(1 + sin(x)),
                       x = -PI/2..PI/2);
```

   0.9428090415

Exercice 8.1 : Le résolveur d'équation retourne la solution générale :

```
>> equations := {a +   b +   c +   d +   e = 1,
                 a + 2*b + 3*c + 4*d + 5*e = 2,
                 a - 2*b - 3*c - 4*d - 5*e = 2,
                 a -   b -   c -   d -   e = 3}:
>> solve(equations, {a, b, c, d, e});
```

   {{a = 2, b = d + 2 e - 3, c = 2 - 2 d - 3 e}}

Les paramètres libres sont dans les parties droites des équations solutions. Vous pouvez les déterminer dans MuPAD par extraction de ces parties droites et en utilisant **indets** pour trouver les identificateurs qu'elles contiennent :

```
>> map(%, map, op, 2); indets(%);
```

   {{d + 2 e - 3, 2 - 2 d - 3 e, 2}}

   {d, e}

Exercice 8.2 :   Dans MuPAD 1.4.2, la solution symbolique est :

```
>> solution := solve(ode(
    {y'(x)=y(x) + z(x), z'(x) = y(x)}, {y(x), z(x)}));
{                    /          1/2 \         /          1/2 \
{                    | x    x 5   |         | x    x 5   |
{        C1 exp|  - - ------ |   C2 exp| - + ------ |
{                    \ 2      2   /         \ 2      2   /
{ y(x) = --------------------  +  --------------------  -
{                    2                          2


            /          1/2 \               /          1/2 \
    1/2   | x    x 5   |       1/2   | x    x 5   |
  C1 5    exp| - - ------ |   C2 5    exp| - + ------ |
            \ 2      2   /               \ 2      2   /
  ------------------------  +  ------------------------,
              2                            2


                                                        }
                                                        }
            /          1/2 \               /        1/2 \ }
            | x    x 5   |               | x    x 5   | }
  z(x) = C1 exp|  - - ------ | + C2 exp| - + ------ | }
            \ 2      2   /               \ 2      2   / }
```

avec les constantes libres C1, C2.

Maintenant nous posons $x = 0$ et substituons y(0) et z(0), respectivement, dans les conditions initiales. Puis nous résolvons le système linéaire d'équations résultant pour C1 et C2 :

```
>> solve(eval(subs(solution, x=0, y(0)=1, z(0)=1),
        {C1, C2})):
  map(%, simplify, sqrt)
  { {                1/2          1/2        } }
  { {                5            5          } }
  { { C1 = 1/2 - ----, C2 = ---- + 1/2 } }
  { {                10           10         } }
```

Nous enlevons les accolades externes avec **op**, et affectons les valeurs des solutions à `C1` et `C2` au moyen de **assign** :

```
>> assign(op(%)):
```

Ainsi la valeur en $x = 1$ de la solution symbolique pour les conditions initiales ci-dessus est :

```
>> x := 1:
>> [normal(op(solution, 1)), normal(op(solution, 2))];
  --              /         1/2 \       /  1/2         \
  |               |        5    |       | 5            |
  |          exp| 1/2 - ---- |    exp| ---- + 1/2 |
  |               \        2   /       \  2         /
  |  y(1) = ----------------- + ------------------ -
  --                  2                    2

                 /         1/2 \                /  1/2         \
       1/2       |        5    |      1/2       | 5            |
      3 5    exp| 1/2 - ---- |     3 5    exp| ---- + 1/2 |
                 \        2   /                \  2         /
      --------------------------- + ---------------------------- ,
                 10                           10

                 /         1/2 \       /  1/2         \
                 |        5    |       | 5            |
            exp| 1/2 - ---- |    exp| ---- + 1/2 |
                 \        2   /       \  2         /
      z(1) = ----------------- + ------------------ -
                       2                    2

                 /         1/2 \                /  1/2         \ --
       1/2       |        5    |      1/2       | 5            | |
      5      exp| 1/2 - ---- |     5      exp| ---- + 1/2 | |
                 \        2   /                \  2         / |
      --------------------------- + ---------------------- |
                 10                           10            --
```

Finalement, nous appliquons **float** aux parties droites de ces équations :

```
>> map(%, float@op, 2);
   [5.812568463, 3.798245729]
```

Exercice 8.3 :

1)

```
>> solve(ode(y'(x)/y(x)^2 = 1/x, y(x)));

    {      1       }
    { ------------ }
    { - C1 - ln(x) }
```

2a)

```
>> solve(ode({y'(x) - sin(x)*y(x) = 0, D(y)(1)=1}, y(x)));

    {     exp(-cos(x))     }
    { -------------------- }
    { sin(1) exp(-cos(1)) }
```

2b)

```
>> solve(ode({2*y'(x) + y(x)/x = 0, D(y)(1) = PI}, y(x)));

    {    2 PI }
    { - ---- }
    {    1/2 }
    {    x   }
```

3)

```
>> solve(ode({diff(x(t),t) = -3*y(t)*z(t),
              diff(y(t),t) =  3*x(t)*z(t),
              diff(z(t),t) = -x(t)*y(t)},
             {x(t),y(t),z(t)}));
                     2       1/2                        2 1/2
{[x(t) = (3 z(t)   - C4)   , y(t) = (- C5 - 3 z(t) )   ],


                   2       1/2                      2 1/2
  [x(t) = - (3 z(t)   - C4)   ,  y(t) = (- C5 - 3 z(t) )   ],


                  2       1/2                        2 1/2
  [x(t) = (3 z(t)   - C4)   , y(t) = - (- C5 - 3 z(t) )   ],


                   2       1/2                          2 1/2
  [x(t) = - (3 z(t)   - C4)   , y(t) = - (- C5 - 3 z(t) )   ]}
```

Exercice 8.4 :   La fonction `solve` donne directement la solution de
la récurrence :

```
>> solve(rec(F(n) = F(n-1) + F(n-2), F(n),
          {F(0) = 0, F(1) = 1}));
   {         /  1/2       \n        /          1/2 \n }
   {  1/2 |  5            |      1/2 |        5     |  }
   {  5     | ---- + 1/2  |     5    | 1/2 - ----   |  }
   {         \  2         /          \        2    /   }
   { -------------------- - -------------------- }
   {          5                      5            }
```

Exercice 9.1 :   Vous obtenez immédiatement la réponse avec :

```
>> simplify(cos(x)^2 + sin(x)*cos(x));

   cos(2 x)    sin(2 x)
   -------- + -------- + 1/2
      2          2
```

Vous obtenez le même résultat en appliquant `combine` aux produits
réécrits des fonctions trigonométriques comme sommes :

```
>> combine(cos(x)^2 + sin(x)*cos(x), sincos);

   cos(2 x)    sin(2 x)
   -------- + -------- + 1/2
      2          2
```

Exercice 9.2 :

1)

```
>> expand(cos(5*x)/(sin(2*x)*cos(x)^2));

        2                       3
   cos(x)                  5 sin(x)
   -------- - 5 sin(x) + ---------
   2 sin(x)                   2
                          2 cos(x)
```

2)

```
>> f := (sin(x)^2 - exp(2*x)) /
        (sin(x)^2 + 2*sin(x)*exp(x) + exp(2*x)):
>> normal(expand(f));
```

```
  sin(x) - exp(x)
  ---------------
  sin(x) + exp(x)
```

3)

```
>> f := (sin(2*x) - 5*sin(x)*cos(x)) /
        (sin(x)*(1 + tan(x)^2)):
>> combine(normal(expand(f)), sincos);
```

```
      9 cos(x)   3 cos(3 x)
  - --------- - ----------
        4            4
```

4)

```
>> f := sqrt(14 + 3*sqrt(3 +
                  2*sqrt(5 - 12*sqrt(3 - 2*sqrt(2))))):
>> simplify(f, sqrt);
```

```
   1/2
  2    + 3
```

Exercice 9.3 : Le premier pas consiste en une normalisation :

```
>> int(sqrt(sin(x) + 1), x): normal(diff(%, x));
```

```
        2                    3           2
  cos(x)  - 2 sin(x) + 2 sin(x)  + 3 cos(x)  sin(x)
  -------------------------------------------------
                    2            1/2
            cos(x)  (sin(x) + 1)
```

Puis nous éliminons les termes en cosinus :

```
>> subs(%, cos(x)^2 = 1 - sin(x)^2);
          3                    2
  (2 sin(x)  - 2 sin(x) - sin(x)  +


                 2
    3 sin(x) (1 - sin(x) ) + 1) /


         2            1/2
  (cos(x)  (sin(x) + 1)   )
```

Le système ne remplace pas l'expression au dénominateur puisqu'elle est contenue sous la forme `cos(x)^(-2)` dans l'arbre des expressions et non comme `cos(x)^2` :

```
>> subs(%, cos(x)^(-2) = (1 - sin(x)^2)^(-1));
          3                  2
  (2 sin(x)  - 2 sin(x) - sin(x)  +


                 2
    3 sin(x) (1 - sin(x) ) + 1) /


            1/2          2
  ((sin(x) + 1)    (1 - sin(x) ))
```

La normalisation finale achève la simplification désirée :

```
>> normal(%);
            1/2
  (sin(x) + 1)
```

Exercice 9.4 :   La fonction `assume` (sect. 9.3 p. 191) assigne des propriétés aux identificateurs. Elles sont prises en compte par `limit` :

```
>> assume(a > 0): limit(x^a, x = infinity);
   infinity
>> limit(x^0, x = infinity);
   1
```

```
>> assume(a < 0): limit(x^a, x = infinity);
```

   0

Exercice 10.1 : Par analogie avec l'exemple précédent du pgcd, nous obtenons l'expérience suivante :

```
>> die := random(1..6):
>> experiment := [[die(), die(), die()] $ i = 1..216]:
>> diceScores := map(experiment, x -> (x[1]+x[2]+x[3])):
>> frequencies := Dom::Multiset(op(diceScores)):
>> sortingOrder := (x, y) -> (x[1] < y[1]):
>> sort([op(frequencies)], sortingOrder);
```

   [[4, 4], [5, 9], [6, 8], [7, 9], [8, 16], [9, 20],

      [10, 27], [11, 31], [12, 32], [13, 20], [14, 13],

      [15, 12], [16, 6], [17, 7], [18, 2]]

Au cours de cette expérience le 3 n'est pas sorti.

Exercice 10.2 :   a) La commande

```
>> r := float@random(0..10^10)/10^10:
```

crée un générateur de nombres aléatoires dans l'intervalle $[0, 1]$. Ainsi

```
>> n := 1000: absValues := [sqrt(r()^2+r()^2) $ i = 1..n]:
```

retourne une liste des valeurs absolues de n vecteurs aléatoires dans le rectangle $Q = [0, 1] \times [0, 1]$. Le nombre de valeurs ≤ 1 est le nombre de points au hasard dans le quadrant supérieur droit du cercle unité :

```
>> m := nops(select(absValeurs, z -> (z <= 1)));
```

   787

Comme m/n donne une approximation de l'aire $\pi/4$ du quadrant supérieur droit du cercle unité, nous obtenons l'approximation suivante de π :

```
>> float(4*m/n);
```

   3.148

b) Nous déterminons d'abord le maximum de f. La fonction suivante de tracé montre que f est monotone croissante dans l'intervalle $[0,1]$:

```
>> f := x*sin(x) + cos(x)*exp(x): plotfunc(f, x=0..1):
```

Ainsi f prend sa valeur maximale à l'extrémité droite de l'intervalle. Par conséquent $M = f(1)$ est une borne supérieure de la fonction :

```
>> M := float(subs(f, x = 1));
```

    2.310164924

Nous utilisons le générateur de nombres aléatoires défini ci-dessus pour générer des points au hasard dans le rectangle $[0,1] \times [0,M]$:

```
>> n := 1000: pointlist := [[r(), M*r()] $ i = 1..n]:
```

Nous sélectionnons les points $p = [x,y]$ pour lesquels $0 \leq y \leq f(x)$ est vrai :

```
>> select(pointlist, p -> (p[2] <= eval(subs(f, x = p[1])))):
>> m := nops(%);
```

    740

Nous obtenons ainsi une approximation de l'intégrale :

```
>> m/n*M;
```

    1.709522044

La valeur exacte est :

```
>> float(int(f, x = 0..1));
```

    1.679193292

Exercice 11.1 : La fonction MuPAD **round** arrondit un nombre réel à l'entier le plus proche. Dans les versions de MuPAD avant la 2.0, la valeur par défaut dans **plotfunc** pour le nombre de points graphiques de référence est trop petit pour couvrir exactement les discontinuités de f :

```
>> f := abs(x - round(x))/x: plotfunc(f, x = 1..30);
```

Si vous utilisez **plot2d** alors vous pouvez augmenter la résolution avec l'option **Grid=[..]** :

```
>> plot2d(Scaling = UnConstrained,
          [Mode = Curve, [x, f], x = [1, 30],
           Grid = [1000]]);
```

Exercice 11.2 : Nous donnons `Scaling=Constrained` comme option de scène pour empêcher la sphère de ressembler à un ellipsoïde :

```
>> sphere := plot::Surface3d(
                [cos(u)*sin(v), sin(u)*sin(v), cos(v)],
                u=[0,2*PI], v=[0,PI],
                Style = [ColorPatches, AndMesh]]:
>> plot(sphere, Scaling = Constrained);
```

Exercice 11.3 : Dans les versions de MuPAD jusqu'à la 1.4, la fonction `plotlib::implicitplot` recouvre l'ensemble des racines par de petits carrés. À partir de la version 2.0, la fonction `plotlib::contourplot` essaie au contraire de calculer les points solution avec une plus grande précision et de les joindre par une courbe[4]. Les appels suivants donnent le graphique recherché :

```
>> f := (x, y) -> ((x^2 + y^2)*(x^2 + y^2 -1)):
>> plotlib::implicitplot(f, -2..2, -2..2);
>> plotlib::contourplot([[x, y, f(x,y)], x = [-2 ,2],
                          y = [-2,2], Contours = [0],
                          Grid = [30, 30]]);
```

---

[4] Les versions de MuPAD postérieures à la 1.4 implantent un algorithme amélioré pour `plot::implicit`, et `plot::contour` est obsolète. De plus, le premier argument de `plot::implicit` doit être une expression MuPAD au lieu d'une fonction. Consultez la page d'aide `?plot::implicit` pour plus d'informations.

Exercice 14.1 : Avec la définition suivante de la méthode `postOutput`
de `Pref` le système affiche une ligne d'état additionnelle :

```
>> Pref::postOutput(
     proc()
     begin
       "bytes: " .
       expr2text(op(bytes(), 1)) . " (logical) / " .
       expr2text(op(bytes(), 2)) . " (physical)"
     end_proc):
>> DIGITS := 10: float(sum(1/i!, i = 0..100));

   2.718281828
   bytes: 836918 (logical) / 1005938 (physical)
```

Exercice 15.1 : Nous créons d'abord l'ensemble S :

```
>> f := i -> ( (i^(5/2)+i^2-i^(1/2)-1) /
               (i^(5/2)+i^2+2*i^(3/2)+2*i+i^(1/2)+1)
             ):
>> S := {f(i) $ i=-1000..-2} union {f(i) $ i=0..1000}:
```

Puis nous appliquons `domtype` à tous les éléments de l'ensemble pour
déterminer leurs types de domaine :

```
>> map(S, domtype);

   {DOM_INT, DOM_RAT, DOM_EXPR}
```

L'examen de certains éléments explique ce résultat :

```
>> f(-2), f(0), f(1), f(2), f(3), f(4);
      1/2                1/2          1/2
   3 I 2    + 3        3 2    + 3   8 3    + 8
   ------------, -1, 0, ----------, ------------, 3/5
      1/2                1/2          1/2
    I 2    + 1         9 2    + 9  16 3    + 16
```

La fonction **normal** simplifie les expressions contenant des racines carrées :

```
>> map(%, normal);

   3, -1, 0, 1/3, 1/2, 3/5
```

Nous appliquons maintenant **normal** à tous les éléments de l'ensemble avant de rechercher leur type de donnée :

```
>> map(S, domtype@normal);

   {DOM_INT, DOM_RAT}
```

Ainsi tous les nombres dans S sont en fait des rationnels (en particulier il y a deux valeurs entières $f(0)=-1$ et $f(1)=0$). La raison en est que $f(i)$ peut être simplifié en $(i-1)/(i+1)$:

```
>> normal(f(i) - (i - 1)/(i + 1));

   0
```

Exercice 15.2 : Nous appliquons **testtype(.,"sin")** à chaque élément de la liste :

```
>> list := [sin(i*PI/200) $ i = 0..100]:
```

pour trouver si elle est retournée sous la forme **sin(.)**. La commande suivante **split** (sect. 4.7 p. 78) décompose la liste en conséquence :

```
>> decomposition := split(list, testtype, "sin"):
```

Dans MuPAD 1.4, le système a simplifié seulement 6 des 101 appels sin :

```
>> map(decomposition, nops); decomposition[2];

   [95, 6, 0]


   --            1/2 1/2   1/2         1/2 1/2   1/2
   |     (2 - 2   )    2    (5 - 5   )    2
   |  0, ------------, ----------------, ----,
   --          2               4           2


        1/2    1/2   --
       (2    + 2)     |
       ------------, 1 |
            2          --
```

Exercice 15.3 : Vous pouvez utiliser `select` (sect. 4.7 p. 78) pour extraire les éléments que `testtype` identifie comme des entiers positifs. Par exemple :

```
>> set := {-5, 2.3, 2, x, 1/3, 4}:
>> select(set, testtype, Type::PosInt);

   {2, 4}
```

Notez que ceci ne sélectionne que les objets qui *sont* des entiers positifs, mais pas ceux qui pourraient *représenter* des entiers positifs, tels que les identificateur x dans l'exemple ci-dessus. Ce n'est pas possible avec `testtype`. À la place vous pouvez utiliser `assume` pour définir cette propriété et la requérir avec `is` :

```
>> assume(x, Type::PosInt):
>> select(set, is, Type::PosInt);

   {x, 2, 4}
```

Exercice 15.4 : Nous construisons le spécificateur de type désiré et l'employons comme ceci :

```
>> T := Type::ListOf(Type::ListOf(
        Type::AnyType, 3, 3), 2, 2):
>> testtype([[a, b, c], [1, 2, 3]], T),
   testtype([[a, b, c], [1, 2]], T);

   TRUE, FALSE
```

Exercice 17.1 : Considérez les conditions `x<>1 and A` et `x=1 or A`. Après avoir entré :

```
>> x := 1:
```

il n'est plus possible de les évaluer à cause de la singularité dans $x/(x-1)$:

```
>> x <> 1 and A;

   Error: Division by zero [_power]

>> x = 1 or A;

   Error: Division by zero [_power]
```

Cependant, ce n'est pas un problème dans une instruction if puisque l'évaluation booléenne de x<>1 et x=1 nous a déjà appris que x<>1 and A s'évalue en FALSE et x=1 or A en TRUE, respectivement :

```
>> (if x <> 1 and A then right else wrong end_if),
   (if x = 1 or A then right else wrong end_if);

   wrong, right
```

D'autre part, l'évaluation de l'instruction if suivante produit encore une erreur, puisqu'elle est nécessaire pour évaluer A afin de déterminer la valeur de vérité de x=1 and A :

```
>> if x = 1 and A then right else wrong end_if;

   Error: Division by zero [_power]
```

Exercice 18.1 : Par analogie avec l'exemple de Airy, nous effectuons les pas suivants :

```
>> Ai := proc(x, a, b) begin
          if x = 0 then a else procname(args()) end_if
       end_proc:
>> Ai := func_env(Ai, NIL, NIL):
>> proc(f, x) local y, a, b; begin
      y := op(f, 1); a := op(f, 2); b := op(f, 3);
      Ai1(y, a, b)*diff(y, x)
   end_proc:
>> Ai := funcattr(Ai, "diff", %):
>> Ai1 := proc(x, a, b) begin
          if x = 0 then b else procname(args()) end_if
       end_proc:
>> proc(f) begin "Ai'(".expr2text(op(f)).")" end_proc:
>> Ai1 := func_env(Ai1, %, NIL):
>> proc(f, x) local y, a, b; begin
      y := op(f, 1); a := op(f, 2); b := op(f, 3);
      y*Ai(y, a, b)*diff(y, x)
   end_proc:
>> Ai1 := funcattr(Ai1, "diff", %):
```

Nous avons maintenant :

```
>> diff(Ai(x, a, b), x, x);

   x Ai(x, a, b)

>> diff(Ai1(2*x + 3, a, b), x, x, x);

                                    2
   16 Ai'(x*2 + 3, a, b) + 8 (2 x + 3)  Ai(2 x + 3, a, b)
```

Nous calculons la $10^{\text{ème}}$ dérivée requise :

```
>> diff(Ai(x, 1, 0), x $ 10);

                  2                    5
   80 Ai'(x, 1, 0) + 100 x  Ai(x, 1, 0) + x  Ai(x, 1, 0)

          3
    + 20 x  Ai'(x, 1, 0)
```

Les premiers termes du développement de Taylor autour de $x = 0$ sont :

```
>> taylor(Ai(x, a, b), x = 0, 10);
                  3      4      6      7      9
                a x    b x    a x    b x    a x          10
    a + b x + ---- + ---- + ---- + ---- + ----- + O(x  )
                6      12     180    504    12960
```

À nouveau, pour MuPAD 1.4 et antérieures, vous devez appeler `expr` sur la valeur retournée par `taylor` pour vous débarrasser des appels non évalués à `Ai(0, a, b)` et `Ai'(0, a, b)`.

Exercice 18.2 : La procédure suivante évalue la fonction `Abs` :

```
>> Abs := proc(x)
   begin
      if domtype(x) = DOM_INT or domtype(x) = DOM_RAT
         or domtype(x) = DOM_FLOAT
         then if x >= 0 then x else -x end_if;
         else procname(x);
      end_if
   end_proc:
```

Nous convertissons `Abs` en un environnement de fonction et fournissons
une fonction produisant la sortie d'écran désirée :

```
>> Abs := func_env(Abs,
                 proc(f) begin
                   "|".expr2text(op(f))."|"
                 end_proc,
                 NIL):
```

Puis nous définissons les attributs de la fonction pour la différentiation :

```
>> Abs := funcattr(Abs, "diff",
                  proc(f,x) begin
                    f/op(f)*diff(op(f),x)
                  end_proc):
```

Nous avons maintenant le comportement suivant :

```
>> Abs(-23.4), Abs(x), Abs(x^2 + y - z);

   23.4, |x|, |y + z*(-1) + x^2|
```

L'attribut `diff` de la fonction système `abs` est implanté de façon légèrement différente :

```
>> diff(Abs(x^3), x), diff(abs(x^3), x);

   3 |x^3|            2
   -------, 3 abs(x)  sign(x)
      x
```

Exercice 18.3 :   Nous utilisons `expr2text` (sect. 4.11 p. 90) pour
convertir les entiers passés comme arguments en chaînes. Puis nous les
combinons, avec quelques barres /, via l'opérateur de concaténation
« . » :

```
>> date := proc(month, day, year) begin
             print(Unquoted, expr2text(month) . "/" .
                             expr2text(day) . "/" .
                             expr2text(year))
           end_proc:
```

Exercice 18.4 :   Nous présentons une solution utilisant une boucle while. La condition x mod 2 = 0 vérifie si x est pair :

```
>> f := proc(x) local i;
   begin
     i := 0;
     userinfo(2, "term " . expr2text(i) . ": " .
                 expr2text(x));
     while x <> 1 do
       if x mod 2 = 0 then x := x/2
       else x := 3*x+1 end_if;
       i := i + 1;
       userinfo(2, "term " . expr2text(i) . ": " .
                   expr2text(x))
     end_while;
     i
   end_proc:
>> f(4), f(1234), f(56789), f(123456789);

   2, 132, 60, 177
```

Si nous posons setuserinfo(f,2) (sect. 14.2 p. 235), alors la commande **userinfo** sort tous les termes de la suite jusqu'à ce que la procédure se termine :

```
>> setuserinfo(f, 2): f(4);

   term 0: 4
   term 1: 2
   term 2: 1


   2
```

Si vous ne croyez pas en la conjecture $3x + 1$, alors vous devriez insérer une condition d'arrêt pour l'indice i pour assurer la terminaison.

Exercice 18.5 :   Une implantation récursive basée sur la relation $\gcd(a, b) = \gcd(a \bmod b, b)$ provoque une récursion infinie : nous avons $a \bmod b \in \{0, 1, \ldots, b - 1\}$, et par conséquent

$$(a \bmod b) \bmod b = a \bmod b$$

au pas suivant. Ainsi la fonction gcd s'appellera toujours récursivement elle-même avec les mêmes arguments. Cependant, un appel récursif de la forme $\gcd(a, b) = \gcd(b, a \bmod b)$ a un sens. Comme $a \bmod b < b$, la fonction s'appelle elle-même récursivement pour des valeurs décroissantes du second argument, qui finalement devient nul :

```
>> Gcd := proc(a, b) begin      /* recursive variant */
            if b = 0
                then a
                else Gcd(b, a mod b)
            end_if
        end_proc:
```

Pour de grandes valeurs de a et b, vous pouvez avoir besoin d'augmenter la valeur de la variable d'environnement MAXDEPTH, si Gcd épuise la profondeur de récursion permise. La variante itérative suivante évite ce problème :

```
>> GCD := proc(a, b) local c;  /* iterative variant */
        begin
            while b <> 0 do
                c := a; a := b; b := c mod b
            end_while;
            a
        end_proc:
```

Ce qui donne :

```
>> a := 123456: b := 102880:
>> Gcd(a, b), GCD(a, b), igcd(a, b), gcd(a, b);

    20576, 20576, 20576, 20576
```

Exercice 18.6 : Dans l'implantation suivante nous générons une copie raccourcie $Y = [x_1, \ldots, x_n]$ de $X = [x_0, \ldots, x_n]$ et calculons la liste des différences $[x_1 - x_0, \ldots, x_n - x_{n-1}]$ avec zip et _subtract (notez que _subtract(y,x)=y-x). Puis nous multiplions chaque élément de cette liste par la valeur numérique correspondante de la liste $[f(x_0), f(x_1), \ldots]$. Finalement la fonction _plus ajoute tous les éléments de cette liste résultante :

$$[(x_1 - x_0) f(x_0), \ldots, (x_n - x_{n-1}) f(x_{n-1})] :$$

```
>> Quadrature := proc(f, X)
   local Y, distances, numericalValues, products;
   begin
     Y := X; unassign(Y[1]);
     distances := zip(Y, X, _subtract);
     numericalValues := map(X, float@f);
     products := zip(distances, numericalValues, _mult);
     _plus(op(products))
   end_proc:
```

Dans l'exemple suivant, nous utilisons $n = 1000$ points de référence équidistants dans l'intervalle $[0, 1]$:

```
>> f := x -> (x*exp(x)): n := 1000:
>> Quadrature(f, [i/n $ i = 0..n]);

   0.9986412288
```

C'est une approximation numérique (grossière) de $\int_0^1 x\, e^x\, dx\ (= 1)$.

Exercice 18.7 :   La spécification de Newton requiert que le premier argument f soit une *expression* et non une fonction MuPAD. Donc pour calculer la dérivée, nous utilisons d'abord indets pour déterminer l'inconnue dans f. Nous lui substituons une valeur numérique pour évaluer la fonction d'itération $F(x) = x - f(x)/f'(x)$ en un point :

```
>> Newton := proc(f, x0, n)
     local vars, x, F, sequence, i;
     begin
       vars := indets(float(f)):
       if nops(vars) <> 1
         then error(
       "the function must contain exactly one unknown"
                   )
         else x := op(vars)
       end_if;
       F := x - f/diff(f,x); sequence := x0;
       for i from 1 to n do
           x0 := float(subs(F, x = x0));
           sequence := sequence, x0
       end_for;
       return(sequence)
     end_proc:
```

Dans l'exemple suivant, `Newton` calcule les premiers termes d'une suite rapidement convergeante vers la solution $\sqrt{2}$:

```
>> Newton(x^2 - 2, 1, 6);
```

    1, 1.5, 1.416666666, 1.414215686, 1.414213562,

    1.414213562, 1.414213562

Exercice 18.8 :   L'appel `numlib::g_adic(..,2)` retourne le développement binaire d'un entier sous forme d'une liste de bits :

```
>> numlib::g_adic(7, 2), numlib::g_adic(16, 2);
```

    [1, 1, 1], [1, 0, 0, 0, 0]

Au lieu d'appeler `numlib::g_adic` directement, notre solution utilise une sous-procédure `binary` munie de l'`option remember`. Ceci accélère notablement le calcul puisque `numlib::g_adic` est appelé fréquemment avec les mêmes arguments. L'appel `isSPoint([x,y])` retourne `TRUE`, lorsque le point spécifié par la liste `[x,y]` est un point de Sierpinski. Pour le tester, la fonction multiplie les listes avec les bits des deux coordonnées. En ces positions où à la fois x et y ont un bit à 1, la multiplication donne un 1. Dans tous les autres cas $0 \cdot 0$, $1 \cdot 0$, $0 \cdot 1$ le résultat est 0. Si la liste des produits contient au moins un 1, alors le point est un point de Sierpinski. Nous utilisons `select` (sect. 4.6 p. 71) pour extraire les points de Sierpinski de tous les points considérés. Puis nous convertissons chaque entrée `[x,y]` de la liste résultante en la forme `point(x,y)` avec `map`. Dans ce format nous pouvons passer directement la liste résultante de points du graphique à `plot2d` :

```
>> Sierpinski := proc(xmax, ymax)
   local binary, isSPoint, allPoints, i, j, SPoints;
   begin
     binary := proc(x) option remember; begin
                   numlib::g_adic(x, 2)
               end_proc;
     isSPoint := proc(Point) local x, y; begin
                   x := binary(Point[1]);
                   y := binary(Point[2]);
                   has(zip(x, y, _mult), 1)
                 end_proc;
     allPoints := [([i, j] $ i = 1..xmax) $ j = 1..ymax];
     SPoints := select(allPoints, isSPoint);
     SPoints := map(SPoints, point@op);
     plot2d(ForeGround = RGB::Black,
            BackGround = RGB::White,
            [Mode = List, SPoints])
   end_proc:
```

Pour `xmax=ymax=100` vous obtenez déjà une figure assez intéressante :

```
>> Sierpinski(100, 100);
```

Exercice 18.9 : Nous proposons une solution récursive. Pour une expression `formula(x1,x2,..)` avec les identificateurs `x1,x2,..` nous rassemblons les identificateurs dans l'ensemble `x={x1,x2,..}` au moyen de `indets`. Puis nous substituons respectivement TRUE et FALSE à `x1` (= `op(x,1)`), et appelons la procédure récursivement avec les arguments `formula(TRUE,x2,x3,..)` et `formula(FALSE,x2,x3,..)`, respectivement. De cette façon, nous testons toutes les combinaisons possibles de TRUE et FALSE pour les identificateurs jusqu'à ce que l'expression puisse finalement être simplifiée en TRUE ou FALSE à la fin de la récursion. Cette valeur est retournée à la procédure appelante. Si au moins l'une des combinaisons TRUE/FALSE donne TRUE, alors la procédure retourne TRUE, indiquant que la formule est satisfiable, et sinon elle retourne FALSE.

```
>> satisfiable := proc(formula) local x;
   begin
     x := indets(formula);
     if x = {} then return(formula) end_if;
     return(satisfiable(subs(formula, op(x, 1) = TRUE))
         or satisfiable(subs(formula, op(x, 1) = FALSE)))
   end_proc:
```

Si le nombre d'identificateurs dans la formule en entrée est n, alors la profondeur de récursion est au plus n et le nombre total d'appels récursifs de la procédure est au plus 2^n. Nous appliquons cette procédure dans deux exemples :

```
>> F1 := ((x and y) or (y or z)) and (not x) and y and z:
>> F2 := ((x and y) or (y or z)) and (not y) and (not z):
>> satisfiable(F1), satisfiable(not F1),
   satisfiable(F2), satisfiable(not F2);

   TRUE, TRUE, FALSE, TRUE
```

L'appel `simplify(.,logic)` (sect. 9.2 p. 187) simplifie les formules logiques. La formule F2 est toujours fausse, quelles que soient les valeurs de x, y, et z :

```
>> simplify(F1, logic), simplify(F2, logic);

   not x and y and z, FALSE
```

Documentation et références

Vous trouverez une vue d'ensemble de la documentation actuellement disponible de MuPAD sur le site web :

http ://www.mupad.de

Dans les versions de MuPAD jusqu'à la 1.4, le manuel de MuPAD :

[MuP 96] THE MUPAD GROUP. *MuPAD User's Manual*. Wiley–Teubner, 1996.

est disponible dans le système d'aide en ligne de MuPAD. Sur un système Windows, vous l'ouvrez en choisissant « Open Manual » du menu « Help ». Utilisez l'item « To Page » du menu « Go » (ou le bouton « Page » d'un système UNIX) de la fenêtre d'aide pour naviguer vers une page quelconque du livre. La table des matières sur la page 3 donne la liste de tous les chapitres disponibles. Sur plates-formes UNIX, la commande ? ouvre la table des matières du manuel. Sur un Macintosh, vous ouvrez le manuel avec ?manual.

En choisissant « Helpindex » (qui est un item du menu « Targets » sur les plates-formes Windows) dans la fenêtre d'aide, vous pouvez naviguer vers « Additional Documentation », telle que, par exemple,

[Oev 98] W. OEVEL. *MuPAD 1.4 : an Overview*. 1998.

[Dre 97] K. DRESCHER. *Axioms, Categories and Domains*. Automath Technical Report No. 1, 1997.

[DPS 97] K. DRESCHER, F. POSTEL ET T. SCHULZE. *Advanced Demonstrations with MuPAD 1.4*. Automath Technical Report, 1997.

[Pos 97] F. POSTEL. *A Demonstration Tour through MuPAD 1.4*. Automath Technical Report, 1997.

La « MuPAD Quick Reference » [Oev 98] donne la liste de tous les types
de donnée, des fonctions, et des bibliothèques de MuPAD version 1.4,
et propose une vue d'ensemble de ses fonctionnalités. Les documents
[Pos 97] et [DPS 97] donnent des démonstrations de MuPAD 1.4.

Vous trouverez des descriptions des bibliothèques de MuPAD en
choisissant « Helpindex » (du menu « Targets » sur plate-forme Windows) dans la fenêtre d'aide, puis en utilisant le lien « Library Packages ». Vous trouvez là des liens vers les bibliothèques individuelles
telle que, par exemple, Dom (la bibliothèque de préinstallation des types
de donnée). La documentation correspondante [Dre 95] contient une
description concise de tous les domaines fournis par Dom. Dans une session MuPAD la commande ?Dom ouvre directement ce document. De
plus vous avez accès à la description des structures de donnée individuelles depuis ce document, telle que Dom::Matrix, directement par
l'appel ?Dom::Matrix. Un autre exemple est la documentation [Pos 98]
pour le progiciel linalg (algèbre linéaire), qui peut être requis directement avec ?linalg :

[Dre 95]   K. DRESCHER. *Domain–Constructors*. Automath Technical
            Report No. 2, 1995.

[Pos 98]   F. POSTEL. *The Linear Algebra Package « linalg »*. Auto-
            math Technical Report No. 9, 1998.

Il n'est pas possible d'imprimer ces documents et les pages d'aide depuis
le système d'aide. Vous pouvez télécharger les documents postscript
comprimés depuis le site web de MuPAD donné ci-dessus.

En plus de la documentation MuPAD, nous recommandons les livres
suivants concernant le calcul algébrique par ordinateur en général et
les algorithmes sous-jacents :

[AHU 74]   A.V. AHO, J.E. HOPCROFT ET J.D. ULLMAN. *The De-
            sign and Analysis of Computer Algorithms*. Addison–Wesley,
            1974.

[DTS 93]   J.H. DAVENPORT, E. TOURNIER ET Y. SIRET. *Computer
            Algebra : Systems and Algorithms for Algebraic Computa-
            tion*. Academic Press, 1993.

[GCL 92]   K.O. GEDDES, S.R. CZAPOR AND G. LABAHN. *Algorithms
            for Computer Algebra*. Kluwer, 1992.

[GG 99]   J. VON ZUR GATHEN AND J. GERHARD. *Modern Computer Algebra*. Cambridge University Press, 1999.

[Hec 93]   A. HECK. *Introduction to Maple*. Springer, 1993.

Index

Printed in the United States
By Bookmasters